성경 격암유록
감춰진 비밀(秘密)이 열리다

감취진 비밀(秘密)이 열리다

초판 1쇄 인쇄 2011년 10월 14일
초판 1쇄 발행 2011년 10월 20일

지은이 | 전상철
펴낸이 | 손형국
펴낸곳 | (주)에세이퍼블리싱
출판등록 | 2004. 12. 1(제2011-77호)
주소 | 서울시 금천구 가산동 371-28 우림라이온스밸리 C동 101호
홈페이지 | www.book.co.kr
전화번호 | 1661-5777
팩스 | (02)2026-5747

ISBN 978-89-6023-681-3 03230

이 책의 판권은 지은이와 (주)에세이퍼블리싱에 있습니다.
내용의 일부와 전부를 무단 전재하거나 복제를 금합니다.

종교계의 종말을 예언한 성경을 **종縱** 으로
조선의 미래를 예언한 〈격암유록〉을 **횡橫**으로
과학적 상상력을 직조하여
대한민국의 미래를 조망한 **대예언서**

감춰진
비밀이 열리다

한산 **전상철** 지음

ESSAY

머리말

　우리나라는 세계 그 어느 나라보다 유구한 역사와 찬란한 문화, 조화로운 사계절과 24절기, 하늘 높고 쾌적한 기후, 아름답고 수려한 산천(山川), 남이 넘보지 못할 전통, 절제와 예절의 민족성, 창조성이 탁월한 슬기와 지혜, 사람뿐만 아니라 우리나라에서 생산되는 모든 공산품 그리고 과일, 채소, 하찮은 돌멩이 하나까지도 우리의 것은 타(他)에 뒤떨어진 것이 없다. 너무 귀하고 너무 소중한 것들뿐이다.
　우리나라같이 사계절이 뚜렷하고 분명한 나라는 없다. 봄이면 아지랑이 피어오름 속에 씨 뿌려 싹 틔워 가꾸고, 여름이면 성장기를 맞아 온 산하(山河)가 무성한 푸르름으로 힘이 솟구친다. 가을이면 형형색색으로 영그는 풍성한 오곡백화와 단풍으로 일대 장관을 이룬다. 겨울이면 온 국토가 할일을 마무리하고 하얀 눈으로 옷을 입고 휴면기에 들어가며, 백성들은 일 년 농사를 마치고 새로 지은 흰 옷이나 흠도 티도 없이 깨끗하게 빨아 눈부시게 하얀 흰 옷을 입고 흰 고무신과 흰 두루마기를 입고 머리에는 갓(면류관)을 쓰고 예의범절을 고루 갖춘 백성으로서 휴식을 맞는다. 이런 나라가 우리나라요, 우리나라 백성들이다. 왜 흰 옷을 입어야 하는지 아는 사람이 과연 몇이나 될까?

　그러나 과거 외세 침략에 시달리다 보니 민족 주체성을 상실한 채 외국 것을 더 선호하고 우리의 것을 천시하는 경향이 있고 서양 문물이 밀려와 범람하다 보니 우리의 것을 벗고 서양을 흉내 내는 부류가 많아졌다. 우리의 고귀한 것을 상실한 채 외국 것을 선호하는 오늘날의 작태가 한심스러운 것이다. 우리 것의 소중함과 우월성을 모른다면 지금 이 시간부터라도 생각을 바꿔야 한다. 머지않아 우리 것을 배우려고, 우리 것을 소유하려고 세계 각처에서 몰려오는 때가 눈앞에 다가왔음을 볼 줄 알아야 한다.

매사에는 걸어야 할 정도가 있고 지키고 행동으로 옮길 때가 있다.

전도서 3장 1절 이후에 이런 말씀이 있다. "천하에 범사가 기한이 있고 모든 목적이 이룰 때가 있나니 날 때가 있고 죽을 때가 있으며 심을 때가 있고 심은 것을 뽑을 때가 있으며……"(이후 생략)

그렇다 세상만사는 모두 때가 있다. 아침이 있으면 저녁이 있고 유아기가 있으면 소년기가 있고 청년기가 있으며 장년기를 지나 노년기로 접어든다. 사계절에 24절기가 있어 철에 맞추어 농사를 짓는다. 그런데 요즘은 어떤가? 사계절이 없고, 밤낮이 없고, 어른·아이도 없고 모두 뒤죽박죽이다. 봄채소가 가을이나 겨울에도 나고, 여름과일이 겨울이나 봄가을에도 나며, 밤에 출근해서 아침에 퇴근하고, 오후에 출근하여 새벽녘에 퇴근하는 등 도대체가 시도 때도 밤도 낮도 없다. 참으로 편리한 것 같지만 그 편리함 속에 우리의 귀중한 것들을 너무 많이 상실해 가고 있다는 것을 아는 사람이 몇이나 될까? 어른 공경이나 예의범절을 가르치는 곳은 찾아볼 수 없고 뿌리는 썩어 있는데 열매를 따겠다는 욕심만 세상에 가득하다. 참으로 각박하고 메마른 세태가 되어버렸다.

때가 없고 순서가 없고 상대의 존재가치를 모르며, 용서가 없고 감사가 없는 도덕불감 시대요, 도덕상실의 시대요, 독불장군의 시대다. 종교와 사상까지도 뒤죽박죽 얽혀버린 혼돈의 시대요, 혼잡의 시대다. 무엇이 옳고 그른 것인지 분별할 분별력도 없다.

"난세(亂世)에 영웅(英雄) 난다"는 말이 있다. 세상이 너무 어지러우니 말대로라면 영웅이 나올 만도 하다.

지금은 스스로 자기 신앙을 냉철하게 점검해볼 때가 아닌가 생각한다. 이것이 오늘날 종교계의 현실이다.

한자(漢字)는 우리글 진서(眞書)다. 진서는 우리글, 참 글이다. 한자의 글자 속에는 우리 민족의 비밀이 숨어 있다. 그리고 한자와 성경은 깊은 연관성이 있다. 깊이 상고해보기 바란다. 한자는 뜻글이요 땅의 것들을 보고 만든 땅의 글이다. 한글은 소리글이다. 하늘의 것들을 보고 만든 하늘 글이다. 일찍이 하나님께서는 뜻글과 소리글이 합성됨으로써 온전한 발성이 되고 모든 기록을 유지할 수 있기에 우리 조상에게 녹도문자(한자의 뿌리)와 가림토 문자(한글의 뿌리)를 만들어 쓰도록 배려하신 것이다. 지구의 70퍼센트는 물(바다)이 차지하고 있어 모든 자연과 생태계를 유지하고 있다. 우리 몸도 물이 70퍼센트를 차지하고 있으므로 조화를 이루어 생명을 유지하고 있다. 우리의 말과 글도 한자(진서)가 70퍼센트를 차지하고 있다. 이것은 우연의 일치가 아니다. 하나님의 깊은 섭리 가운데 이루어 놓으신 계획 속에 들어 있다고 필자는 굳게 확신하는 바이다.

이 책은 한자(漢字) 공부 책이 아니다. 우리나라의 국토는 물론 역사, 문화, 사람까지도 모두 하나님의 섭리와 계획 속에 들어 있다. 하나님께서는 하늘의 비밀을 성경이나 동양 예언서, 기타 만물 속에 감추어 두셨다가 이제 하나님의 정한 때가 되므로 하나씩 열어 이루어 가시고 계신다.

이 책은 그 비밀이 열리고 있는 일부를 여러분에게 소개하여 드리려는 취지하에 쓴 책이므로 가볍게 넘기지 마시고 종교적인 종말의 때가 어느 경점에 와 있는지 성경에 비추어 반드시 알아야 할 시기라는 것을 사랑하는 형제자매들에게 알려 드리는 바이다.

이 책이 나오기까지 저를 가르쳐주신 스승님과 물심양면으로 도와주신 이영기 선생님. 성 민 목사님. 그리고 선후배 여러분들께 심심한 감사를 드리며 에세이퍼블리싱 출판사 사장님 이하 여러분에게 깊이 사의를 표합니다. 감사합니다.

2011년 10월
아리수 亭에서 필자

차 례

01 피난처 계룡산   13
  1) 산(山)으로 도망치라 ·· 13
  2) 계룡산(鷄龍山) ·· 16
  3) 태백산(太白山) ·· 23
  4) 백두산(白頭山) ·· 28
  5) 삼신산(三神山) ·· 30
  6) 곤륜산(崑崙山) ·· 33

02 한강과 아리수   37
  1) 한수(漢水)와 한자(漢字) ·· 37
  2) 한강(漢江) ·· 40
  3) 아리수(亞里水) ·· 42
  4) 한강과 아리수 ·· 46
  5) 아리(亞里)울(울타리)이란? ·· 50

03 농자천하지대본(農者天下之大本)   51
  1) 한자로 푸는 하늘 농사(天農) ···································· 51
  2) 24절기와 하늘 농사 ··· 54

04 각설(却說)이 타령(打令)   65
  1) 각설이타령이란? ·· 65
  2) 각설이타령의 가사 ·· 67
  3) 품바의 발상지(發祥地) ·· 68
  4) 성경과 한자(漢字) 풀이로 보는 각설이 ····················· 69
  5) 한자(漢字) 파자(破字)로 본 각설이(却說理) ··············· 75

05 대장군(大將軍)   81

   1) 오제(五帝)란? ·· 81
   2) 천하대장군(상원대장군) ·· 84
   3) 오령(五靈)이란? ·· 90
   4) 지하여장군(하원대장군) ·· 101

06 삼족오(三足烏)란?   107

   1) 세계 신화 속에 나타난 삼족오 ······································ 107
   2) 눈(영적)이 없는 새, 까마귀(烏까마귀 오) ······················ 113

07 환(桓)·단(檀) 자에 감춰진 비밀   121

   1) 환(桓) 자의 비밀 ·· 121
   2) 단(檀) 자의 비밀 ·· 126
   3) 호로자식과 화냥년 ·· 129

08 단도리와 장도리   137

   1) 단도리(檀道理) ·· 137
   2) 단골 네(내)(檀骨內) ·· 147
   3) 장자권 ·· 150
   4) 장도리 ·· 151

   09 아리랑 ·· 155
   1) 민요 아리랑 ·· 155
   2) 『격암유록』에 감춰진 아리랑 ·· 159
   3) 아리랑의 영적 의미 ·· 162
   4) 아리송 ·· 172
   5) 송아지 ·· 175

10 가요(歌謠)   179

1) 미아리고개 ·· 179
   2) 칠갑산(七甲山) ··· 184
   3) 앵두나무 처녀(處女) ·· 189
   4) <돌아와요 부산항(釜山港)에> ·· 193

11 한자는 비밀이다   201

   1) 한자의 파자, 합자, 측자 ·· 202

12 南師古豫言抄(남사고예언초)   215

13 성경으로 푸는 『격암유록(格菴遺錄)』 일부   225

   1) 십승지(十勝地) ·· 226
   2) 극락(極樂) ·· 228
   3) 세상 종말과 계룡산(鷄龍山) ·· 231
   4) 천 년 왕(王)이 될 정(鄭)·조(趙) 씨 ····························· 233
   5) 성산, 성지, 우리나라 ·· 235
   6) 봄 춘(春) 자를 알라 ·· 238
   7) 하늘 농사 ·· 239
   8) 사람이 하늘과 땅이다 ·· 242
   9) 성전(聖殿)과 절(寺) ·· 244
   10) 반도 땅 모퉁이 ··· 247
   11) 박 씨는 말세성군인가? ·· 249
   12) 말일에 나를 살리는 자는 소나무 송(松)인가? ············ 252
   13) 종말(終末)에 나를 살리는 자는 李씨인가? ················· 254

맺음말   257

부록 부수(部首)의 명칭(名稱)   259

   1) 다음은 부수의 명칭에 대해서 알아보자. ······················· 259
   2) 한자 부수의 전체 숫자는 214자이다. ·························· 261

01

피난처 계룡산

1) 산(山)으로 도망하라

동양 예언서에는 많은 산이 등장한다. 산 이름은 수없이 많다. 계룡산(鷄龍山), 태백산(太白山), 가야산(伽倻山) 등. 종말에는 구원이 산에서 이루어지니 산을 찾아가야 산다는 것이다. 그래서 예부터 도인(道人)들은 산 속에서 수십 년씩 지내면서 도를 닦았고, 산에서 일생을 마친 도사(道士)들도 많다. 우리나라뿐만 아니라 중국, 인도를 비롯해 동양권의 여러 나라에는 산에 가서 도를 닦는 도인들이 많다. 그래서 선지서에 많이 나오는 산일수록 사람들의 입산(入山)으로 산들이 큰 곤욕(困辱)을 치른다. 특히 계룡산은 나무 하나, 바위 하나 자연 상태로 그냥 있는 것이 없다. 예언서에 관심이 많고 도(道)를 안다고 하는 사람들이 자기의 지식을 좇아 찾아다닌 도(道)의 길이다.

동양 선지서나 예언서를 모르는 사람들은 아예 모르니까 관심도 없다. 산이고 피난처고 관심 밖이다. 어찌 생각하면 불행 중 다행인지도 모른다. 이 사람들도 도(道)에 관심이 많았으면 산에 가서 허송세월을 보냈을지도 모를 일이다.

성경에도 산이 많이 등장한다. 창세기의 아담이 살던 에덴동산, 노아 때는 아라랏 산, 아브라함 때는 모리아 산, 모세 때는 시내 산, 예수님 때는 감람산, 그리고 말일에 최종적으로 나타나는 시온 산이 있다. 그런데 이 산들은 의미 없이 등장한 것이 아니라 이 산 속에 깊은 비밀이 숨어 있다는 것이다. 대체 산 속에 무슨 비밀이 숨어 있을까?

성경 마태복음 24:15~16에 이런 말씀이 나온다.

> "……선지자 다니엘이 말한바 멸망의 가증한 것이 거룩한 곳에 선 것을 보거든 (읽는 자는 깨달을진저) 그때에 유대에 있는 자들은 산(山)으로 도망하라."

문제는 여기에 있다. 앞서 동양 예언서에서도 산 속이 말일에 피난처라고 해서 많은 사람이 그 오랜 세월 동안 피난처를 찾아 허송세월을 했는데 성경에도 이런 말이 나오니 걱정이다. 그러나 앞에서도 도(道)를 모르는 사람들은 이것저것 모르니 도를 찾아 헤매지도 않고 헛고생하지도 않는 것이 차라리 불행 중 다행이고 모르는 것이 약(?)이 되었다.

그런데 여기서 성경에 나오는 뜻을 몰라도 약이 되겠는가? 유대에 있는 자들(유대인은 하나님이 선택하신 선민의 통칭)은 산으로 도망하라 했으니 한국에 있는 자들은 상관없는가? 아니다. 이제는 반드시 알아야 할 시기가 도래한 것이다. 지금은 몰라도 될 때가 아니라 종교적인 시대가 어느 때인가를 알아야 할 때다. 그때는 시대적인 때가 되지 않았으므로 비밀이 풀리지 않았지만 지금은 봉함되었던 예언된 말씀들이 열리고 있는 때다. 그래서 성경의 선지서 다니엘서를 읽어보고 가증한 것이 거룩한 곳에 선 것을 보거든 산으로 도망하라는 것이다. 이 성경 말씀은 너무 어려우니 일반 성도들은 몰라도 된다고 한다면 그렇다고 "아멘"해도 되겠는가? 이제는 모르는 것이 불행 중 다행이 아니라 불행 중 불행이 된다는 사실을 알아야 할 때다. 하나님은 풀 한 포기, 돌 한 개, 문자(文字) 한 글자를 통해서도 당신의 능력과 신성(神性)을 밝히 깨달아 알게 하신다고 하셨다(롬 1:20). 이제 하나님께서는 한자(漢字) 한 자(字)를 통해 성경 속에 감춰진 도망칠 산을 여러분으로 하여금 더듬어 찾아가게 하셨다.

말일(末日)에 신앙인들이 도망해야 할 산은 과연 어디일까? 한자로 '도망하다'라는 뜻을 나타내는 글자는 도망할 주(走) 자다. 주(走) 자를 파자(破字)해보면 답이 나온다.

> 註 파자(破字) : 한자를 나누었다 합쳤다 하여 일반인들이 잘 모르게 숨기는 법. 예 "밭 전(田)자"를 4구(口) 합체라 함(口자를 네게 합친 자다). "오십시오"를 2일2시오라고 한다(2일은 48시간에 2시간을 더하면 50시): 이런 것을 파자법이라 한다

주
走 (도망하다, 달아나다)
도망할주, 달아날주

● 十(십, 십승지)   下(아래, 밑에)   人(사람 인. 人 산 모양)
  열십   아래하   사람인

● 十(십) 자 아래(下)에 人(인)을 하면 (십자탑 人)이 된다.

釋 말일에 도망쳐야 할 산은 말일에 나타날 시온 산人이다.

> 註 우리가 말일에 도망해야 할 산은 계시록 14장에 나오는 시온 산이다. 온 세상 교회에 시온 산의 상징물로 교회마다 십자가(十字架) 종탑(鐘塔)을 세우고 그 십자가 탑을 쳐다볼 때마다 우리가 찾아가야 할 시온 산을 잊지 말고 기어코 그곳을 찾아오라고 암시해 놓았다.

이제까지 교회에 세운 십자가 탑이 무슨 뜻이 있었는지 그 뜻을 알고 세운 사람이 몇이나 되겠는가? 세운 사람이나 쳐다보는 사람이나 그저 교회니까 십자가를 세웠겠지 하겠지만 하나님의 계획과 성취에는 한 점 헛된 것이 없나니 "내가 계획한 것을 반드시 이루리라"고 말씀하신 것이다(사 14:24).

2) 계룡산(鷄龍山)

계룡산은 충남 공주시 계룡면(鷄龍面)과 반포면(反浦面) 사이에 있는 산이다. 차령산맥의 연봉으로서 대전광역시와 논산시(論山市)에 걸쳐 있다. 산 이름은 주봉인 천황봉(天皇峰)에서 연천봉(連天峰), 삼불봉(三佛峰)으로 이어지는 능선이 마치 닭의 볏을 쓴 용(龍)의 모양과 같다고 하여 붙여진 이름이라 알려져 있다. 계룡산 일대에는 대체로 화강암이 분포되어 있으며, 지리산에서 뻗어 나온 산줄기가 덕유산에서 다시 갈라져 3백 리를 거슬러 올라 공주 동쪽에서 반달모양으로 감아 돈 형세이다. 산세를 형성하고 있는 화강암은 쥐라기와 백악기의 것이며 그 밖에 반암(斑岩), 염기성 맥암(鹽基性脈岩) 등이 관입하고 있는데 차령산맥이 금강에 의해 침식되면서 형성된 잔구로서 금강의 풍치와 어우러진 뛰어난 경관을 보이고 있다. 계룡산은 천황봉, 연천봉, 삼불봉 외에 쌀개봉(828m), 문필봉(796m), 관음봉(816m), 막적봉(664m), 수정봉(662m) 등 20여 개의 봉우리가 연속으로 늘어서 있어 산 높이와는 달리 웅장하고 험한 산세를 가지고 있다. 이 때문에 금강산(東岳), 구월산(西岳), 지리산(南岳), 묘향산(北岳)과 더불어 중악(中岳)으로 불리면서 명산으로 꼽혀 왔고 조선시대에는 새 도읍의 예정지로서 크게 이름을 떨치기도 했다. 특히 참서(讖書) 『정감록(鄭鑑錄)』이 언급한 십승지(十勝地), 즉 큰 변란(變亂)도 피할 수 있는 곳이 바로 이곳이라 알려져 왔다. 그래서 많은 사람이 도를 닦는다고 이곳을 찾아 들어왔다. 이러한 도참사상으로 신흥종교, 유사종교들이 성했으나 1984년에 모두 철거하여 정리되었다.

1984년은 갑자년(甲子年)이 60번 돌아서 3,600년 만에 돌아오는 천지(天地)가 개벽(開闢)한다는 갑자년이요, 구시대(舊時代)가 가고 새로운 시대가 열린다는 갑자년이요, 지구가 우주를 한 바퀴 돌아서 제자리에 온다는 갑자년이다. 그러면 지구촌에서는 과연 무슨 일이 있었는가? 아니면 종교계에는 무슨 일이 있었는가? 그리고 왜 1984년에 충남 공주에 있는 육적 계룡산이 다 정리되었을까? 세상 끝날 난리가 나고 대환난이 일어날 때 계룡산으로 피난하면 산다는데 과연 그 계룡산은 어디일까?

■ 『격암유록』에 예언된 계룡산으로 들어가 본다.

(1) 鷄(닭계) 龍(용룡) 鷄(닭계) 龍(용룡) 何(어찌하) 鷄(닭계) 龍(용룡)
계 룡 계 룡 하 계 룡

● 계룡 계룡 하는데 어디가 참 계룡인가?(한자 본문의 물음?)

註 동양의 선지서(先知書)에는 종말에 난리의 도피처로 계룡산이 자주 등장한다. 그 계룡산이 충남 공주에 있다 보니 예부터 정도령(正道令)이 출현한다는 공주의 계룡산에 많은 도인(道人)들과 신흥 종교인들이 난리의 도피처를 찾아 계룡산으로 찾아들었다. 지금은 움막이나 천막이 철거되어 정리된 상태다.

(2) **鷄**(닭계) **龍**(용룡) **白**(흰백,깨끗할백) **石**(돌석) **非**(아닐비) **公**(공변됨공) 야

● 계룡과 흰 돌이 있는 곳은 충남 공주가 아니요.

■ 계룡(鷄龍)과 백석(白石)이란?

계룡(鷄龍) ▷ 계(鷄)는 하늘의 천조(天鳥), 곧 성령(聖靈)이요, 용(龍)은 사단 마귀요, 악령(惡靈)이다(계 20:2).

註 **백석(白石)** ▷ 성경 예언서에서는 목자(牧者)를 돌에 빗대어 말하는데 초림 때는 예수님이 돌이었다(벧전 2:4~6). 재림 때도 하나님께서 택해 세운 한 목자가 있는데 그가 바로 돌이요, 흰 돌이다. 백석(白石)이란 하나님의 진리의 말씀을 가지고 오신 목자이기에 깨끗함을 상징하여 흰 돌이라 하고(계 2:17), 돌은 던져서 깨뜨리는 역할을 하기에 심판자를 의미한다.

(재림 예수는 캄캄한 밤에 오신다고 했다. 지금 시대는 하나님의 말씀이 없는 영적 밤이다.)

(3) 平(평평할평) 沙(모래사) 之(갈지) 間(사이간) 眞(참진) 公(공변될공) 州(고을주)

- 평평한 모래 사이가 진짜 공주다(피난처다).

釋 바닷가에 평평한 모래밭 사이가 진짜 공주 계룡산이다. 십승지(십자가 도로 이긴 곳)가 진짜 공주 계룡산이다.

■ 평사지간(平沙之間)이란?

註 평평할 평(平) 자 안에는 모래(沙)알 같은 두 점(‥)이 있다. 이 두 점 사이에 十(십) 자가 나온다. 그래서 평평할 평(平) 자 안의 두 모래 사이에 있는 십자(十字)를 평사지간(平沙之間)이라고 어렵게 감추어 놓은 것이다. 십(十) 자는 곧 십승지(十勝地)를 말함이요, 십승지는 십자가의 도(道)로 이긴 곳을 말하며, 또한 십자의 도로 이긴 자를 말한다.(쉬운 것 같지만 난해한 부분이다.)

(4) 靈(신령령) 鷄(닭계) 之(갈지) 鳥(새조) 知(알지) 時(때시) 鳥(새조)

- 닭은 신령스런 새로서 때를 알려주는 새이지만.
  (영적 닭[鷄]은 성령으로서 종교 시대의 때를 알려주는 새를 상징한다.)

註 닭은 천조(天鳥)로서 성령을 말함이요, 여기서 때를 알려준다는 것은 종교의 시대적인 때를 말함이다.

(5) 火(불화) 龍(용룡) 變(변할변) 化(될화,변할화) 無(없을무) 雙(쌍쌍) 龍(용룡)

註 불을 뿜는 용은 변화가 무쌍하여 변덕이 심한 용이네.

용의 입에서 나오는 불은 거짓 목자 입에서 나오는 거짓말을 말함이요, 변화무쌍하다는 것은 여러 모양으로 변장(속임)하는 것을 말함이다.
• 불 ▷ 말 또는 말씀(렘 5:14). 변화무쌍 ▷ 가장(假裝)(고후 11:13)

(6) 鷄 白 石 聖 山 地
　　닭계 흰백,깨끗할백 돌석 거룩할성 뫼산 땅지

• 신령한 새인 닭(성령)과 백석(참 목자)이 있는 곳이 성스러운 산이요 땅이네.

註 닭(鷄) = 하늘, 새 = 성령

백석(白石) : 하나님이 세우신 목자.

산(山) : 하나님의 전(殿)=성전(聖殿) 사 2:2, 미 4:2

땅(地) : 좋은 땅(좋은 마음 눅8:15). 하나님의 백성 또는 사람 (사64:8. 고전3:9)

(7) 非 山 非 野 白 沙 間
　　아닐비 뫼산 아닐비 들야 흰백,깨끗할백 모래사 사이간

• 종말에 있을 난리의 피난처는 저 산도 아니요, 들도 아니요, 하얀 모래알 사이의 십승지이네.

註 백사(白沙) : 하얀 모래알이란 깨끗함을 입은 백성들을 말함이다. 백성들을 모래로 묘사한 성경 부분은 많다(롬 9:27, 히 11:9, 계 20:8). 백사간(白沙間)이란 깨끗함을 입은 천국 백성들이 모인 가운데라는 뜻이다(계 15:2 참조).

(8) 弓$_{활궁}^{궁}$ 弓$_{활궁}^{궁}$ 十$_{열십}^{십}$ 勝$_{이길승}^{승}$ 眞$_{참진}^{진}$ 人$_{사람인}^{인}$ 處$_{살처}^{처}$

• 궁궁 사이의 십승지가 진짜 진인이 계신 곳이네.

註 弓(궁)이 둘이서 서로 등을 대고 서면 亞 자가 되고 가운데에서 十 자가 나오는데 그곳이 십승지이네. 그곳이 진인이 계시는 곳이네.

(9) 公$_{공변될공}^{공}$ 州$_{고을주}^{주}$ 鷄$_{닭계}^{계}$ 龍$_{용룡}^{룡}$ 不$_{아니불}^{불}$ 避$_{피할피}^{피}$ 處$_{살처}^{처}$

• 충남 공주의 계룡산은 피난처가 아니네.

(10) 此$_{이차}^{차}$ 時$_{때시}^{시}$는 何$_{어찌하}^{하}$ 時$_{때시}^{시}$인가?

• 이때는 어느 때인가?(지금 종교의 시대적 때는 어느 때인가?)

(11) 山$_{뫼산}^{산}$ 不$_{아니불}^{불}$ 近$_{가까울근}^{근}$에 轉$_{구를전,옮긴전}^{전}$ 白$_{흰백,깨끗할백}^{백}$ 死$_{죽을사}^{사}$니

• 산을 가까이하지 말게. 내가 산에서 도통(道通)하기 전에 죽게 되니……
(轉白: 깨끗함을 입기 전).

(12) **入山修道下山時**
　　 들입 뫼산 닦을수 길도 아래하 뫼산 때시

● 산에 들어가 도를 닦는 사람들도 산에서 내려올 때라네.

🔲釋 지금까지 잘못 알고 육적인 산에 들어가 도를 닦는 사람들도 영적 때를 몰라 죽을 수도 있으니 지금은 육적 산에 들어가 도를 닦는 사람들도 산에서 내려올 때라네.

🔲註 진짜 하나님이 감춰 놓은 영적(靈的) 계룡산은 어디인가? 계룡은 혼돈(混沌)이다. 바벨이다. 선악나무와 생명나무가 함께 있는 곳이다. 이곳이 영적하늘에서 있어진 영들의 전쟁터인 계시록13장이요. 이 싸움에서 용이 하나님의 선민을 이기고 하나님의 선민을 사로잡았지만 계시록12장의 싸움에서는 해 입은 여자가 낳은 아이가 이기고 용이 쫓겨난 곳이 영적 계룡산이다. 이 하늘장막성전의 전쟁에서 하나님이 세우신 아들(이긴 자)이 용을 이김으로 이제야 구원이 이루어진다고 말씀하고 있다(계12:10) 그래서 이 구원이 이루어지는 곳으로 피신해야 살 수 있는 것이다. 이곳이 성경이나 동양예언서에서 예언 속에 감춰 논 말일에 나타날 피난처요 안식처를 계룡산을 통해서 영적으로 감춰 두신 것이다.

■ 말일(末日)에 출현(出現)한 성인(聖人)

　似人不人聖人出
　 같을사,닮을사 사람인 아니불 사람인 거룩할성 사람인 날출

釋 사람 같으나 사람이 아닌 참으로 거룩한 분이 출현하네

註 이분이 말일에 출현하실 진인(眞人)이요, 미륵이요, 정도령(正道令)이요, 보혜사다. 외모는 사람이지만 그분 속에 계신 분은 신(神)이다.

▷ 이 비밀(秘密)은 하나님의 아들에게 가르침(계시)을 받은 자 외에는 알 자가 없다(마 11:27).

3) 태백산(太白山)

예부터 태백산을 영산(靈山)이라 했다. 동양 예언서에는 태백산에 예언된 진인(眞人)이요, 성군(聖君)이 내려오실 것을 말하고 있다.

맞는 말이다. 태백산에 성군이 오심이 맞다. 그래서 많은 선지서나 예언가들이 그렇게 예언해 놓은 것이고, 도(道)를 닦는 도인(道人)들이 그곳을 찾아 세상을 구원할 성군(聖君)을 찾아다닌 것이다.

태백산에 천제단(天祭壇)을 지어 놓고 그곳에서 하늘에 제(祭)를 올리고 있고, 우리 조상들은 강화도에도 천제단을 지어 대대로 하늘에 제사를 올리고 있다.

그런데 여기서는 우리나라 강원도 영월군과 태백시(太白市) 및 경상북도 봉화군에 걸쳐 있는 태백산을 말하려 함이 아니요, 그렇다고 우리 조상 환웅천황께서 신시 배달국을 세운 중국 서안 지방의 태백산을 말하고자 함도 아니다. 동양 예언서에서는 태백산이 의외로 많이 나온다. 그러다 보니 선지서 해설자들이 우리나라 태백산에 근거를 두고 풀이하는 사람들이 많다.

먼저 성경 예언서나 동양 예언서에서는 영적(靈的)인 것, 곧 하늘

의 것을 설명하고자 이 땅에 살고 있는 사람들이 이해할 수 있도록 이 땅에 있는 인명(人名)이나 지명(地名), 그리고 사물(事物)을 들어서 영계(靈界), 곧 하늘의 것을 설명하는 것이다.

여기서 말하고자 하는 태백산도 천제(天帝)께서 장차 이 땅에 이루고자 하시는 일을 이 땅에 존재하는 태백산(太白山)이라는 지명을 들어 미리 설명하시고자 하는 것이다.

왜 그러실까. 미련한 중생(백성)을 불쌍히 여겨 이루시려는 일을 미리 알게 함으로써 한 사람이라도 더 깨닫고 고침 받아 구원받으라는 지존자의 사랑이시다.

■ 태백산(太白山)에 감춰진 뜻은 무엇일까?

태	백	산
太 (맨 처음, 태초)	白 (희다, 깨끗함)	山 (산)
처음태, 클태	흰백, 깨끗할백	뫼산, 산

- 一(최초, 맨 처음)   人(사람)   丶(불=씨=말씀[눅 8:11])
  한일   사람인   불똥주
- 白(흠이 없고 깨끗한)
  흰백, 깨끗할백
- 山(산=전(殿)=교회(사 2:2) 또는 사람(사 60:14)
  뫼산, 산

釋 하나님께서 말일에 하나님 나라를 이루실 때 맨 처음(一) 사람(人)을 택해(一+人=大) 그에게 말씀(丶 씨)을 주어(大+•=太) 흠도 티도 없이 깨끗하게(白) 하여 세우셨다. 그가 바로 말일에 나타날 영적인 태백(시온)이요, 그가 계신 곳이 영적 태백산(시온 산)이라 한다(참고: 사 60:14).

註 하나님의 역사는 시대마다 하나님의 마음에 합한 한 목자를 택하시어 하나님의 백성을 모아 하나님의 성읍으로 모으십니다(렘 3:14~15).

창세에 아담을 택하셨다가 죄를 범하므로 노아를 택하시고, 또 후손이 범죄하므로 아브라함을 택하시고, 다시 모세를 택하시고, 초림 때는 예수님을 택하시어 첫 열매로 삼으시고, 재림 때도 마음에 합한 한 목자를 택하시어 첫 열매로 삼으시고, 그 목자로 하여금 예정된 하나님의 백성들을 모으십니다(계 7장, 계 14장) 말일에 택하신 목자를 태백산(太白山)이라는 한자(漢字) 속에 감추어 놓은 태백(시온)이다.

- 하나님께서 ⇨ 진리의 말씀을 주시어 ⇨ 빛으로 삼으신
  목자(牧者)
  사람(선민의 지도자)

註 우리가 사는 육적인 세상에서는 자식을 낳을 수 있는 씨가 없는 자를 '고자(鼓子)'라 한다. 옛날 조정에서는 내시(內侍)라는 직책이 있었는데 그들은 생식 기능을 거세당한 채 일생을 보냈다. 남자라면 자식을 낳을 수 있는 씨(정자)를 가진 자를 말한다. 그러면 자식을 낳을 수 없는 어린아이나 늙어서 생산 능력이 없는 사람은 남자가 아닌가? 한자(漢字) 속의 뜻을 보면 남자가 아니다. 장정(壯丁), 곧 남정내(男精內)를 남자로 보는 것이다.

구약 시대 이스라엘 백성의 출애굽 당시 백성의 수(數)를 센 일이 있는데, 장정만 60만이라고 했다. 거기에는 유아와 여자 그리고 같이 따

라 나온 많은 잡족(雜族)이 있었는데 그들은 숫자에 넣지 않았다(출 12:37). 또 민수기 1장 45절에도 계수(計數)하는 장면이 있는데, 20세 이상만 계수함을 입는다. 이로 보건대 하나님은 하나님의 백성으로 택함 받은 선민 외에는 하나님 백성으로 계수하지 않으며, 선민 중에서도 장정 외에는 숫자에 넣지 않음을 본다. 왜 그럴까? 우리는 여기서 성경을 바로 알아야 할 필요를 느낀다. 우선 하나님의 역사는 하나님의 선민과의 역사임을 깨달아야 하며(시 89:3), 하나님의 선민이라 할지라도 자식을 생산할 수 있는 씨(氏)를 가진 장정이 아니면 하나님의 백성으로 계수(計數)되지 않는다는 점을 중시해야 한다. 이 내용은 말일을 살아가는 하나님의 선민이라고 자처하는 기독교인들이 바로 알고 바로 깨달아야 할 문제다. 이 성경은 말세(末世)를 만난 우리의 경계(警戒)로 기록하였다고 하니(고전 10:11) 그냥 넘길 일은 아닌 것 같다.

■ 한자(漢字) 속에서 말한 씨를 가진 남자는 어떤 자를 말하는가?

男(남자) 精(정자=씨) 內(안, 속)
사내남   정자정,정신정   안내

釋 안에 아이를 만들 수 있는 정자(씨)를 가지고 있는 사람이 남정네(남자)다.

男 = 田(천국을 상징함) + 力(일할 력)
남자남,사내남   밭전   힘력,일할력

釋 천국에서 일한 사람은 씨를 가진 남자다.

우리나라 기독교인 중 여자가 2/3를 차지하고 있다. 아이를 생산할 수 있는 씨를 가지고 있지 않은 여자들은 어찌 될 것이며, 평생을 하나님을 믿다가 이제 늙어서 아이를 낳을 수 없는 노인이 되었는데 그분들의 고생은 어디서 보상받아야 할 것이며, 아직 어려서 어린아이를 낳을 수 없는 어린이나 청소년은 어찌할 것인가? 그리고 이스라엘 민족만이 선민이라면 이스라엘 민족이 아닌 기독교인이나 일반인은 어찌 될 것인가?

구약이 육적인 시대였다면 예수님이 오신 시점부터 영적인 시대로 바뀌었다(요 1:11~13). 구약 때는 육적인 혈통(씨)으로만 선민의 자격이 주어졌지만 신약 때는 영적 혈통(씨)으로 그 자격을 얻을 수 있다. 영적인 혈통, 곧 영적인 씨가 무엇인지를 알고 그 영적 씨만 내 안에 가지면 여자이건 노인이건 어린이건 하나님의 선민이 되는 것이다.

■ 씨는 하나님 말씀이요(눅 8:11).

씨가 하나님의 말씀이라면 하나님의 자녀가 되는 조건은 하나님의 말씀으로 거듭 난 자이다. 그리고 하나님을 아버지라 부를 수 있는 자격이 있는 것이다. 교회에 가서 무조건 아버지, 아버지 할 것이 아니라 하나님이 어떻게 해서 내 아버지가 되는지 그 이치나 알고 아버지라 부르시기 바란다.

성경의 구약이나 신약, 우리나라의 산이나 강, 역사, 풍속, 민요, 가요, 동요, 민담 속에 말일에 이루실 일들을 비장해 두셨다가 때가 되므로 오늘날 이루어 가고 있음을 영적인 눈을 가지고 보고 분별할 수 있는 지혜가 있기를 바라는 바이다.

4) 백두산(白頭山)

백두산은 우리나라에서 가장 높은 산이다. 양강도 삼지연군(三池淵郡)과 중국 둥베이(東北) 지방, 만주(滿洲)의 지린성(吉林省)이 접하는 국경에 있는 산이다. 북위 41°31~42°28, 동경 127°9~128°55에 걸쳐 있다. 해발고도 2,744m, 총면적 약 8,000㎢, 북쪽으로는 장백산맥(長白山脈)이 북동에서 남서 방향으로 뻗어 있으며 백두산을 정점으로 남동쪽으로는 마천령산맥(摩天嶺山脈)이 2,000m 이상의 연봉(連峰)을 이루면서 종단하고 있다. 동쪽과 서쪽으로는 완만한 용암지대가 펼쳐져 있어 한반도와 멀리 북만주 지방까지 굽어보는 이 지역의 최고봉이다. 산정은 거의 사계절 동안 백설로 덮여 있고, 산 정상부는 백색의 부석(浮石)으로 이루어져 있어 항상 희게 보이는 데서 백두산이란 이름이 붙여졌다고 하는데 이름은 백두산뿐만 아니라 불함산(不咸山), 개마대산(蓋馬大山), 도태산(徒太山), 태백산(太白山), 장백산(長白山) 등으로도 불렸다.

백두산을 보면 너무 마음이 아프고 억울하여 가슴앓이만 한다. 역사를 알고 내력을 아는 국민이라면 다 그러리라 본다. 불과 몇백 년 전만 해도 전체가 우리의 산이요 우리의 강토였건만, 저 일본과 청나라의 야욕으로 눈 뜨고 도둑맞은 꼴이 되어 내 것을 가지고 내 것이라고 말도 못한 채 약소민족의 아픔을 앓고 있다. 아무튼 언젠가 해결해 주실 분이 있으리라 보고 우리 젊은이들이 우리 역사를 바로 알아 후대에 바로 알려서 반드시 찾을 날이 있으리라 기대하며 마음을 달래본다.

여기서 필자가 말하고자 하는 것은 저 북쪽에 있는 백두산을 말하고자 함이 아니요, 백두산이라는 한자(漢字) 가운데 내포된 비밀이다. 하나님께서는 영적인 것, 곧 하늘의 것을 설명하시고자 할 때는 반드시 이 세상 육적인 것을 들어서 설명하신다고 했다. 하찮은 강이나 산 이름 속에 하나님께서 말일에 이루시고자 하시는 비밀을 은밀히 숨겨 두셨다.

■ 그럼 백두산이라는 이름 속에는 무슨 뜻이 있을까?

백
白 (희다, 깨끗하다)
흰백, 깨끗할백

두
頭 (머리, 지도자)
머리두, 우두머리두

산
山 (산=교회)
뫼산

- 白 ⇨ 희다, 흠 없이 깨끗하다, 죄가 없다
- 頭 ⇨ 豆(제사 드릴 때 쓰는 그릇) 頁(머리, 우두머리)

  그릇(豆)=사명자(행 9:15) 제사 드리는 사람(사명자)은 제사장=목자.
  우두머리(頁)=제사장들 중에서 우두머리는 대제사장(大祭司長)
- 山 ⇨ 산=전(殿)=성전은 교회(사 2:2, 미 4:2) 또는 사람(사 60:14)

釋 말일에 하나님의 전(殿)=산(山)이 모든 교회(산)들 꼭대기에 우뚝 설 것인데(사2:2), 거기에 흠도 티도 없이 깨끗하게 씻음 받은 제사장(목자)들과 그 머리 되시는 대제사장 되시는 예수님이 보내신 자가 함께 있을 것이다(계 14:1~).

註 말일에 예수님이 하나님께 구하여서 다른 보혜사를 이 땅에 보내시어 예수님을 증거 하실 것이요 모든 것을 가르치실 것인데 (요 14:15~17, 요 15:26, 요 14:26), 바로 그가 이 땅에 12지파를 창설하시고(계 7장) 제사장 144,000명을 모을 시온 산(계 14:1~)이요 시온(사 60:14)이라 한다. 백두산은 시온 산의 그림자

釋 위에 기록된 예수님의 예언은 상당 부분 다 이루셨고 이루어가고 있다. 이것을 이루고 계신 분이 영적 백두(白頭)요 하나님의 성읍, 곧 시온 산이 영적 백두산(白頭山)이 되는 것이다. 잠자는 자들은 깨어 이루어져 가고 있는 예언된 실상을 볼 지어다.

△△△(백두산) ⇨ ▲▲▲ =시온 산(사람)

그림자   ⇨   실상

註 이사야 60:14 자손 = 성읍 = 시온
세 가지로 일컫는다.

5) 삼신산(三神山)

삼신산은 중국의 전설 속의 신들이 사는 산이라고 한다. 발해만 중에 있다고 하는 봉래산(蓬萊山), 방장산(方丈山), 영주산(瀛洲山)의 세 산을 가리킨다. 그 발생에는 신기루설(蜃氣樓說), 산악신앙설(山岳信仰說) 등이 있지만 기원전 5~3세기의 전국시대(戰國時代)에 연(燕)·제(齊)나라의 신선술(神仙術)을 행하는 사람인 방사(方士)가 주장하기를 그곳에는 신선이 살며 불로장생하는 신약이 있다고 믿었다. 그리고 황금과 옥으로 지은 누각(樓閣)이 늘어서 있고 주옥(珠玉)으로 된 나무가 우거져 있다. 그 나무의 열매를 먹으면 불로불사(不老不死), 영생(永生)한다고 한다. 그곳에 사는 사람은 모두 선인(仙人)들로서 하늘을 날아다녔다고 하며, 전국시대 말기 연·제나라의 여러 임금과 진(秦)나라 시황제(始皇帝) 또는 한(漢)나라 무제(武帝) 등이 사자(使者)를 보내 바다에서 그 신산(神山)을 찾아 불사약을 구해오도록 하였다.

전설에 따르면 삼신산은 해안에서 멀리 떨어져 있지는 않으나 사람이 접근하면 풍파가 일어나서 배가 가까이 갈 수 없으며, 길은 금은보석으로 깔려 있고, 그곳에 사는 새나 짐승은 모두 흰색이라 한다. 이러한 기록은 사마천(司馬遷)의 『사기(史記)』 봉선서(封禪書)에 자세히 나와 있는데 이것은 신선설에 관한 가장 오래된 기록이라고 한다. 그러나 후세에는 설화 속에 전승되어 신선경의 상징적 존재로만 남아 있다. 우리나라에서도 중국의 삼신산을 본떠 금강산을 봉래산, 지리산을 방장산, 한라산을 영주산으로 불러 이 산들을 한국의 삼신산으로 일컫고 있다.

고대 우리나라 선조인 환인(桓因), 환웅(桓雄), 단군왕검(檀君王儉)의 삼신(三神)을 삼신일체(三神一體)의 관계로 본다. 『삼일신고(三一神誥)』 신사기 등에 기록된 것을 옮겨 적은 것일 뿐 성경에는 '삼위일체'나 '삼신', '삼신당'이란 말은 기록되어 있지 않다. 여기에 기록된 내용과는 연관이 없으니 성경을 오해하는 일이 있어서는 안 되겠다. 다만 우리의 역사서를 참고로 넣은 것이다.

신사기(神事記) 등의 경전에 따르면 시공을 초월하여 우주를 주재하는 유일무이의 절대적 신인 일신(一神)이 바로 신앙의 대상이다. 일신(一神)은 한님이라고도 하는데 큰 덕[大德], 큰 슬기[大慧], 큰 힘[大力]을 갖추고 있으며, 큰 덕으로는 만물을 만들고 큰 슬기로는 만물을 가르치며 큰 힘으로는 만물을 다스린다고 한다. 일신(一神)이 차지하는 이 세 가지 자리의 이름이 따로 있으니 만드는 자리[造化]는 환인, 가르치는 자리[敎化]는 환웅, 다스리는 자리[治化]는 단군(檀君)이라고도 한다. 따라서 그 자리를 나누면 삼위(三位)요 합치면 일신(一神)이므로 삼위에 한 몸[三位一體]이라 한다. 즉 1은

3의 몸이 되고 3은 1의 작용이 된다는 의미이다. 『회삼경(會三經)』에서는 "일신에 대하여 하나이자 셋이니 주체로는 더없이 위에 사무치며, 쓰임으로는 더없이 끝에까지 다하시니라."고 하였다.

삼신산(三神山)이란 세 분의 신(神)이 계신 곳이라는 뜻이다. 중국의 모든 전설은 옛 우리나라 신시 배달국에서부터 전래되어온 것들이다.

그러나 이 모든 것이 말일에 이루어지고 있는 모형이요 그림자였다. 그리고 중국에서 있을 일이 아니요, 천자(天子) 들의 나라인 동방의 땅 모퉁이 해 뜨는 나라에서 이루어질 일이라는 것을 꿈엔들 알았겠는가?

우리나라는 환인(桓因), 환웅(桓雄), 단군(檀君)을 삼신(三神) 또는 삼성(三聖)으로 모시고 제(祭)를 올린다. 그리고 삼신각이니 삼신당, 성황당이니 해서 신사(神祠)를 지어 놓고 세 분의 모시거나 한 분의 신(神)을 모시고 있다. 이런 일들을 기독교에서 하는 것이 아니라 타 종교에서 열심히 모시고 제사를 지낸다. 기독교에서는 우상숭배라고 쳐다보기조차 꺼려한다. 그리고 그런 것들을 훼손하는 일까지 있다.

그래서 삼신산(三神山)은 육적인 산이 아니라 말일에 세분의 거룩한 영이 임하실 하나님께서 택한 약속의 목자가 있는 성전(聖殿)을 비유적으로 말해 놓은 것이요, 그 목자가 되는 것이다(계 3:12).

6) 곤륜산(崑崙山)

곤륜산은 고대(古代) 중국의 전설상의 성산(聖山)으로 알려져 있다. 하늘에 닿을 만큼 높고 보석(寶石)이 나는 명산으로 전해졌으나, 전국시대(戰國時代) 이후 신선설(神仙說)이 유행함에 따라 신선경(境)으로서의 성격이 두드러지게 되었다. 산중에서는 먹으면 죽지 않는 약(藥)이 나고, 선녀인 서왕모(西王母)가 살고 있다는 중국 서쪽에 위치한다. 처음에는 하늘에 사는 천제(天帝)가 인간세상에서 사는 도읍지로 알았으나 후에 신선사상의 영향을 받아 고대 중국의 이상향(理想鄕)으로 보게 되었다.

선녀 서왕모가 이 산에서 살고 있으며 여기에서 흐르는 물을 마시면 불사신이 된다는 강이 그곳 주변을 둘러싸고 있어 지상낙원(地上樂園)으로 보았다. 중국 황제(黃帝)가 곤륜산을 등산한 일과 주(周)나라의 목왕이 서쪽으로 가 곤륜산에 이르러 서왕모를 만나 사랑했다고 하며, 한 무제가 서왕모를 보고자 빌었더니 칠월 칠석에 서왕모가 아홉 빛깔 용이 끄는 수레를 타고 내려왔는데 그 모습이 아름다웠다고 한다. 또한 서왕모가 '불사수'라고도 하고 '천도복숭아'라고도 하는 불사약을 가지고 있다고 하는데, 동방민족 출신이며 활을 잘 쏘는 예(羿)라는 사람이 곤륜산에 들어가 서왕모에게 이 불사약을 받았다는 말이 전해지고 있다. 역시 한 무제가 불사약을 구했더니 서왕모가 동방삭이가 자신의 궁궐에 몰래 와서 복숭아를 훔쳐 먹고 그렇게 오래 산다는 설도 있다.

註 활을 잘 쏘는 동방민족: 동이족(東夷族)

■ 서왕모는 누구인가?

서왕모는 중국 신화에 나오는 여신으로 곤륜산에 산다고 하며 성은 양(楊), 이름은 회(回)라고 한다. 그 형상은 사람 같지만 표범의 꼬리에 호랑이 이빨을 하고 휘파람을 잘 불며 더부룩한 머리에 머리꾸미개를 꽂고 다니며, 하늘의 재앙과 오형을 주관한다고 한다. 서왕모는 시대의 흐름에 따라 신선사상의 영향을 받아 미모가 수려한 미인으로 변신하였고, 곤륜산에 흐르는 물을 마시면 죽지 않는다는 불사약을 주관하므로 많은 사람이 곤륜산과 서왕모를 사모하였다고 한다.

곤륜산은 그 시대 사람들이 들어가고자 하는 이상향(理想鄕)이요 무릉도원(武陵桃源)이었다. 그곳에는 불사약과 천도복숭아가 있어 그곳에 사는 사람들은 영원히 죽지 않고 살며 근심도 걱정도 질병도 없는 항상 즐거운 낙원(樂園)이요 천당(天堂)으로 사모하였다.

그래서 우리 민족도 그곳에 들어가기를 간절히 바라는 마음에서 어린아이에게 손가락을 콕콕 찍는 '곤지곤지(崑指崑指)'를 시켜왔던 것이다. (곤륜산은 말일에 나타날 영적 시온 산의 그림자요 모형이다. 불사약=하나님의 영생의 말씀. 영생수)

■ '곤지곤지'의 뜻은?

곤
崑(곤륜산⇨이상향)
곤륜산곤

지
指(손가락 지⇨손가락으로 가리킴)
손가락지

釋 낙원이요 천당인 곤륜산에 들어가라고 손가락으로 가리켜 주는 행위.

註 곤륜산은 말일에 나타날 영적 시온 산의 그림자요 모형이다. 삼신산이나 곤륜산에서 나온다는 불사약은 하나님의 영생의 말씀, 즉 영생수이다. 그 불사약을 하늘로부터 받은 오직 한 분이 계시니 예수님의 다른 이름으로 오신 진리의 성령이 함께하신 분 곧 다른 보혜사다(요14:16).

02

한강과 아리수

1) 한수(漢水)와 한자(漢字)

우리나라에서 사용되는 이름 중에는 한수 한(漢) 자가 들어간 이름들이 많다. 먼저 한자(漢字), 한강(漢江), 한성(漢城), 한양(漢陽), 남한산성(南漢山城), 북한산성(北漢山城), 한족(漢族), 한사군(漢四郡), 한남동(漢南洞) 등 수없이 많다. 한(漢) 자의 뜻은 중국 양쯔강(揚子江) 상류의 한수(漢水)를 가리킨 한수 한(漢) 또는 중국 한(漢)나라를 지칭하는 한나라 한(漢) 자다. 우리나라 한강(漢江)도 옛날에는 한수(漢水)라고 불렀다.

■ 한수(漢水)는 무슨 뜻인가?

漢(한수 한) ▷ 氵=水(물수) + 堇(진흙 근)

- 한자로 본 한수(漢水) 한(漢) 자의 뜻은 <u>진흙물</u>, 곧 깨끗하지 못한 물이란 뜻이다.

  註 氵삼수변은 水가 변한 것이고 漢자의 氵삼수변 옆에 있는 한자는 堇자가 변한 자임을 알려둔다.(컴퓨터에 입력이 안되어 있음)

水=물 수 ⇨ 氵(물수 변)

- 성경(예언서)에서는 말씀이나 말을 물로 빗대어 말한 곳이 많다(암 8:11, 요 4:14).
- 깨끗한 물=하나님의 진리의 말씀
  진흙물=사단의 비진리(거짓말)

釋 한수(漢水)란 깨끗하지 못한 진흙물 또는 흙탕물
靈 영적인 뜻: 거짓목자의 거짓말, 비진리

한수(漢水)는 중국 화중(華中) 지구를 흐르는 강으로 양쯔강 수계 중 가장 큰 지류이며 한강(漢江)이라고도 한다. 산시성(陝西省) 남서부 다바산(大巴山) 북쪽 기슭의 닝창현(寧强縣)에서 시작하며 원류(源流)는 위다이강(玉帶河)이다. 수량이 많고 양쯔강과 증수기가 일치하여 배수가 좋지 않은데다가 하류가 옛 운몽택(雲夢澤)의 일부에 해당되는 낮고 평평한 평야로 양쯔강과의 사이에 종횡으로 수로가 뻗은 수향(水鄕)을 이루기 때문에 과거에는 상습적인 수해지대였다. 물은 탁한 황토물이 흘러내리는 것이 특징이다. 길이는 1,532km.

■ 한자(漢字)는 무슨 뜻인가?

漢(한수 한) ⇨ 氵=水(물 수)+堇(진흙 근)
字(글자 자) ⇨ 글자, 문자

釋 한자란 진흙물로 쓴 글자라는 뜻이다.
靈 영적인 뜻: 거짓목자의 거짓말, 비진리를 기록한 글자

> **註** 그럼 우리가 쓰고 있는 한자는 거짓말인가? 참말인가? 두 가지 말이 섞여서 쓰이고 있다고 볼 수 있다.

■ 왜 한자(漢字)라고 부르는가?

한자의 서체(書體)는 갑골문, 금문, 전서, 예서, 해서, 행서, 초서 등 여러 가지가 있다. 처음은 환웅천황 때(B.C. 3898년) 신지 혁덕이 만든 녹도문자가 진서(眞書)란 이름으로 이어져 내려왔다. 중국 중원에는 청구국(배달국 천황 14대 치우천황이 국호를 청구국으로 고침)뿐만 아니라 많은 제후국들이 있었고, 동이족의 뿌리이긴 하지만 중국역사에 기록된 삼황오제를 거쳐 요임금, 순임금을 지나 중국의 최초의 왕국인 하나라, 상나라로 이어지는데 그 상나라가 은나라라고도 하는 동이족에 속한 탕이 세운 나라다. 은나라 때 활발하게 사용되었던 글자가 갑골(甲骨)문자이다.

갑골문자는 거북의 등뼈에 새겨진 문자를 말하는데, 녹도문자를 근거로 발전시킨 문자이다. 녹도문자를 시대에 맞게 발전시킨 데는 중국에서 문자의 시조로 알고 있는 창힐이란 사람의 공이 있었다고 한다. 그 후 주나라와 춘추전국시대를 지나 진시황의 나라로 이어졌고, 시대가 흐름에 따라 전서(篆書)가 쓰기에 너무나 어렵고 복잡하여 그 후 서체가 바뀐 문자가 예서체(隸書體)다. 그리고 다음으로 해서(楷書), 행서(行書), 초서(草書)로 발전해 왔다.

진나라가 망하고 한(漢)나라가 들어서면서 녹도문자에 뿌리를 두고 발전해 온 진서(眞書)를 한(漢)나라가 국문(國文)으로 채택함으로써 한(漢)나라 한(漢) 자를 따서 한문(漢文) 또는 한자(漢字)라고 부르기 시작했다. 그러나 배달국에서 이씨조선에 이르기까지 민족의 주체

의식이 확고한 선비들은 한자라 부르지 않고 진서(眞書)라 불러왔던 것이다. 이 진서(眞書)가 한자와 중국 글로 둔갑하고 우리도 그렇게 배운 것은 일제 강점기 36년간 조선 문화 말살 정책으로 일본과 중국 청나라의 합작으로 역사왜곡이 그들의 손에 의해 조작된 것이다.

이상 여러 역사고기(歷史古記)에 보면 중국에서는 전설로 내려오는 고대사의 모호한 기록이 우리나라의 『한단고기』와 『단기고사』 등 여러 고기(古記)에서는 사건연대, 사건내용, 인물배경 등을 상세하게 밝히고 있는 것이다. 그런데도 중국에 대한 사대사상과 모화사상에 젖어 있는 선비들과 일제 강점기 36년의 거짓 역사교육에 세뇌된 참으로 순수하다 못해 어리석은 일부 학자들은 거짓으로 날조된 중국과 일본이 꾸며 놓은 역사서는 철저하게 믿으면서 이렇게 귀중한 역사 자료들이 하나하나 밝혀짐에도 들으려고도 하지 않고 잃어버린 역사를 밝혀가는 분들을 비웃고 미친 사람 취급을 하고 있으니 이 나라 백성을 사랑하신 하나님과 선조들이 한탄하고 계신다는 것을 잊어서는 안 될 것이다.

2) 한강(漢江)

한강은 태백산맥(太白山脈)에서 시작하여 강원도·충청북도·경기도·서울특별시를 지나 황해(黃海)로 흘러가는 강으로서 우리나라에서 네 번째로 긴 강이다. 길이 514km, 유역면적 2만 6,219km²이다. 상류는 남한강과 북한강으로 나뉘며 남한강을 본류로 본다. 북한강은 강원도 금강산에서 발원하여 남쪽으로 흐르며 금강천, 수입천(水入川), 화천천(華川川)과 합류하고 춘천(春川)에서 소양강(昭陽江)과 합류한 뒤 남서로 흘러 가평천(加平川), 홍천강(洪川江), 조종천(朝宗川)과 합한 다음 경기도 양평군(楊平郡) 양서면(楊西面) 양수리(兩水里)에서 남한강과 합류한다. 남한강은 강원도 삼척시(三陟市) 대덕산(大德山)에서 시작하여 남쪽으로 흐르면서 평창강(平昌江), 주천강(酒川江)을 합하고 단양(丹陽)을 지나면서 북서로 흘러 달천(達川), 섬강(蟾江), 청미천(淸渼川), 흑천(黑川)과 합한 뒤 양수리에서 북한강과 합류한다. 양수리에서 합류한 한강은 경안천(慶安川)과 합류하고 팔당호(八堂湖)에서 서쪽으로 흘러 서울특별시로 흘러들어온다. 다시 중랑천(中浪川), 안양천(安養川)을 합쳐 북서쪽으로 흘러들어 김포시(金浦市)와 고양시(高陽市)의 경계를 이룬다. 파주시(坡州市)에 이르러 곡릉천(曲陵川)을 합치고 임진강(臨津江)과 합한 다음, 김포평야(金浦平野) 북쪽을 돌아 황해로 흐른다. 한강은 예부터 다양한 이름으로 불렸는데, 한사군(漢四郡) 시대나 삼국시대 초기에는 '대수(帶水)'라 불렸고, 광개토왕비에는 '아리수(阿利水)'라 기록되었으며, 『삼국사기』에는 '욱리하(郁利河)'로 불렀고 또한 백제가 중국 동진(東晉)과 교류하면서 중국식 이름인 한수(漢水), 곧 한강(漢江)으로 바뀌었다.

■ 한강(漢江)이란 한자(漢字)의 뜻은?

漢(한수 한) ▷ 氵=水(물 수)＋堇(진흙 근)

釋 한자로 본 한수 한(漢) 자의 뜻은 <u>진흙물</u>, 곧 깨끗하지 못한 물이란 뜻이다.

江(강 강) ▷ 氵=水(물 수) 工(장인 공, 일할 공)

釋 강. 강(江) 자는 물을 다루는 사람을 뜻한다.

- 氵=水(물=성경적으로 말, 말씀) 工(만들다, 일하다)
- 성경 말씀을 가지고 일하는 자는 목자(牧者)나 전도자. 그리고 사단 마귀의 말을 가지고 일하는 자는 거짓목자, 거짓 전도자다.

> **註** **한강(漢江)의 영적인 뜻** : 한강 역시 진흙탕 물을 말한 것이다. 이것을 영적으로 해석하면 서울 한복판을 동서로 흐르는 한강물은 거짓 목자나 거짓말을 전하는 전도자들이 들끓고 있다는 뜻이다. 물은 강으로 흐르지만 말은 무엇을 길 삼아 흐를까? 곧 사람을 통해서 흐른다(전한다). 그래서 진흙물이 흐르는 강은 사단의 말을 전하는 사람이며, 사람들 중에도 거짓말을 전하는 자다.

지금 서울을 동서로 가로질러 육적 실체의 강이 흐르듯이 우리 눈에 보이지 않는 영적인 강을 통해 많은 진흙탕 물(비진리)이 전해지고 있다. 이것이 현실이기에 문제가 심각한 것이다. 하나님의 목자를 가장한 거짓목자가 쏟아낸 거짓말(비진리)을 강물처럼 쏟아내고 전파하고 있음을 뜻하는 문자가 한강(漢江)이다.

3) 아리수(亞里水)

아리수란 한강의 옛 이름이다.

우리나라 말 중에 명사나 형용사나 기타 부분에서 '아리'라는 말이 참 많이 나온다. 아리랑, 아리수, 아리새, 아리쇠, 아리아, 아리안, 종아리, 아리송, 미아리, 또아리, 아리울 등. 그러나 그 이름들이 시대가 흐름에 따라 거의 변음되어 원음 그대로 구전되어온 단어는 찾아보기 힘들다. 그러나 다행히 한자(진서)가 있어 그 뜻과 근원을 어렵게나마 찾아 볼 수 있으니 그것만으로 감사하다. 「단장의

「미아리고개」라는 가요에서 나타나듯이 하나님의 역사는 미치지 않는 곳이 없다. 미아리의 육적 역사 속에서 영적인 역사가 동시에 펼쳐짐을 볼 수 있다. 하나님께서는 멀리 약 9천3백여 년 전부터 이 나라의 하나님으로 역사하셨다.

하나님께서 역사하시는 곳에는 항상 산이나 강, 물이 있다. 성경에 나오는 모든 사물과 사람이 필요 없이, 아무 의미 없이 나오는 것은 한 가지도 없다. 「단장의 미아리고개」라는 대중가요에서 영적으로 하나님의 도성과 사단의 세계를 나누는 경계로 봤을 때 서울에 있는 삼각산이나 한강에도 무슨 의미가 있으리라 보는 것이다.

고구려 때는 한강의 이름을 아리수라 했다. 하나님이 일하시는 곳에 항상 산과 강이 나타났음을 볼 때 아리수가 한강으로 바뀌는 데도 분명 뜻이 있으리라 본다. 한강의 이름이 유래된 원인을 살펴보면 중국 양쯔강의 지류인 한수(漢水)의 이름에서 따왔다.

우리 강의 고유 이름인 아리수를 중국의 한수(진흙탕 물)를 본떠서 바꿀 때부터 문제가 생긴 것이다. 중국은 용을 숭배한 용의 나라다. 아담과 하와에게 뱀이 와서 선악과를 따 먹으라고 할 때 그들에게 미혹되어 따 먹음으로써 그 결과가 어떠했는가?

◯ 한강(漢江)의 본 이름은 아리수였다.

■ 아리수라는 이름에는 어떤 뜻이 있는가?

亞(버금 아) 里(마을 리, 성읍) 水(물 수)

- 亞(버금 아) ▷亞 자 안에서 十 자가 나오고
- 里(마을, 성읍) ▷(시온성)=하나님의 도성=십승지=천국=극락을 상징함.

● 水(물 수) ⇨ 물은 말씀 또는 말(요 4:14, 신 32:2, 암 8:11)

❖ 한강의 육적(肉的)인 해석
[釋] 진흙탕 물이 흐르는 강

❖ 한강의 영적(靈的)인 해석
[靈] 사단의 비진리를 전하는 전도자

❖ 아리수(阿利水)의 육적(肉的)인 해석
[釋] 고구려 때 불렀던 한강 이름

❖ 아리수(亞里水)의 영적(靈的)인 해석(2004년2월부터 아리수로 명명함)
亞里水: 하나님의 십자(十) 마을에서 솟아나는 물. 곧 하나님 성전에서 전해지는 진리의 말씀

[註] ① 우리나라는 백성들만 천손이 아니라 땅, 강, 바다, 산, 풍속, 음식까지도 하나님의 은혜 가운데 창조된 창조물임을 알아야 한다.
우리나라 역사뿐만 아니라 모든 문화, 문자, 심지어 말 한마디, 놀이 하나까지도 하나님의 역사와 연관되지 않은 것이 없다.
지금까지 우리 백의민족이 지켜온 모든 것은 하나님께서 장차 이 나라에 이루실 참 형상의 모형이었고 그림자였으며 예행연습이었음을 우리 민족은 밝히 깨달으리라 믿는다.

[註] ② 왜 이런 일이 우리나라에 생기고 있느냐고 말하지 말라. 하

하나님께서 성경이나 동양 선지서 등에 미리 다 예언해 두셨다. 다만 우리가 모르고 있었을 따름이다.

■ 『역경(易經)』의 설괘전(說卦傳)에 이런 말이 있다.

註▷ 역경은 중국 유교의 경전. 삼경(三經)의 하나

萬物之所成終
_{일만만 만물물 갈지 곳소,바소 이룰성 끝종,마칠종}

● 만물이 이루고 마치는 곳과

而所成始也
_{말이을이 곳소,바소 이룰성 처음시 어조사야}

● (만물의) 성취와 시작되는 곳은

故成言乎艮
_{예고,사건고 이룰성 말씀언 어조사호 괘이름간,그칠간}

● (이런 일이) 간방(艮方)에서 말씀으로 이루어지니라.

▨ 만물의 시작과 성취됨이 간방에서 말씀으로 이루어진다.

註 ① 간방(艮方)이란 24방위(方位)의 하나인 동북간(東北間), 팔방(八方)의 하나인 동북간(東北間), 해 뜨는 곳, 한반도를 가리키며 『천부경(天符經)』에서 말하는 "일시무시일(一始無始一), 일종무종일(一終無終一)"의 참된 뜻이 이루어지는 현장이 한반도다.

註 ② 성경 계시록 7장 2절에는 하나님께서 하나님의 백성들을 인(印) 치시는데, 천사가 하나님의 인(印=말씀)을 가지고 해 돋는 데(간방)로부터 올라와서 인(印)을 친다. 육적으로도 세계 중심에서 볼 때 간방(艮方)은 한반도가 되며, 한 반도는 예부터 중국에서 볼 때는 동방의 나라 또는 해동국(海東國), 동이족(東夷族)이라고도 한다. 그래서 하나님은 동방 우리 민족부터 인 치시기를 시작하시는 것이다.

註◇인 친다: 도장 찍듯이 하나님 말씀을 마음에 새긴다.

4) 한강과 아리수

(1) 육적 한강과 아리수

모든 강이 다 그러하듯이 상류로부터 흘러 내려오면서 양쪽 지류로부터 온갖 더러운 물을 다 수용하여 하류로 내려오면 올수록 탁해지고 오염되어 먹을 수 없을 뿐만 아니라 물고기마저 살 수 없는 물이 되어버린다. 처음 물의 발원지는 깨끗한 샘이나 골짜기에서 시작한다. 그래서 사람이나 모든 생물이 그 물을 마시면 생명을 유지할 수 있고 또 병이 치유되는 약수가 된다. 그러나 하류로 내려오면 내려올수록 오염도가 심해져서 약수가 아니라 독물이 되어 버린다.

이것이 바로 내일 일을 생각지 않고 자연을 오염시키고 훼손시킨 사람들이 저질러 놓은 것을 스스로 거두는 인과응보(因果應報)라 한다. 지구의 70퍼센트를 차지하는 것이 바다(물)이다. 사람 몸의 70퍼센트는 수분(물)이다. 물이 없는 지구나 인간은 존재할 수 없다. 물 없이 지구상의 생명은 유지될 수 없는 것이다. 그래서 물은 생명이다. 그러면 현재 수도권에 사는 사람들은 생명을 유지하기 위해서 어떤 방법으로 물을 공급 받고 있는가? 일단 더러워진 흙탕물을 먹을 수 있는 식수로 정화시켜 먹을 수 있게 하는 것이다. 곧 오염된 한강물을 먹을 수 있는 아리수로 바꾸는 것이다. 이 물이 오늘날 수도권 시민이 먹고 사용하는 아리수다. 그래서 육적인 더러운 물을 인위적으로 정화시켜 깨끗한 물로 만든 물을 육적 아리수라 한다.

(2) 영적 한강과 아리수

성경에는 여러 부분에서 물이 기록되어 있지만 물을 육적인 물로 봐서는 이해가 되지 않는 내용들이 많다. 예를 들자면 예수님이 주는 물을 먹으면 영원히 목마르지 않는 다든가(요 4:14), 배에서 생수의 강이 흘러나리라(요 7:38)고 하는 물, 하나님과 어린 양의 보좌로부터 나서 길 가운데로 흐른다는 생명수(계 22:1~2)의 물을 육적인 물로 본다면 성경의 참뜻은 영원히 모른 채 성경은 잠을 불러오는 수면제 역할밖에 하지 못할 것이다. 성경 예언서에서 나오는 물은 하나님의 말씀인 진리를 상징한 깨끗한 물과 마귀의 말인 비진리를 상징한 진흙물로 나뉜다. 그래서 앞에서 말했듯이 한강(漢江)이라는 한자(漢字)에 감춰진 뜻은 진흙물이 되므로 한강물은 사단의 비진리요, 다시 말해 거짓 목자의 입에서 나오는 거짓말이 된다는 것을 알았다. 그래서 오늘날 기독교계에서 거짓 하나님과 거짓 예수와 거짓 목자의 입에서 나온 거짓말, 곧 비진리가 한강물같이 홍수를 이루고 있는 것이다.

그럼 육적(肉的) 아리수와 영적(靈的) 아리수(亞里水)는 어떻게 다른가? 육적 아리수는 앞에서 설명했듯이 더럽게 오염된 한강물을 인위적인 방법으로 정화시켜 깨끗한 물로 만들었다. 그러나 영적 아리수는 다르다. 기존에 있는 물을 정화시킨 것이 아니라 우물[井]에서 솟아 나오는 것이다. 아리수(亞里水)는 십자(亞)의 마을(里)에서부터 솟아나와 사방으로 흘러간다. 그것을 본떠 만든 한자가 우물 정(井) 자다. 정(井) 자는 천국을 상징한다. 井 자의 가운데는 하나님의 보좌요, 하나님의 입[口]이다. 물은 井[샘] 가운데서 솟아나와 네 강(卄)을 길 삼아 사방(四方)으로 흘러간다. 그래서 온 지면(地面)을 적신다. 그리고 온 땅에 충만하여 땅을 소성시킨다. 이것이 하나님의 계획이요, 원래의 하나님나라요 하나님이 마귀에게서 되찾을 별 천지요, 새 하늘, 새 땅이다.

> **註** 물이 흘러가는 길이 강(江)이다. 물이 말씀 또는 말이라면 말이 흘러가는 길은 전도자(傳道者)가 된다. 또한 성경에서 땅은 사람이나 교인들을 가리킨다(고전 3:9, 눅 8:15). 그래서 땅을 적신다는 것은 성도의 마음을 적신다는 것이고, 온 땅에 충만하게 채워진다는 것은 세상 모든 성도들에게 다 전해진다는 뜻이다.

물이 하나님의 말씀이라면 하나님의 말씀은 하나님의 보좌, 곧 하나님의 입[口]에서 나와 네 길(동서남북으로 흐르는 4강 卄), 곧 전도자들을 통해서 비진리로 영적 홍수를 이루고 있는 세상을 향해 퍼져나간다. 더러운 물에 깨끗한 물이 계속해서 들어가면 조금씩 깨끗해져 가는 것과 같이 비진리로 오염된 세상 교인들을 진리의 말씀으로 심령이 바뀌가는 것을 만국을 소성(蘇醒)시켜 간다고 하는 것이다. 그 만국을 소성시켜가는 진리의 말씀, 하나님 말씀이 바로 아리수(亞里水)다(계 22:1~2 참고).

그럼 이 아리수가 솟아나오는 곳은 어디일까? 성경말씀에 오랜 후(말일)에 어느 날을 정하여 오늘날이라고 말일을 미리 말하니 "오늘날(말일) 너희는(신앙인들) 그의(진리를 전하신 목자) 음성을 듣거든 너희 마음을 강퍅(剛愎)케 말고 들으라"(히 4:7).

> **註** 아리수가 나오는 곳과 아리수를 찾는 것은 신앙인들 개개인의 몫이다. 그럼 진짜 아리수가 나오는 곳이 있고 아리수가 하나님께서 말일에 내려주신 진리의 말씀을 가르친 분이 있단 말인가? 그렇다. 한강과 아리수라는 비밀이 풀린 것 자체가 그것을 증명하고 있는 것이다. 거듭 말하거니와 신앙인들은 말일에 반드시 이 아리수가 나오는 곳을 찾아야 하고, 이 아리수를 마셔야 성경에 이름과 같이 배에서 생수(生水)의 강(江)이 흘러나며(요 7:38), 이 아리수(亞里水)만이 우리를 생명(生命)으로 인도하는 영생수(永生水)가 되는 것이다. 나는 구원받았다. 나는 성령 받았다 하고 증거도 실증도 없는 맹목적인 신앙을 갖지 말고 이 글을 접하는 신앙인들은 깊이 자신의 신앙을 다시 점검해 보는 귀한 기회가 되었으면 하는 간절한 마음을 가져보는 바이다. 진리(眞理)란 참 진(眞), 이치 리(理) 자다. 신앙도 구원도 영생도 성경에 입각하여 육하원칙(六何原則)에 의해 이치에 맞아야 진리가 되는 것이다. 일획일점도 성경에 비추어 한 가지라도 맞지 않으면 진리가 될 수 없는 것이다.

지금 종교세상에서는 하나님의 정한 때가 되어(합 2:2~3) 성경에 예언된 예언들이 실체로 성취된 실상(실체)을 우리 눈으로 확인할 수 있다(요 14:29). 그리고 사람이 정화하지 않고 하나님의 보좌에서 직접 전해 내려온 진리의 말씀이 처처(곳곳)에서 전해지고 있다. 그곳이 어디인가를 애타게 찾고 두드리는 자는 찾을 수 있다(마 7:7).

■ 한강(漢江)과 아리수(亞里水)의 영적인 해석(解釋)

靈 漢江(한강) ⇨ 거짓말(비진리)을 전하는 전도자 또는 목자
靈 亞里水(아리수) ⇨ 하나님의 보좌(천국)로부터 솟아나는 진리의 말씀

지금 종교계를 보라! 눈 뜨고 귀가 열렸다고 보는 사람이면 진흙탕이 되다 못해 대홍수를 이루고 있는 비진리 교리 싸움. 그리고 교권, 금권 다툼으로 비진리의 홍수 속으로 떠내려가며 자기 영(靈)이 죽어 가는지도 모르고 죽어가는 불쌍한 영혼들을……. 귀 있고 눈 있는 자들은 현재 한국 교계의 타락상을 정확히 깨닫고 성령이 교회(성도)들에게 애타게 부르짖는 소리를 들을지어다.

5) 아리(亞里)울(울타리)이란?

靈 천국의 경계를 표시한 영적인 울타리(경계)

농자천하지대본
(農者天下之大本)

1) 한자로 푸는 하늘 농사(天農)

농자(農者)란 농사일 또는 농사일을 하는 사람을 말한다. 천하(天下)는 하늘 아래, 대본(大本)은 가장 큰 근본이라는 뜻이다. 한자 그대로 해석하자면 "농자(農者)는 하늘 아래서 가장 큰 근본이다" 또는 "농사(農事)는 하늘 아래서 가장 큰 근본(기본)이 된다"라는 뜻이다.

農者天下之大本이라는 한자 속에는 무슨 뜻이 있는가? 평범하게 한자의 뜻풀이를 한다면 앞에서 말한 것 같이 농사짓는 사람은 하늘 아래에서 가장 큰 근본이 된다는 뜻이다. 그러나 여기서는 그 한자 속에 감춰진 영적 의미를 알고자 하는 것이다.

■ 農者란 무슨 뜻이 있는가? 파자(破字) 해보자.

농	자
農	者
농사농	사람자

農(농사농) = 曲(노래곡, 굽을곡)(노래, 악곡) + 辰(별진)(별, 새벽, 생신)

- 曲(곡)은 굽었다는 뜻도 있지만 악곡 또는 노래라는 뜻으로도 쓰인다.
  - 성경에서는 노래를 말씀이라 말하고 있다(신 31:30).
- 辰(진)은 별, 새벽, 생신 등의 뜻이 있다. 성경에서는 하나님의 백성을 '별'이라 말하고 있고(신 1:10), 창세기 37장 9절에서는 야곱의 가족들을 해, 달, 별로 표현하고 있으며, 요셉의 열한 형제를 별에 비유하고 있다.

釋 육적으로 봐도 해, 달, 별은 하늘에 있고 말이나 노래는 입에서 나오는 소리이다.

者 = 耂(익숙하다, 숙련되다, 어른) + 白(희다, 깨끗하다)
사람자   익숙할노, 어른노   흰백, 깨끗할백

- 耂(노)는 '노인, 어른, 익숙하다, 숙련되다' 등의 뜻이 있다.
- 白(백)은 '희다, 깨끗하다, 흠이 없다'의 뜻이 있다.

釋 사람이란 인격적으로 깨끗하고 모든 면에서 익숙하고 노련한 어른이 되어야 진짜 사람이라는 칭호를 들을 수 있다.

靈解 인격적으로나 도덕적 또는 신앙적으로 결함이 없는 사람이 하나님의 백성들에게 하나님의 말씀을 가르칠 수 있다. 이런 사람을 하늘 농사를 짓는 農者(농자)라 한다.

천	하
天 하늘천	下 아래하

天 = 一(첫째, 으뜸) + 一(첫째, 으뜸) + 人(사람, 육신)
하늘천   한일, 첫째일   한일, 첫째일   사람인

- 一(일): 첫째 一은 하나님의 영(靈), 둘째 一은 예수님의 영(靈) 두 분의 영(靈)이 사람[人]에게 임해 오신 자(字)가 천(天)자다.

靈解 예수님 때는 하나님이 예수님에게 임해 오신 예수님이 하늘이요 천국이었다(마 3:16, 마 4:17). 오늘날에도 성경적으로나 영적인 하늘은 저 공중의 푸른 하늘이 아니라 하나님이 계신 곳이 영적 하늘이다.

下(아래 하)=천하(天下)의 영적 해석

靈解 천하는 '하늘 아래'라는 뜻인데, 여기서 말한 천하는 우리가 육적인 눈으로 보는 저 푸른 하늘이 아니라 하나님이 계신 곳 또는 하나님이 임해 오셔서 함께 계신 그분이 영적 하늘이 되는 것이다.

釋 여기서 말한 천하(天下)의 영적인 뜻은 저 창공의 푸른 하늘이 아니라 하나님 아래라는 뜻이다.

지 之=之(갈 지) 자의 쓰임에 대하여
갈지, 어조사지

- 여기서 지(之) 자는 특별한 뜻이 없고 윗말과 아랫말을 이어주는 어조사로 쓰인 것이다.

대 본
大 本
큰대 근본본, 뿌리본

大(큰대)=一(처음, 첫째)+人(사람인)

- 첫째 사람, 처음 열매, 장자(長子)(약 1:18, 계 14:1~4)

本(근본본, 뿌리본)=木(나무)+ㆍ(알갱이=씨)

- 木(목): 성경의 예언서 중에는 속사람이 거듭난 사람이나 하나님의 백성을 나무로 빗대어 기록해 놓았다(사5:7, 렘 5:14).

그리고 *(씨)는 하나님의 말씀이라 했다(눅 8:11).

釋 農者天下之大本이라는 한자 속에 감추어 놓은 하늘 농사의 참뜻은 먼저 흙으로 된 사람(고전 3:9, 눅 8:11), 마음을 갈고 닦아서 그 정지(整地)된 마음에 씨를 뿌려 생육, 번성, 충만할 때까지 기르고 가꾸어 장성한 분량의 하늘 백성의 수(數)가 차기까지, 곧 처음 익은 열매 144,000(계 7:1~8, 계 14:1~4)인 그리고 하나님 말씀으로 속사람이 거듭난 씨(말씀)를 가진 흰 옷 입은 (깨끗한) 사람들을 만들어 가는 것이 하늘 농사요 하늘 농사를 짓는 농자다.

■ 불가에서 전해지는 말

선	농	일	치
禪	農	一	致
좌선선	농사농	한일	이를치

註 하늘 농사(參禪, 坐禪)를 하는 것이나 땅의 농사를 짓는 것이 같다.
註 이는 곧 이 땅에서 지은 농사는 하늘 농사의 하나의 모형이었음을 말해주고 있는 것이다.

2) 24절기와 하늘 농사

우리나라는 예부터 국민 대다수가 농업에 종사하며 농업을 주업(主業)으로 하며 살아왔다. 이는 농업으로 의식주가 다 해결되었기 때문이다.

그래서 국민 거의가 농사일을 모르는 사람이 없었다. 글은 몰라 무식할지라도 씨를 뿌려야 할 때, 김을 맬 때, 병충해를 방제할 때, 거둘 때를 모르는 사람이 없었다. 뿐만 아니라 하늘만 쳐다봐도 날씨가 어떨지, 해・달・별과 바람의 방향만 봐도 기상을 추측할 수 있는 천문학의 지혜가 있었다. 그래서 모든 때를 알고 자연의 법칙을 아는 자가 농자(農者)이고 자연의 이치와 순리를 아는 자가 농자이기에 이 농자가 천하의 가장 큰 근본이 된다는 뜻이 되겠다.

언제부터인가는 모르나 봄, 여름, 가을, 겨울의 사계절과 열두 달, 24절기를 지켜가며 학술적으로나 과학적으로는 모르지만 경험과 체험과 감각으로 농사일을 실수 없이 해 왔다. 농자라면 누구나 봄에는 씨를 뿌려 싹이 나게 하여 새 생명이 탄생케 하며, 여름에는 정성을 다해 가꾸어 자라게 하며, 가을에는 결실을 거두어 곳간에 저장하며, 겨울에는 안식하고 감사하며 또 다른 생명의 씨를 잉태하는 것이다.

우리나라는 세계 그 어느 나라보다 사계절이 뚜렷하고 24절기를 잘 알고 지켜 그 절기에 적응하며 생활하는 나라다. 이것은 학창시절에 배운 것도 아니요, 농업에 대한 전문서적이나 천문학서적을 보고 배운 것도 아니다. 학식도 전문지식도 아닌 조상들의 하는 것을 보고 몸소 체험하며 전문서적의 실체가 된 것이다.

그런데 이 사계절과 우리나라의 절기가 성경의 이루어짐에서 볼 수 있다는 것을 깨닫고 하나님의 오묘하신 섭리와 계획의 중심에 우리나라가 있었다는 것을 새삼스럽게 깨닫고 너무너무 감사하여 눈시울이 붉어진다. 우리나라가 하나님이 계획하신 천국이요, 우리 민족이 하나님이 선택하신 천민이다. 할렐루야!!

먼저 사계절과 열두 달, 24절기를 알아보자.

■ 사계절과 24절기

지금 세계적으로 24절기를 쓰고 있는 나라는 동양권에 몇몇 나라가 있지만, 우리나라처럼 사계절이 뚜렷한 나라는 없다. 그런데 이 사계절의 변화와 농사짓는 방법, 이루어 가는 과정이 하늘 농사, 곧 성경의 역사와 거의 같은 맥락에서 이루어지고 이루어가고 있다는 것을 깨달았다. 또 농자천하지대본(農者天下之大本)이라는 한자(漢字) 속에 하늘농사의 뜻이 담겨 있음을 보고 이것 역시 우리나라의 산이나 강, 노래, 풍속 가운데 다 하나님의 깊은 비밀을 숨겨 놓으시고 말일에 이와 같은 것들이 성경과 같이 이루어지면 의심 말고 믿고 구원받으라(요 14:29)고 이제 우리에게 그 뜻을 깨닫게 하신 것이 아닌가 생각한다.

그럼 먼저 사계절을 살펴보자.

■ 우리나라 사계절의 순환도

봄에 얼었던 땅이 따뜻한 햇볕과 가는 보슬비를 흡수하여 언 땅이 해동하면 농부들은 소[牛]에 멍에를 메어 밭갈이와 논갈이를 하며 농사지을 준비를 완료하고 그 땅에 씨를 뿌린다. 그 씨앗은 자연의 섭리 속에 싹을 틔우고 따뜻한 햇볕과 가는 비를 흡수하며 연

약하나마 무럭무럭 자라난다. 각종 채소 또는 꽃의 모종을 기르는 곳은 묘상(苗床), 과수나 꽃나무 등의 묘목을 기르는 곳은 묘포(苗圃)라고 한다. 정확하게 말해서 씨앗을 넓은 농경지에 직접 뿌리지 않고 좁은 면적의 땅에 뿌려 면밀하게 모를 길러 모심기[移植]를 하면 수확을 늘릴 수 있고 더 튼튼하게 자라게 할 수 있다. 이것이 인생으로 본다면 유아기와 청소년기다.

여름으로 접어들면서 못자리에서 자란 어린 벼를 논으로 옮겨 심는 모내기를 한다. 옮겨 심은 벼는 새로운 땅에서 적응하여 뿌리를 내리기까지는 심한 몸살을 앓는다. 여름으로 접어들면서 봄에 따뜻하고 가는 보슬비는 강렬한 햇볕과 빗줄기로 변해 때로는 농작물에 시련을 가져다준다. 때로는 강한 태풍우를 몰고 와서 농작물을 해치기도 한다. 이런 시련과 연단 속에서 벼는 성장해 간다. 그리고 각종 잡초와 병충해로부터 보호하기 위해 농부의 사력을 다한 노력은 눈물과 땀으로 범벅이 된다. 이렇게 해서 끝까지 살아남아 강렬한 햇볕을 받아 잘 익은 벼들은 가을의 추수기로 접어들어 농부의 손에 의해 추수되어 곳간에 저장된다.

농사(農事) 하면 대표적인 것이 벼(쌀)농사다. 그래서 모든 곡식(穀食) 중에 쌀을 주곡(主穀) 또는 알곡이라 하고 나머지는 잡곡(雜穀)이라 한다. 그래서 쌀, 곧 알곡을 성경에서는 참 신앙인으로 비유해 놓고 있다(마 3:12, 눅 3:17). 이 벼농사의 농부(농자)와 벼농사의 과정이 성경의 역사와 거의 같다 해도 틀린 말은 아니다. 이 벼농사가 성경의 축소판이요, 창세기부터 계시록까지의 줄거리다. 농촌에서 주곡(主穀)인 쌀농사를 짓는 동안에는 쌀농사만 짓는 것이 아니고 그 시기와 철에 맞추어 잡다한 잡곡들과 다른 식물들도 재배되듯이 성경의 역사도 하나님이 계획하신 주된 역사를 이루어 가시는 가운데 주위의 잡다한 많은 사건이 병행해 이루어 가고 있음을 볼 수 있다.

그래서 농부가 농사를 짓는 주된 목적은 주곡(主穀)이 되는 쌀을 얻기 위한 것이요, 하나님의 하늘 농사의 주된 목적은 참된 하나님의 백성, 곧 알곡 성도를 얻기 위한 것이다(계 7장, 계 14장).

> 註 밭에서는 쌀을 생산할 수 없고 반드시 물을 대서 논을 만들어 물이 논에 가득히 차야 쌀을 생산할 수 있듯이 사람도 하나님의 말씀을 받아 본인이 하나님 말씀의 소유자가 되어야만 알곡 성도를 전도하여 하나님의 백성으로 만들 수 있다.
>
> 田(밭=사람)(고전 3:9) + 水(물=말씀)(신 32:2) = 畓(논)······쌀을 생산함
> 밭전   물수   논답

■ 4절기와 하늘 농사

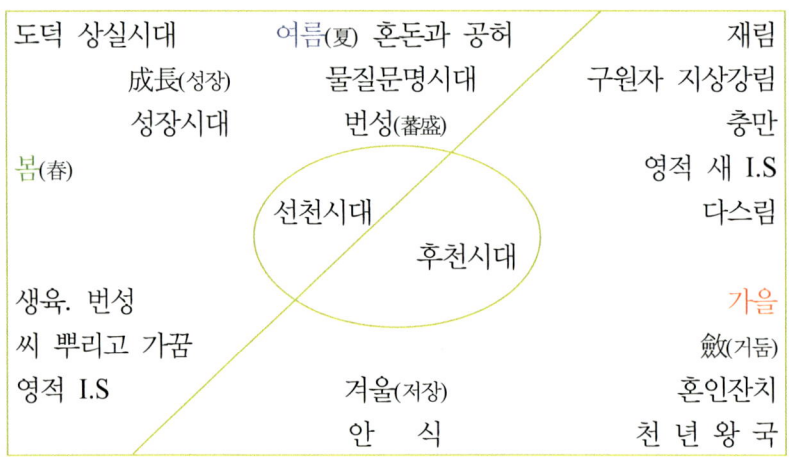

> 註 성경 창세기 1장을 보면 하나님께서 6일간 천지를 창조하시고

7일째 되는 날(창 2:1~3) 안식(安息)하시는 내용이 나온다. 그런데 오늘날을 종교 종말이라고 하고, 성경 역사가 6천 년이 된 줄을 모르는 교인은 거의 없다. 성경 역사 연대를 대략적으로 본다면 아담에서부터 아브라함까지를 2,000년으로 보고 아브라함부터 예수님까지를 2,000년으로 보며 예수님 때부터 오늘날까지를 2,000년으로 본다. 그래서 성경 역사를 총 6,000년으로 보는데, 아담 때부터 예수님까지 4,000년을 구약시대라 하고 예수님 초림 때부터 오늘날 예수님 재림 때까지 2,000년을 신약시대라 한다.

기독교인들뿐만 아니라 다른 종교인들도 오늘날이 종말이라는 말들을 많이 하고 많이 듣는다. 왜 그럴까? 그럴만한 이유가 충분히 있다.

동양 선지서나 한자(漢字) 속에서도 말세나 종말이라는 내용이 많이 나온다. 하나님께서 말씀하시기를 "내 생각은 너희 생각과 다르며 내 길은 너희 길과 달라서 하늘이 땅보다 높음같이 내 길은 너희 길보다 높으며 내 생각은 너희 생각보다 높으니라."고 말씀하고 있다(사 55:8~9).

창세기 1장에서 하나님께서는 6일 동안 일하시고(천지창조) 7일째 되는 날 안식하셨다. 그래서 하나님을 믿는 백성들은 구약시대부터 6일 동안 일하고 7일째 되는 날을 안식일(安息日)로 철저히 지켜왔다. 그리고 십계명(十誡命)에도 안식일을 지키라고 명령하셨다(출 20:8~11).

우리가 알아야 할 것은 구약의 십계명은 하나님이 우리에게 주신 율법(律法)이다. 율법은 하나님의 백성이 영원히 지켜야 할 하늘의 법이다. 그런데 예수님께서 오셔서 말씀하시기를 "율법과 선지자는 요한의 때까지요, 그 후부터는 하나님 나라의 복음이 전파되어……"(눅 16:16)라고 말씀하시고, 마태복음 5장 17절에서는 "내가 율법과 선지자나 폐하러 온 줄로 생각지 말라. 폐하러 온 것이 아니라 완전케 하려 함이로라."고 말씀하시고, 로마서 13장 10절에서는 "……사랑은 율법의 완성이니라."고 말씀하신다. 그리고 요한복음 5장 17절에서는 유대인들이 안식일에 일하시는 예수님을 핍박하니 예수님이 말씀하시기를 "내 아버지께서 이제까지 일하시니 나도 일한다."고 하셨다. 이 몇 구절만 보더라도 성경은 난해한 부분들이 너무 많다는 것을 알 수 있다. 안식일은 하나님의 백성들이 영원히 지켜야 할 규례인데 안식일을 지키지 않고 일하시는 하나님과 예수님을 우리는 어떻게 생각해야 할 것인가? 그리고 창세기 1장에서 2장 3절까지 읽어 보니 하나님께서는 만물을 창조하시고 안식에 들어가셨는데 요한복음 5장 17절에서는 아직까지 일하신다니 이는 무슨 말인가? 참으로 난해한 문제가 아닐 수 없다.

성경 전도서 3장 1~8절까지 읽어보면서 상기한 문제들이 이해가 안 된다면 그냥 모르는 채 넘어갈 것인지, 반드시 알아야 할 문제들인가를 고민해보아야 할 것이다.

지금까지 말한 것은 하나님의 생각과 우리의 생각은 하늘과 땅 차이라는 것을 말하고자 함이다. 우리 기독교인들뿐만 아니라 종교인들이라면 성경 역사가 6천 년이 지나 7천 년으로 접어들었음은 모두가 다 아는 사실이다. 그리고 창세기 1장과 2장 8절까지 하나님께서 6일 동안 천지를 창조하시고 7일째 되는 날 안식하셨음은 익히 아는 사실이다. 그런데 창세기의 천지창조와 안식일, 성경 역사 6천 년을 지나 7천 년차는 무슨 연관이 있다는 것인가? 연관이 있기에 이 글을 쓰는 것이다.

성경 시편 90편 4절에 "주(主)의 목전에는 천년(千年)이 지나간 어제 같으며 밤의 한 경점(更點) 같을 뿐이다."라고 말씀하시고, 베드로후서 3장 8절에는 "사랑하는 자들아 주(主)께는 하루가 천년(千年)같고 천년(千年)이 하루 같은 <u>이 한 가지를 잊지 말라.</u>"고 말씀하셨다.

주님께서 분명히 말씀하시기를 "<u>이 한 가지를 잊지 말라.</u>"고 하셨다. 이 한 가지가 무엇일까? 주님의 날짜 계산은 우리의 날짜 계산법과는 다르다는 것이고, 생각 자체가 다르다는 것이다. 계산이 빠른 분이라면 '아~! 창세기의 6일 창조와 7일 안식 그리고 성경 역사 6천 년과 7천 년차 안식'이 머리를 스칠 것이다.

바로 이것이다. 하나님께서는 성경 역사 6천 년과 7천 년 차 안식에 들어갈 것을 창세기 6일 창조, 7일째 안식에다 미리 숨겨서 예언해 놓고 주(主)의 날은 하루가 천 년 같고 천 년이 하루 같다고 말씀해 놓으시고 "<u>이 한 가지를 잊지 말라.</u>"고 하신 것이다. 그래서 하나님은 6천 년간 쉬지 않으시고 천지만물을 모두 창조하시고 안식하실 7천 년을 맞이하셨다. 오늘을 사는 우리는 <u>이 한 가지를 잊지 말아야 한다.</u>

귀 있는 자는 들어야 하고 성경 볼 안목이 있는 자들은 지금이 어느 때인가를 종교적 시대 분별을 해서 깨닫고 <u>이 한 가지를 잊어서는 안 된다</u>는 것을 말하고자 하는 것이다. 잘못 알고 있는 성경 지식이 나를 멸망의 길로 끌고 갈 수도 있다는 것을 명심해야 한다.

註 우리나라 백성은 천민이요 천손이다. 이런 나라가 우리나라요 우리나라 백성들이다. 이것이 천국이요 천국백성의 예표임을 아는 사람들은 참으로 감사해야 할 것이다. 그리고 우리나라 백성이 한 사람이라도 더 구원을 받아야 하지 않겠는가? 지금은 바야흐로 종교 종말의 때요 알곡 성도를 모으는 추수기다. 그 추수기 중에서도 마무리 단계에 들어서고 있다는 것을 알아야 한다. 이것은 세상 종말이 아니요 종교적 종말이 마무리 단계에 들어서고 있다는 것을 모르고 있는 신앙인들이 안타까울 따름이다. 구약예언을 초림 예수님이 오셔서 "다 이루었다"(요 19:30)고 말씀하실 때까지 무슨 내용인지조차 모르고 있었던 유대인들같이 말일에 재림 예수님이 오셔서 신약에 약속된 예언을 거의 다 이루어 실체들이 나타나고 있음에도 재림 예수님은 육적 구름을 타고 오시리라 믿고 있는 캄캄한 영적인 밤중에서 깨어나지 못하고 있는 오늘의 신앙인들이 안타까울 따름이다.

이제 재림 예수님(예수님이 보내신 다른 보혜사 성령)이 생명나무 과실을 가지고 오셔서 <u>이 한 가지를 잊지 않고</u> 비 진리와 싸워 이긴 자에게 주어 먹게 하시므로(계 2:7) 영생의 복으로 갚아 주시며 신약에 약속된 예언을 다 이루었다고 말씀하실 날이 코앞에 이르렀다는 것을 반드시 알아야 할 때다(계 21:6). 생명나무가 과연 무엇이기에 그 과실을 먹으면 영생한단 말인가? 우리는 앞에서 성경 예언서에서 말하는 나무는 육적 나무가 아니고 하나님의 백성이나 사람을 나무에 비유해 놓은 것을 알았다(렘 5:14, 사 5:7). 그렇다면 창세기 에덴동산에 나오는 생명나무와 선악나무가 실제 나무가 아니라는 것쯤은 알아야 하고, 이사야 55장 12절에 나무들이 손바닥을 칠 것이라는 나무도 실제 나무가 아니며, 성경에서 예언된 불은 실제 불이 아니라 하나님의 말씀이라는 것도 알아야 한다(렘 5:14). 풀리지 않는 성경의 문제는 반드시 성경 안에 답이 있으며 사람의 머리로 연구해서는 풀 수 없다. 이 문제를 해결해 주시기 위해 오늘날 하나님께서 정한 때가 되므로(합 2:3) 예수님의 이름으로 보내실 성령, 곧 다른 목자를 보내시어(요 14:26, 요 14:16~17) 지금까지 봉해 놓은 묵시를 풀어 주는 것이다. 구약시대에 모세는 하나님의 하늘의 것을 보여주신 대로 보고 그대로 이 땅에 장막을 지었다. 초림 예수님도 하늘에 올라가(요3:13) 하늘의 것들을 보고 내려오셔서 본 대로 이 땅에 말씀을 전파하시고 12지파를 창설하셨다. 오늘 날(재림 때)도 하나님이 세우신 약속의 목자 오직 한 분만이 하늘에 올라가셔서(계4:1~) 하늘의 것들을 듣고 보시고 그대로 이 땅에 말씀을 전파하시고 이루시고 계신다. 오늘 날 하늘의 일을 보고 듣고 증거 하실 분은 오직 예수님이 보내신 보혜사 성령 한 분 밖에 그 누구도 증거 할 수가 없는 것이다(신18:22).

말씀을 들을 귀가 있는 자들은 성령(예수님 이름으로 보내신 성령)이 하신 말씀을 들을지니라.

04

각설(却說)이 타령(打令)

1) 각설이타령이란?

각설이타령을 일명 장타령(場打令) 또는 품바타령이라고도 한다. 타령조로 부르는 이 노래는 고대 우리 조상으로부터 구비(口碑) 전승(傳承)되어온 노래인데, 입으로 전해 오다 보니 본래의 뜻과 원문은 거의 훼손되고 시대마다 그 시대의 사람과 정세에 따라 가사와 곡조가 바뀌어 왔다. 우리나라에는 이와 같이 대대로 구비 전승된 민요나 민담이나 잡가(雜歌)들이 허다하다.

다만 우리가 그 뿌리를 찾지 못하고 있으니 안타까울 뿐이다. 우리 민족에게 예부터 전승되어온 자장자장(自長自長)이나 달궁달궁(達穹達穹), 직계직계(直系直系), 단일민족(單一民族), 백의민족(白衣民族), 배달민족(倍達民族) 또는 민요나 민담 속에 감추어진 참뜻을 알지 못한 채 모르는 것이 당연한 것처럼 살아가고 있다. 각설이타령도 예외는 아니다. 우리나라 백성들은 천민(天民)이요 천손(天孫)이다. 하나님은 이 천민이요 천손들에게 깊은 사랑을 가지고 지금까지 역사해 오셨다.

혹자는 예수를 서양귀신(西洋鬼神)이라 한다. 서양귀신이 들어와 우리 민족 신(神)을 몰아내고 있다고 한다. 너무나 모르는 소리다. 하나님께서는 예수님이 탄생하기 훨씬 이전인 태초부터 우리나라 하나님으로 우리 민족과 같이하셨다. 그 우리 민족을 사랑하신 하나님의 아들이 예수다. 그 지존하신 하나님의 아들인 예수를 비하해서 함부로 말해서는 안 될 줄로 안다. 이렇게 하나님께서는 사랑하는 우리 민족에게 예부터 하나님의 뜻이 담긴 민요나 민담, 풍속을 전승해 내려오도록 가르쳐 주신 것이다. 이 노래가사의 원문은 구전으로 전해 내려오다 보니 대부분 바뀌었고 문자로 기록한 것은 이조시대부터라고 한다. 그런데 이 가사가 각 지방마다 고을마다 각각 다르다.

그런데 이 각설이타령을 부른 자(者)들은 조선시대 유랑민의 일종이며 일명 장타령꾼이라고도 하는데, 주로 지방 장터를 찾아다니며 또는 문(門)앞에서 구걸(求乞)을 했기 때문에 붙여진 이름이다. 이들 조직은 규율과 서열이 엄격하였으며 소리 공부를 열심히 했기 때문에 노래 솜씨도 뛰어났다. 노래가사 내용은 장터의 이름과 그 지방의 내력, 특징 그리고 명소 등을 넣어 엮어나간다. 노래의 사설에는 천대받던 유랑집단의 애환이 배어 있으며 사회 비판도 담겨 있다. 지금도 거지들은 있으나 예전의 집단적 유랑연예인으로서의 각설이패는 사라졌다. 오늘날 전승되는 각설이타령은 머리, 허리, 손, 발을 흔들며 부르고 곡조와 가사가 대중의 가슴에 와 닿기 때문에 부르는 자나 듣는 자가 매우 흥겨워한다.

품바란 각설이타령의 후렴구에 사용되는 것으로 장단(長短) 구실(口實)을 하는 의성어(擬聲語)였으나 현재는 각설이나 걸인의 대명사로 일반화되었다. 과거 자유당과 공화당 시절에는 입방귀의 의미로 쓰였는데 아부나 아첨을 하여 관직에 오른 자, 기회주의자, 매국노 등의 문전에서 "방귀나 먹어라. 이 더러운 자들아!"라는 의미로 입방귀를 뀌어 말로 표현할 수 없는 현실에 대한 한(恨)과 울분을 표출(表出)했다고 한다. 이 타령은 장단을 맞추고 흥(興)을 돋우는 소리라 하여 '입 장고'라 불렸다고 하는데 그 말은 '입으로 뀌는 방귀'란 뜻이다.

다음은 근래에 어느 지방에서 불린 각설이타령이다.

2) 각설이타령의 가사

얼~ 씨구씨구 들어간다/ 절~ 씨구씨구 들어간다/
작년에 왔던 각설이가/ 죽지도 않고 또 왔네/
내란 놈이 이래 뵈도/ 정승판서 자제로서/
팔도 감사 마다하고/ 돈 한 푼에 팔려서/ 각설이로 나섰네/
각설이라 역설이라/ 동설 이를 짊어지고 /
지리구지리구 돌아왔네/
동삼 먹고 배운 공부/ 기운차게도 잘 헌다/
초당 짓고 배운 공부/ 실수 없이 잘 헌다/
논어맹자 읽었는지/ 자왈자왈 잘 헌다/
목구멍에 불을 켰나/ 훤하게도 잘 헌다/
인심 좋은 양반님네/ 심청전을 읽어 봤냐/
난 골백번도 더 봤다/
맘씨고운 심청아씨/ 삼백 석에 몸을 팔어 /맹인아빠 눈을 떴소/
심술궂은 뺑덕 어미/ 남에 것만 탐내더니/ 용케 죽어서 지옥 갔소/
아가 아가 울지 마라/ 열흘 굶은 나도 있다/
올 저녁만 참아다오/
복스러운 주인마님/ 먹다 남은 찌꺼길랑/ 없다말고 보태 줘여/
앉은 귀신은 깍귀/ 두발 가진 까마귀/
세발 가진 통노귀/ 네발 가진 당나귀/ 먹는 귀신은 아귀라/

3) 품바의 발상지(發祥地)

품바타령은 전남 무안군 일로읍 의산리에 소재한 천사 촌을 배경으로 밑바닥 인생의 한과 아픔을 풍자에 섞어 노래한 타령이다.

품바타령의 발상지

일로역에서 동남쪽으로 무안중학교를 지나 인의산으로 가는 길목인 밤나무골 공동묘지 아래가 천사촌(天使村), 일명 거지촌이었다. 어느 해인가 흉년이 들었는데 이곳 일로에만 유독 걸인들이 모여들자 주민들이 모여 "흉년이 들어 가뜩이나 먹을 것이 없는데 왜 이곳으로만 모여드느냐?"고 심히 따지니 그들의 하는 말이 다른 지방은 다 돌아다녀도 가는 곳마다 문전박대하고 내쫓는데 그래도 이곳은 인심이 각박하지 않아 내쫓지는 않으니 그것만이라도 감사하고 이곳에 오면 꼭 고향에 오는 것 같아 하루에 한 끼만 먹어도 마음이 너무 편해서 왔노라고 사정하자 원래 이곳 사람들은 선하고 인심이 좋아 쾌히 승낙하고 오히려 불쌍히 여겨 많은 도움을 주었다고 한다.

그 후 이곳에 머문 자들은 엄격한 규율을 만들어 지켰고 남에게 해를 끼친 일이 있으면 엄히 규율로 다스리고 선한 일을 찾아 행하니 거지촌이 천사촌으로 바뀌고 품바의 고향으로서의 면모를 갖춰 나갔는데 천사회(일명 거지회)의 수가 100명이 넘었다고 한다.

그 후 공화당 시절로 들어서서 주민등록 관계로 더러는 연고지로 떠나고 당국으로부터 구걸이 금지되자 막노동판이나 땅꾼으로 전락하여 모두 그곳을 떠났다고 한다.

4) 성경과 한자(漢字) 풀이로 보는 각설이

각설이를 한자로 쓰면 '却說이'다. 한글 사전이나 기타 서적에도 모두 그렇게 나와 있다.

却(물리칠 각, 배척할 각)과 說(말씀 설, 말 설) 두 글자는 한자(漢字)이고 끝의 '이' 자는 순수한 한글로 되어 있다.

'말씀을 물리치다, 말을 배척하다'라는 뜻이다.

그럼 무슨 말을 물리치고 배척하라는 뜻일까? 그것은 끝에 붙은 '이' 자를 한자로 바꿔보면 답이 나온다. '이' 자를 한자 '異(다를 이)' 자로 바꾸면 却說異가 된다. 却說異라는 뜻은 '말이 다르거나' '다른 말'은 물리치고 배척하라는 뜻이다. 다시 말해서 말 같지 않은 말은 받아들이지 말라는 뜻이다. 성경 상으로 볼 때 하나님이 우리 민족에게 가르쳐주신 말씀이라면 비진리, 곧 사단의 말을 받아들이지 말라는 뜻이다.

종말에 마귀의 유혹이 있고 마귀(사단)의 말, 곧 비진리가 범람해서 말[言]홍수가 날 때가 있다는 것이다. 그런데 이것과 각설이타령이 무슨 연관이 있단 말인가?

연관이 있다. 또 다른 한자로 각설이를 쓸 수도 있다.

覺(깨달을 각) 說(말씀 설) 理(이치 이) → 무슨 뜻일까?

말씀의 이치를 깨달으라는 뜻이요, 말의 이치를 분별하라는 뜻이다.

구비(口碑) 전승(傳承)된 이 노래가 분명히 하나님이 주신 노래라면 하나님을 믿는 백성에게 주신 것이 분명하다고 할 수 있다.

혹시 어떤 독자께서는 우리나라 민족에게 구비(口碑) 전승(傳承)된

이 각설이타령이 왜 하나님과 연관되느냐고 의아하게 생각하는 분도 있으리라 본다.

그러나 이것은 우연이 아니다. 우리나라는 하나님과 연관 되지 않은 것이 없다. 품바타령에서 품바라는 글자 중 '품(稟)' 자는 '주고받다'라는 뜻을 가지고 있다. 무엇을 주고받는 노랫가락인가? 각설이는 무엇을 달라는 것인가? 각설이가 "한 푼 줍쇼" 할 때의 그 한 푼은 동전(銅錢) 한 푼을 달라는 것이고, "한 술 줍쇼" 하는 것은 끼니를 때울 음식을 달라는 것이다. 품바에는 주고받는다는 뜻이 있다고 했는데 각설이는 동전이나 음식을 받고 그 대가로 상대에게 무엇을 줄 것인가?

그 답을 성경에서 찾아보자.

마태복음에 이런 말씀이 나온다(마 21:31). 예수님이 말씀하시기를

"진실로 너희에게 이르노니 세리(稅吏)들과 창기(娼妓)들이 너희보다 먼저 하나님 나라에 들어가리라"

이 말씀은 세상 상식으로는 이해가 되지 않는 말씀이다.

여기에서 지칭한 '너희'는 유대교에 평생을 몸담은 신앙이 돈독한 유대교인들이며 세리와 창기는 그 시대에 가장 천한 직업을 가진 천민들이다.

우리나라도 몇십 년 전만 해도 이스라엘의 세리들과 같이 세무서 직원들이 가가호호(家家戶戶) 세금을 걷으러 다녔다. 창기는 예나 지금이나 여러 남자의 씨를 받는 여성들이다. 여기서 나오는 돈과 씨와 여자를 알면 의문이 풀린다. 성경에서는 하나님 말씀을 돈[금(金)]이나 보화에 비유하고 있고(※세상에서 가장 귀한 것이 금은보화요, 가장 요긴한 것이 돈이듯이 종교에서 가장 귀한 것은 하나님의 말씀이다), 씨 역시 하나

님 말씀 또는 마귀의 말을 의미한다. 그래서 마귀의 말로 가득한 세상 교회에서 하나님 진리의 말씀을 찾아 이교회 저 교회로 찾아다니는 자를 세리라 하고, 또 성경에서는 처녀나 여자를 성도라 하기에 이 목자 저 목자를 찾아 진리의 말씀(씨)을 받으러 찾아 헤매는 성도들을 창기라 한다(눅 8:11, 마 25:1~ 참조).

하나님께서는 예수를 믿는 우리 신앙인들이 육만 살아 있다고 해서 살았다고 보지 않는다. 영육이 같이 살아 있어야 살아 있는 자라고 보는 것이다. 예수님께서 말씀하고자 하신 것은 육적인 세리를 들어서 신앙인들의 영적인 삶을 말씀하시고자 하신 것이다.

우리 육이 살아가는 데 필요한 것이 돈이라면 우리 영이 살아가는 데 필요한 것은 무엇이겠는가? 육적 세상에서 돈이 요긴하고 귀한 것이라면 영적 세상에서 요긴하고 가장 귀한 것은 무엇이겠는가?

바로 하나님 말씀이다. 우리 신앙인들은 영적 양식인 하나님 말씀이 없다면 우리의 영은 죽은 영이다. 그래서 끊임없이 말씀을 찾아서 내 마음에 채워야 하고 그 귀한 하나님 말씀이 내 생각과 마음에 온전히 채워졌다면 아직 듣지 못하고 알지 못하는 내 형제자매를 찾아다니며 나눠 줘야 한다. 누가복음 10장 1절 이후를 읽어보면 예수님이 제자들을 전도의 길에 내보내면서 어린 양을 이리 가운데 보냄과 같다고 하시면서 심히 안타까워하신 것을 볼 수 있다. 전도의 길은 험한 것이다. 자기희생이 요구되는 길이다. 사도바울이 걸어온 전도의 길은 사도행전에 잘 기록되어 있다.

또한 구도자(求道者)의 길은 구약 선지자들과 예수님의 열두 제자의 생애를 보면 잘 알 수 있을 것이다. 여기까지 읽은 독자들께서는 각설이 속에 무엇을 감추어 놓으셨는지, 무엇을 말씀하시고자 하신 것인지 짐작이 갈 줄 안다.

바로 종말에 있을 하나님의 진리의 말씀이 없어(암 11:8) 이 교회 저 교회를 찾아다니는 성도들과 지금까지 봉함해 놓은 말씀(사 29:9~14, 단 12:4~9)이 하나님이 정해놓으신 때(합 2:2~3)가 되매 밝히 열어(요 16:25) 온 세상에 전하러 다니는 오늘날에 있을 전도자의 고행을 수천 년 전에 우리 민족을 통해서 각설이 속에 담아 놓으신 것이다.

그럼 이제 각설이타령 가사 중에서 지금까지 바뀌지 않고 전해 내려오는 몇 자를 찾아 살펴보기로 하자.

얼~ 씨구씨구 들어간다 절~ 씨구씨구 들어간다.

∴ 얼 시구시구와 절 시구시구를 한자로 쓰면 아래와 같다.

얼	시	구	시	구	
孼~	矢	口	矢	口	들어간다
요물얼,서자얼	화살시	입구	화살시	입구	

얼
孼 : 요물 얼은 바로 요사스런 마귀, 사단의 말을 의미한다.
요물얼,서자얼

시 구
矢 + 口 = 知(알 지)가 되어 '알려고'라는 뜻
화살시 입구

● 矢口矢口를 거듭한 것은 강조점을 나타낸 것

🔖 요사스런 마귀의 비진리의 말이 홍수를 이루고 있는 이때에 하나님의 진리의 말씀을 찾아 이 교회 저 교회를 찾아다닌다는 말.

註 『격암유록』에는 弓矢口가 乙矢口로 나왔다. 乙矢口란?

弓弓(궁궁)이 背弓(배궁: 등을 맞대는 것)이면 亞 자가 되면서 그 안에 十 자가 나오고, 乙乙(을을)이 겹치면 卍 자가 되면서 역시 그 안에 十 자가 나온다. 그 十 자는 十勝地(십승지)를 말하는 것으로, 십자는 기독교의 상징물(象徵物)로서 십자(예수님)의 도(道=말씀)를 앎으로 천국에 들어갈 수 있다는 뜻이 된다.

절	시	구	시	구	
節 ~	矢	口	矢	口	들어간다
절기절, 마디절	화살시	입구	화살시	입구	

節 : 여기서는 하루의 어느 때나 24절기의 어느 절기가 아닌 종교적인 때를 말함이다.
매절, 마디절

시 구
矢 + 口 = 시(矢)구(口)는 앞에서 이미 설명하였다.
화살시 입구

釋 종교적인 때가 어느 때인가를 알아야 (천국에) 들어간다.

註 오늘날은 하박국 2장 2~3절에서 말한 정한 때가 되어 감췄던 묵시(단 12:4~9)가 밝히 열려(요 16:25) 전해지고 있고 신약에 예언된 말씀이 실체로 이루어지고 있음을 직접 보고 체험할 수 있는 시대에 살고 있음을 알아야 한다.

예수님은 종교적인 시대 분별에 대해 우리에게 어떻게 말씀하고 계시는지 성경을 통해 알아보자.

누가복음 12장 54~57절에서 예수님이 무리에게 이르시되

"너희가 구름이 서쪽에서 일어남을 보면 소나기가 올 줄 알고 남풍이

부는 것을 보면 더우리라 하고 이렇게 천지의 기상은 분변할 줄 알면서 어찌 이 시대(종교적인 때)의 때는 분변치 못하느냐"고 말씀하셨다. 마태복음 16장 2~3절에서도 "너희가 저녁에 하늘이 붉으면 날이 좋겠다 하고 아침에 하늘이 붉고 흐리면 오늘은 날이 궂겠다 하며 이렇게 천기는 분별할 줄 알면서 어찌 시대의(종교적인 시대) 표적은 분별할 수 없느냐"고 나무라신다.

오늘날 세상의 모든 것은 변해 가는데 변치 않는 것이 있다면 종교인들의 의식구조인 것 같다. 처음 입교할 때 알고 있는 것이 지금까지 변치 않고 있다. 그것이 바로 오늘날 신도들의 성경지식이다.

예수님은 자지 말고 깨어 있으라고 말씀하신다(살전 5:6, 마 25:13). 깨어 있으면 종교세계가 변해 가는 것을 볼 수 있고 진리의 말씀이 어디에서 전해지고 있는지를 알 수 있다.

매사에 때가 있다. 농사에도 볍씨를 뿌릴 때가 있고 모내기를 할 때가 있고 자라게 할 때가 있고 추수하여 곳간에 저장할 때가 있다. 신앙인들에게도 씨(말씀=눅 8:11)를 뿌릴 때가 있고(마 13:24~, 막 4:14~, 눅 8:11~) 자라게 할 때가 있고(고전 3:7, 골 1:10) 거둘 때(추수 때)가 있다(마 13:30, 39. 계 14:14~16). 안타까운 것은 시대분별이 안 되는 신앙인들은 지금이 어느 때인지를 분별하지 못한 채 입교할 때 가진 처음 신앙이 전부인양 알고 있다는 것이다.

　~작년에 왔던 각설이가 죽지도 않고 또 왔네.

　釋 작년에 왔던 구도자(求道者) 또는 전도자(傳道者)가 금년에 또 왔네.

　~내란 놈이 이래 뵈도 정승판서 자재로서 팔도감사 마다하고 돈 한 푼에 팔려서 각설이로 나섰네.

🅢 내가 이렇게 거지꼴로 전도하러 다니지만 그래도 세상에서는 이름 있는 교단의 높은 직분을 가진 자였고 좋은 직장의 상사였는데 다 팽개치고 진리의 말씀에 감동하여 전도자로 나서서 전도하고 다닌다는 말.

~각설이라 역설이라 동설이를 짊어지고 지리구지리구 ~ 돌아왔네.

- 却說(각설)이: 말씀을 듣지 않고 배척하는 자
- 逆說(역설)이: 말씀을 거역한 자
- 同說(동설)이: 말씀이 같은 자

🅢 지리구(知理區)지리구(知理區): 그 지역의 특성을 알아 여러 지역을 돌아다니다가 다시 이곳을 찾아왔네.

~앉은 귀신은 깍귀/ 두발 가진 까마귀/ 세발 가진 통노귀/ 네발 가진 당나귀/ 먹는 귀신은 아귀(굶어죽은 귀신)라/

🅢 상기한 귀신들은 하나님의 일을 방해하는 마귀들로서 악귀(惡鬼), 곧 악령(惡靈)들을 말하고 있다.

5) 한자(漢字) 파자(破字)로 본 각설이(却說理)

각
却 ▷ 去(가다) 卩[병 부. 신표(信標)]
물리칠각   갈거   병부절.신표절

- 믿을 만한 병부(兵符)나 신표(信標)를 가지고 가서

설
說 ▷ 言(말씀) 兌(기쁘다, 좋다)
말씀설　　　말씀언　　기쁠태

- 기쁜 말씀, 기쁜 소식, 하나님(예수님) 말씀, 복음

이
理 ▷ 王(임금, 왕=제사장) 里(마을, 성읍, 성전)
이치리, 다스릴리　임금왕　　　　　　　　마을리, 성리

- 하나님의 성읍에 사는 제사장(목자, 전도자)들
  제사장=왕(벧전 2:9)

釋 하나님의 도성(교회, 장막)에 사는 전도자들이 복음(기쁜 소식)을 가지고 가서 전할 때 이 말씀이 신표(信標=성경 예언)와 견주어서 맞으면 믿으라는 깊은 뜻이 담겨 있다(요 14:29).

註 **병부 절(卩=㔾), 곧 신표(信標)의 설명**

　　병부(兵符)는 발병부(發兵符) 또는 부신(符信)이라고도 한다. 우리 조상이 사용했던 제도로, 둥글납작하게 다듬은 나뭇조각의 한쪽에는 병부(兵符)나 다른 약속(신표)을 쓰고 다른 한쪽에는 지방(地方) 관찰사나 절도사를 써서 가운데를 갈라 왼쪽 것은 임금이 오른쪽 것은 관찰사나 절도사에게 내려 보내 차후 어떤 긴급한 상황이 발생했을 때 임금이 보관했던 한쪽을 명령과 함께 내려 보내면 관찰사나 절도사는 자기가 가지고 있는 것과 맞추어 보고 짝이 맞으면 명령을 수행했던 제도이다.

　　하나님께서는 말세에 이루실 일들을 수천 년 동안 선지자들을 통해서, 오늘날에는 목자나 전도자들을 통해서 전해 주고 계신다. 그것이 바로 기쁜 소식이요 복음(성경 속의 예언의 말씀)이다. 종

말에 이루실 일들을 여러 경로를 통해서 알려 주고 계시는 것은 종말에 이루신 일들이 미리 선지자들에게 미리 알려주시고 (암3:7) 종말에 이루신 일들이 미리 예언하신 말씀에 맞게 이루어지는가를 병부와 신표의 짝이 맞으면 실행에 옮긴 것과 같이 예언과 이루신 신 실체가 성경말씀과 맞으면 실행에 옮기라고 성경(신표)을 주신 것이다

> 註 신표(信標)의 한쪽은 성경에 기록된 예언의 말씀이고 한쪽은 말일에 이루어질 실상, 곧 실체다. 그래서 말일에 이루어지는 실상이 성경에서 예언한 말씀과 맞으면 믿으라는 것이다(요 14:29).

농사도 씨를 뿌릴 때가 있고 거둘 때가 있듯이 하늘 농사인 전도의 때도 씨를 뿌릴 때 주시는 말씀이 있고 거둘 때 주시는 말씀이 있다는 것을 아시고 "나는 구원 받았다, 성령 받았다"고 입으로만 되뇌는 맹목적인 신앙에서 벗어나 구원을 받았으면 어떻게 구원을 받았고 성령을 받았으면 어떻게 성령을 받았나를 성경이 제시한 육하원칙대로 답이 있어야 한다.

'나는 안전하다, 평안하다' 하고 안주하고 있을 때 주님이 밤(영적인 밤)에 도적같이 오신다는 말씀(살전 5:2, 마 24:43, 벧후 3:10, 계 3:3, 계 16:15)을 헛되이 읽지 마시기를 간곡히 부탁드리는 바이다.

초림 예수님이 오셔서 2,000년 동안은 씨를 뿌리는 시대였다. 그 방법은 여러 가지가 있었지만 우리가 흔히 경험했던 부흥회나 사경회, 간증집회는 말일에 일어날 일들이었다.. 그 시대에는 그 방법들이 효과적이었다. 그러나 이런 것들은 종교 종말인 주의 재림을 알리기 위한 과정이었을 뿐 결과는 아니었다. 종교 종말이 올 것인데 그때는 성

경말씀(예언)대로 이렇게저렇게 이루어질 테니 하나님의 정한 때(합 2:3)가 되어 지금까지 배워온 성경에 예언된 말씀과 같이 재림의 주가 오셔서 실상을 이루실 때 위에서 말한 임금이 발행한 발병부와 같이 서로 짝이 맞으면 임금이 내리신 명령인지 알고 그 명령에 순종하라는 것이다.

다시 말해서 2,000년 전 예수님이 오셔서 재림 때 이루어질 성경 예언에 대한 실상이 이루어질 것을 기록해 주시고 가셨으니 종교 말일에 정해 놓은 때가 되어 그 성경(예언)말씀대로 실상(실체)이 이루어진 것을 보고 예수님이 주고 가신 성경과 맞으면 믿으라고 오늘날도 여러 전도방법, 곧 집회나 인터넷, 노방, 가가호호 기타 여러 방법으로 전도가 이루어질 터인데 성경은 뒤로한 채 사람들의 말만 듣고 초림 때 서기관과 바리새인들과 같이 이단이니 삼단이니 핍박에 앞장서는 무모한 신앙을 일삼지 말고 지금 내가 전해 듣고 있는 말씀이 정말 성경에 예언된 말씀과 맞는다면 그 예언의 말씀대로 이루어지고 있는가를 성경을 펴놓고 맞추어 보고 맞으면 믿고 행해야 하지 않겠는가?(요 14:29).

지금도 하나님의 역사는 쉬지 않고 이루어지고 있다. 다만 영적 소경이요, 귀머거리가 된 성도들이 모르고 있을 뿐이다.

각설이라는 한자를 다른 한자로 풀어 봐도 뜻은 거의 같다.

각　　　　　　설　　　　　　이
却(물리치다)　　說(복음, 기쁜소식)　　異(다르다)
물리칠각　　　　말씀설　　　　　　다를이

- 却(전한 말이 진리가 아니면 듣지 마라. 물리쳐라.)
물리칠각

- 說(복음=기쁜 소식, 하나님 말씀)
  말씀설

- 異(복음이 아니면, 성경과 다르면)
  다를이

釋 전도자들이 전하는 복음이 성경과 다르면 물리쳐라(듣지 마라).(갈 1:8, 계 22:18~19 참조).

05
대장군(大將軍)

1) 오제(五帝)란?

우리나라 고대사(古代史)인 『태백일사』 삼신오제(三神五帝) 본기(本紀) 제일(第一)에서 말한다.

대시(大始=太初: 맨 처음)에 위, 아래, 사방은 일찍이 아직 암흑(暗黑)으로 덮여 보이지 않더니(흑암: 빛이 없는 상태) 옛것은 가고 지금은 오니 오직 한 빛이 있어 밝더라. 상계(하늘)로부터 또 삼신(三神)이 계셨으니 곧 한 분의 상제(上帝: 하나님)시라. 주체는 곧 일신(一神: 하나님)이니 각각 신이 따로 있음이 아니라. 쓰임은 곧 삼신이시라. 삼신은 만물(萬物)을 끌어내시고(註: 창조하시고) 전 세계를 통치하실 가늠할 수 없는 크나큰 지능을 가지셨더라. 그 형체를 나타내지 않으시고 최상의 꼭대기인 하늘에 앉아 계시니 계신 곳은 천만억토(千萬億土)요 항상 크게 광명을 발하시고 크게 신묘(神妙)함을 나타내시며 크게 길한 상서(祥瑞)를 내리시더라. 숨을 불어넣어(註: 말씀으로) 만물을 만드시고 열을 뿜어내어 만물의 종자를 키우시며 신묘하게 행하시어 세상일을 다스리시니라.

아직 기(氣) 있기 전에 먼저 물을 낳게 하여 태수(太水)로 하여금 북방에 있으면서 사명(司命: 사람의 생명을 관장함)으로서 검은색을 관장케 하시고, 아직 기(氣) 있기 전에 먼저 불을 낳게 하여 태화(太火)로 하여금 남방에 있으면서 사명으로서 붉은색을 관장케 하시고, 아직 질(質)이 있기 전에 먼저 나무를 낳으시더니 태목(太木)으로 하여금 동방에 있으면서 사명으로서 푸른색을 관장케 하시고, 아직 형(形)이 있기에 앞서 먼저 금을 낳아 태금(太金)으로 하여금 서방에 있으면서 흰색을 관장케 하시고, 아직 체(體)도 생기기 전에 먼저 흙을 낳더니 태토(太土)로 하여금 중앙에 있으면서 노란색을 관장케 하니라.

이에 하늘 아래 두루 있으면서 오제(五帝)의 사명을 감독하고 주관하는 바 이를 천하대장군(天下大將軍)이라 한다. 지하에 두루 있으면서 오령(五靈)의 이룸을 감독하고 주관하는 바 이를 지하여장군(地下女將軍)이라 한다. (후략)

「오제(五帝)」의 주(註)에 말한다.

"오방(五方)에 각기 사명이 있으니 하늘에서는 제(帝)라 하고 땅에서는 대장군(大將軍)이라 한다. 오방(五方)을 감독하고 살피는 자를 천하(天下)대장군(大將軍)이라 하고 지하를 감독하고 살피는 자를 지하(地下)여장군(女將軍)이라 한다."

상기한 내용은 『태백일사』에 나오는 첫 번째 삼신오제 본기 제1 표훈천사(表訓天詞)에 나오는 앞부분을 옮겨 쓴 것이다. 왜 이 글을 먼저 쓰는가 하면 우리나라 고대 서적을 읽다 보면 성경 말씀과 흡사한 부분이 너무나 많은 것을 발견할 수 있다. 흔히 오제라 하면 중국 역사에서 시조로 등장하는 삼황오제만을 떠올린다.

여기에 나오는 오제는 중국의 오제와는 완전히 신분이 다르고 시대가 훨씬 앞선 우리나라 건국의 신(神)인 삼신오제를 말한 것이다. 삼황오제 하면 중국의 삼황오제만 알고 있고 우리의 것은 모르고 있다. 왜 그럴까? 역사기록이 중국 사기에 기록된 것만 남아 있고 우리의 고대 역사는 철저하게 말살해 버리고 고구려 이전의 역사는 단군조선만 신화로 만들어 놓고 그 이전의 환웅시대나 환인시대는 없었던 것으로 만들어 놓았기 때문이다. 누가 그랬는가? 중국 역사가(歷史家)들이 그렇게 만들었고 후대에 와서는 일본이 더 철저하게 우리 고대 역사를 소멸시켜버렸다.

중국의 삼황오제를 살펴보면 중국 사기에서는 3황을 복희·여와·신농 혹은 천황·지황·인황으로 하는 등 여러 설이 있다. 복희는 역(易)을 만들고 여와는 인류를 낳았으며 신농은 백성에게 농업을 가르쳤다고 하는데 삼황의 전설에는 신화적 요소가 강하다. 또 사마천은 오제인 황제(黃帝)·전욱·제곡·요(堯)·순(舜)에 대하여 사기 첫머리에 싣고 있지만 삼황에 대해서는 많은 의심을 품고 받아들이지 않았다. 삼황이 사기에 첨가된 것은 당(唐)나라 때부터이다. 이와 같이 중국 고대사는 시대가 오래된 것일수록 나중에 첨가되었다. 이에 의하면 삼황오제시대는 중국 고대에 실재하지 않았으며 나중에 하 왕조 앞에 접목시켰다는 것을 알 수 있다. 삼황오제가 일정하지 않은 것도 이 때문이다.

중국이 말한 삼황오제의 면면을 보면 가장 오래된 자가 태호 복희인데, 복희는 배달국 신시시대 제5대 태우 천황의 열두 아들 중 막내로 자기의 동조 세력과 중원으로 나와 국가 형태를 갖추고 세력을 키운 자이다(한단고기 참조). 그리고 신농·전욱·제곡·요·순은 하나같이 동이족이거나 동이족의 후손들이다. 이들이 삼황오제의 체제를 갖춘 것은 환웅천황이 다스리던 배달국의 벼슬아치들이거나 아니면 조상이 벼슬자리에 있었기에 배달국의 정치형태나 관직 내지는 벼슬의 등급을 너무나 잘 알았다. 그래서 배달국의 국가 조직이나 정책을 그대로 모방하여 삼황오제 체제를 만든 것이다.

여기서 논하고자 하는 삼황오제는 중국 역사에 나온 삼황오제를 말하고자 함이 아니요, 그 훨씬 이전의 태시(太始) 때 있었던 삼신오제 설을 근거로 천하(하늘 아래)에서 오제의 사명을 주관하는 천하대장군과 지하(땅 아래)에서 오령(五靈)의 이룸[成]을 주관하는 지하여장군을 알아보고자 함이다.

2) 천하대장군(상원대장군)

■ 장승이란?

현존하는 장승(長栍)은 돌이나 나무에 새겨 만들었는데 장승의 기원에 대해서는 고대의 성기(性器) 숭배에서 나온 것, 장생고에 속하는 사전(寺田)의 표지에서 나온 것, 목장승은 솟대[蘇塗]에서, 석장승은 선돌에서 유래한 것이라는 등의 여러 가지 설이 있으나 이것은 다 후대(後代) 사람들의 추측일 뿐이다. 확실한 기원은 기록이 없고, 중국 건국 훨씬 이전의 배달국에서부터 전해졌다고 봄이 옳다. 장승의 명칭도 여러 가지인데 조선시대 지역 간의 경계표나 이정표 구실을 하는 장승은 그것을 기점으로 한 사방(四方)의 주요 고을 및 거리를 표시하였다. 대개 남녀 한 쌍의 형태(形態)로 세웠고 이때 남자 장승에는 천하대장군(天下大將軍), 여자 장승에는 지하여장군(地下女將軍)이라고 쓰기도 했다. 한편 수호신으로 세운 천하대장군, 지하여장군에는 이정표 표시가 없으며 마을의 신앙 대상으로서 주로 액병(厄病)을 빌었다. 대개의 장승은 보통 남녀로 쌍을 이룬다. 남자 장승(남상: 男像)은 머리에 관모(冠帽)를 쓰고 여자 장승(여상: 女像)은 관(冠)이 없다.

장소에 따라 채색, 형상, 크기 등이 다르나 모양이 특이한 점만은 일치한다. 장승에 쓰는 장군 명(名)에는 민속적인 신명(神名)이 등장하는데 동쪽에 있는 장승에는 동방청제축귀장군(東方靑帝逐鬼將軍), 서쪽에는 서방백제축귀장군(西方白帝逐鬼將軍), 남쪽에는 남방적제축귀장군(逐鬼將軍), 북쪽에는 북방흑제축귀장군(北方黑帝逐鬼將軍)이라고 써서 세웠다. 축귀(逐鬼)란 잡귀신을 쫓아낸다는 뜻이다. 우리는 이 장승에서 영들의 세계와 영들의 싸움을 볼 줄 알아야 한다.

고대 무인의 벼슬에는 대장군 위에 상장군이 있었고, 일반 백성들에게는 대장군이 가장 널리 알려져 있었다. 그래서 마을을 지키는 높은 계급의 장군이라는 뜻에서 대장군이라는 호칭을 썼다고 한다. 옛날 사람들은 음양오행 사상에 의해 남자는 하늘, 여자는 땅이라고 생각했다. 그래서 남자 장승에는 천하대장군, 여자 장승에는 지하대장군 또는 지하여장군으로 불렀다. 남자 장승을 상원대장군(上元大將軍)이라고도 하는데, 상은 하늘을 뜻하고, 원은 으뜸을 뜻한다. '하늘에서 으뜸가는 위대한 장군'이라는 뜻이다. 여자 장승을 하원대장군(下元大將軍)이라고도 했는데 이는 '하늘 아래 땅에서 으뜸가는 위대한 장군'이라는 뜻이다.

이상은 일반적으로 우리나라 옛 문헌에서 찾아볼 수 있는 지식들이다. 필자가 논하고자 하는 것은 그런 것이 아니라 우리나라에 전승된 여러 가지 유물 중에는 감춰진 비밀들이 있기에 그것을 찾아내어 우리 민족으로 하여금 하늘의 뜻을 알리고자 하는 것이다.

앞서 본문 삼신오제(三神五帝) 설에서 하늘 아래 오제(五帝)를 두시매 이를 흑제(黑帝: 북방), 청제(靑帝: 동방), 적제(赤帝: 남방), 백제(白帝: 서방), 황제(黃帝: 중앙), 오방(五方)을 감독하고 살피는 자를 천하대장군(天下大將軍)이라 하고 지하에 또 오령(五靈)을 두었으니 태화(太火: 남),

태목(太木: 동), 태수(太水: 북), 태금(太金: 서), 태토(太土: 중앙)를 두어 각각 사명을 주었으니 사명의 이룸을 주관하는 바 이를 지하여장군(地下女將軍)이라 했다.

우리나라의 길가에나 사원 등에 세워 놓은 천하대장군, 지하여장군이라는 장승이 이조시대나 고려시대가 아닌 먼 옛날 우리 고대사에 나오고 있다는 것은 단순히 마을을 수호하는 수호신이라든가 액을 막아주는 신으로만 알기에는 그 가운데 내포된 뜻이 너무 오묘하다는 것이다.

그러면 고대사에 나온 장승과 연관이 있는 오제(五齊)나 오령(五靈)은 무엇인가? 오제의 사명을 주관하는 분이 천하대장군이요, 오령의 이룸을 주관하는 이를 지하여장군이라는데 이것부터 알아보자.

오제(五帝)를 오방신(五方神) 또는 오방신장(五方神將), 오방장군(五方將軍)이라고도 한다. 이는 다섯 군데의 방위, 즉 동서남북과 중앙을 지키는 오방위신(五防衛神)을 가리켜 오제(五帝)라 하고, 이 오제(五帝)의 사명(詞命)을 감독하고 살피며 모든 것을 주관하는 우두머리를 천하대장군(天下大將軍) 또는 상원대장군(上元大將軍)이라 한다. 여기서 천하대장군의 천하는 하늘 아래를 말함이 아니요, 하나님 아래(하나님이 계신 곳이 하늘)라는 뜻으로 해석되며 상원대장군의 상원은 위(하늘)에서 으뜸으로 해석하는 것이 옳다. 그 이유는 지금부터 하는 설명을 잘 읽어보면 이해가 될 줄로 안다.

먼저 이 일이 언제 있었는가를 알 필요가 있다. 이 일은 앞에서 서술한 바와 같이 아직 기(氣) 있기 전에 있었던 일이다. 그럼 이 땅에 인류의 역사가 시작되기 전이란 말인가? 아니면 시작된 후란 말인가? 깊은 생각을 요구하는 대목이다. 여기서 말한 기(氣) 있기 전이란 우주 전체의 기(氣)를 말한 것이 아니다. 우리나라에 국한된 말을 하는 것이고 최초 우리나라 환국(桓國)의 개국(開國)을 말함이다. 처음 나라를 세우기 전 국가의 체제가 세워지기 전을 '아직 기(氣) 있기 전'이라고 표현한 것이다. 그럼 국가도 세워지기 전에 어디에다 이런 오방장군(五方將軍)을 두어 어디를 지키게 했단 말인가?

오방장군을 오방신장(五方神將)이라고도 한다고 했다. 오방신장은 동서남북(東西南北)과 중앙(中央)의 다섯 군데를 지키는 신(神)들의 지휘관, 다시 말해서 영(靈)들을 총괄하는 군대장관(軍隊將官)이라는 말이다. 이 신(神)들을 총괄하는 군대장관 역시 영(靈)이요 신(神)이다. 그리고 다섯 군대장관의 하는 일을 감독하고 보살피는 분이 바로 상원대장군(上元大將軍), 천하대장군(天下大將軍)이시다. 그럼 이분은 인간이겠는가? 아니다. 이분 역시 영(靈)이요 신(神)이시다.

> 참조 겔 1:5, 계 4:6~8. 네 생물(영계의 네 군대장관)

그런데 우리나라를 건설하는데 왜 영계의 조직도를 먼저 기록한 것일까? 여기서 우리는 성경 안으로 들어가볼 필요가 있다. 출애굽기 25장 8절 이후를 보니 모세가 이 땅에 장막을 짓는데 하나님께서 하늘에서 보여준 대로 지으라고 말씀하신다. 예수님도 초림 때 하늘에 올라가(요 3:13) 보시고 보신 대로 열두 제자를 택하시고 열두 지파를 창설하신다(눅22:30, 약 1:1). 재림 때도 사도 요한격인 약속한 목자 혼자서 하늘에 올라가(계4:1~) 하늘의 것을 보시고 이 땅에 하늘에 이룬 것과 같이 이 땅에 그대로 이룬다(마6:10,주기도문참조).

또 종말이라는 재림 때도 사도요한이 하늘에 올라가(계 4:1~8) 하늘에서 본 대로 이 땅에 하나님 나라 열두 지파를 창설하신다(계 7장, 계 14장).

마태복음 6장 10절의 우리가 매일 기도하는 주기도문에서는 하늘에서 이룬 것 같이 이 땅에도 이루어 달라고 매일 기도한다.

 상기한 것을 유추(類推)해볼 때 아직 기(氣) 있기 전, 다시 말해 아직 우리나라가 세워지기 전 우리 조상들에게 하늘 영계(靈界)의 조직도를 보여 주시고 이렇게 이 땅에 육적인 나라를 세우라는 하나님의 뜻이 아니고 무엇이겠는가? 그런데 이 땅에 나라가 세워지기 전 어디에 대적자(對敵者)가 있어 방위(防衛) 조직부터 만들라는 것인가? 그것은 영계(靈界)에 이미 대적자가 있음을 말해주는 것이고 이 땅에도 대적(對敵)의 영(靈)들이 존재함을 말한 것이다.

 그럼 하나님과 하나님의 백성을 대적하는 대적자는 어디에 어떻게 생기는가? 창세기 3장에 하나님이 세운 에덴동산에 뱀이 들어와 하와를 미혹하여 아담과 같이 하나님께 죄를 범했다. 그 결과로 영생(永生)할 수 있는 복(福)을 잃었으니 범죄 한 자가 다시 생명(生命)나무 실과를 따먹고 영생(永生)할까 해서 내쫓고 에덴동산 동편(東便)에 그룹들과 두루 도는 화염검(火焰劍)을 두어 생명(生命)나무의 길을 지키게 하셨다.

 여기에서 나온 에덴동산의 동편은 어디이며 화염검은 무엇인가. 성경에서는 동편이나 동방이나 해 뜨는 곳 등등 동쪽의 의미를 지닌 말이 많이 나온다. 성경에서 말한 영적(靈的)인 동쪽은 어디를 가리키는 것일까?

 동녘 동(東) 자를 파자(破字)해 보면 그 답이 나온다.

- 하나님=해(시 84:11)   • 나무=사람(렘 5:14)

 해(日)가 나무 목(木) 안으로 들어가면 동녘 東 자가 되고 하나님(日)

이 사람(木)과 같이 계시면 그곳(사람)이 동쪽이 되고 동방이 되며 해 뜨는 곳이 된다.

- 동편 그룹들⇨하나님과 하나님을 보좌하는 영들 또는 하나님이 함께 하신 사람과 그를 보좌하는 사람들
- 두루 도는 화염검(火焰劍)⇨두루 돈다는 것은 동서남북과 중앙, 곧 5방위(五方位)를 모두 지킨다는 것이고 화염검의 화염은 불이 활활 타는 불꽃을 말함이니 영적으로 불을 알고 칼을 알면 이해되리라 본다.

註 결론적으로 말하자면 천하대장군(天下大將軍)이요 상원대장군(上元大將軍)은 하늘나라(영계: 靈界)를 지키는 오방신장(五方神將)을 감시 감독하는 하나님(하늘) 아래 가장 높으신 신(神)이시며 영(靈)이신 분이다. 천하대장군 또는 위에서 으뜸이라 해서 상원대장군이라 하는 것이며 관모를 썼다는 것은 남자, 곧 우리의 신랑 되실 분은 영(靈)이심을 말해주고 있고 관모를 쓰지 않았다는 것은 여자를 의미함과 동시에 신부된 육(肉)을 말함이다. 하늘나라를 방위하는 군대를 세우는 것은 이미 하늘나라도 하나님을 대적하는 대적자가 있다는 것을 말함이요, 이 땅에 나라를 세울 때도 하늘의 조직과 같이 조직을 세운 것은 이 땅에도 대적자가 있다는 것을 말해주고 있는 것이다. 우리나라도 처음 나라를 세울 때 하늘의 것을 보고 정부 조직을 세웠다는 것을 말해 주고 있는 것이다.

우리가 일반적으로 알고 있는 오제·오령은 중국에서 전래되어 온 것이고 중국은 원래 우리 배달국에서 답습하여 그 조직을 지켜 왔는데, 원래 모습은 간 곳 없고 모두 변개·변질시켜 지켜오고 있는 것이다.

지금까지 상원대장군과 천하대장군에 대해서 알아봤다. 이제부터는 지하여장군(地下女將軍), 다시 말해 하원대장군(下元大將軍)에 대해 알아보도록 하겠다.

3) 오령(五靈)이란?

오령에 대해서는 중국의 전설(傳說)에 전해지는 육적인 것을 먼저 알아보도록 하겠다. 이는 과거 배달국에서 나서 자라난 동이족(東夷族) 백성(百姓)들이 배달국의 모든 국가 형태(國家形態)나 조직(組織) 그리고 문화(文化), 풍습(風習)까지도 알고 나와서 그대로 모방(模倣)해서 자기들이 세운나라에 전수(傳受)했기 때문이라 보는 것이다. 우리나라 고대사를 수록한 『한단고기』에도 오령(五靈)에 대한 자세한 설명이 없다. 환인(桓因), 환웅(桓雄), 단군(檀君)이 다스릴 때는 부국강병(富國强兵)하여 감히 저들이 넘보지 못했고 단군 이후 국세가 점점 쇠약해짐에 따라 우리의 찬란한 문화와 역사의 기록을 도말하여 버리고 단군시대까지도 신화로 만들어 놓았다. 엄연히 고구려의 유물들이 중국에 산재해 있고 우리 민족도 살고 있지만 동북공정이라는 미명하에 고구려도 자기네 나라로 둔갑시켜가고 있다. 다음은 「연합뉴스」에 실린 기사 일부를 소개한다.

"허베이성(河北省) 산해관(山海關)에서 끝난 만리장성이 날개를 달았나 보다. 아니면 자가 복제를 했거나. 산해관 만리장성과 판박이인 21세기 판 중국의 만리장성이 그것도 옛날 고구려 성곽을 발판 삼아 갑자기 압록강 어귀에 나타났다는 말을 듣기는 했지만 막상 실물을 대하니 어이가 없다. 중국 당국은 압록강 너머 북한의 의주 땅을 바라보는 랴오닝성 단둥(丹東)에 '중국 명 만리장성 동단(東端)

기점'이라는 한글 표지판을 굳이 내건 21세기 판 새로운 만리장성을 왜 만들었을까? 더구나 그런 표지판이 맨 위칸을 차지한 것을 보면 분명 이 기념물은 한국인을 겨냥한 것으로 보인다. 하지만 그 바로 밑칸의 '萬里長城 東端 起點'(만리장성 동단 기점)이라는 중국어 안내판이 있고, 다시 그 바로 아래칸에 'This is the Starting of Easter Great Wall'(이곳은 만리장성 동단이다)에는 왜 '明'(명) 혹은 그에 대한 영문표기인 'Ming'과 같은 말이 빠져 있을까?

이런 표지판만 보면 한국인에게 이곳은 '명 만리장성'의 동쪽 끝 지점이겠지만 중국 내국인이나 영어를 이해할 수 있는 나머지 외국인들은 만리장성과 흡사한 '호산장성(虎山長城)'이라는 성곽을 만리장성의 동쪽 끝으로 이해할 수밖에 없을 것이다. (2010.1.26일자 「연합뉴스」 기사에서)

만리장성이 있는 산시성과 압록강의 거리를 아시는 분들은 이해하시리라 본다. 벙어리 냉가슴 앓는다는 말이 여기에 해당하는 말인 것 같다.

아무튼 이들이 행하고 있는 문화와 풍습들이 고대 우리나라에서 전래되었다고 볼 때 원래 형태와 언어는 많이 변했지만 그래도 이들의 전설과 풍습을 더듬어서 고대 우리나라에서 있었던 일들을 찾아갈 수밖에 없다. 여기서 나온 오령(五靈)은 오수(五獸)라고도 나오고 사령(四靈) 또는 사수(四獸), 사신(四神)이라고도 나온다.

오령(五靈)은 육(肉)과 반대 개념의 영(靈)이 아니라 오수(五獸), 곧 다섯 가지의 신령스런[靈] 짐승[獸]을 말함이다. 곧 기린, 봉황, 청룡, 백호, 거북이다. 그리고 사령(四靈), 사수(四獸), 사신(四神)이란 주작, 현무(거북), 청룡, 백호 네 방위를 지키는 신령스런 네 짐승을 가리키고 있다. 그런데 이 사수(四獸)로 나온 기록에는 중앙의 짐승이 빠져 있는데 중국에서는 중앙을 황룡(黃龍)으로 채우고 있다.

앞서 『태백일사』에 기록된 오제(五帝)와 오령(五靈) 중 먼저 오제(五帝)를 알아봤다. 그러면 여기에서 다룰 오령(五靈), 곧 신령스런 짐승들은 어떤 특성(特性)을 가진 짐승들인가에 대해서도 알아보도록 하겠다.

여기서 말한 오령(五靈)은 다섯 가지의 안 보이는 영(靈)을 말함이 아니라 신령한 짐승이라 해서 신령 령(靈) 자를 붙인 것이다.

■ 기린(麒麟)

기린은 기린과에 속하는 동물이며 몸무게는 약 1,100㎏, 시속 50㎞로 달릴 수 있다. 발끝에서 머리 끝까지는 약 5.5m고, 수명은 약 25년이다. 주식은 아카시아 잎이나 줄기, 열매 등을 먹고 사는 초식동물이다. 주로 아침 일찍, 저녁에 활동한다. 임신기간  은 420~468일이며 약 3.6개월이 지나면 또 임신할 수 있다. 윗입술에는 털이 나 있고 새김질을 하며, 45㎝나 되는 혀를 가지고 있어 멀리 있는 먹이도 잘 먹을 수 있으며 물건을 감싸 잡을 수도 있다. 뿔이 하나 있는데 살덩이로 덮여 있다. 이상은 아프리카 등지 또는 동물원에서 볼 수 있는 기린이다.

그런데 지금 말하고자 하는 오령(五靈), 오수(五獸) 중의 하나인 기린은 육적인 기린이 아닌 우리가 볼 수 없는 상상의 동물인 기린을 말하는 것이다. 기린(麒麟)에서 기(麒)는 수컷을 말하고, 인(麟)은 암컷을 말한다. 기린은 중국의 역사에 가끔 등장하며 『춘추(春秋)』, 『시경(詩經)』에도 기록되어 있다. 중국의 사서에 기록된 기린의 모습은 몸은 사슴 같고 꼬리는 소와 같고 발굽과 갈기는 말과 같으며 오색 빛깔을 낸다고 되어 있는데, 이는 처음 전래된 기린의 참 모습이 아니라 후대에 많이 변형시켜서 이상한 모양의 기린으로 변했다고 한다. 성대가 다른 동물과 달라서 소리를 내지 못한다는 설과 낮은 소리는 낸다는 설, 초음파를 보낸다는 설도 있지만 확실치는 않다. 이마에 뿔이 하나 있는데 그 뿔에 살이 덮여 있어 다른 짐승을 해치지 않는다고 해서 인수(仁獸)라 하여 어진 짐승이라 했다. 봉황(鳳凰)과 같이 길수(吉獸) 또는 성수(聖獸)라 하여 성왕(聖王)이나 천자(天子)가 나타나거나 세상에 영웅(英雄)이 나타날 징조로 기린이 나타난다 해서 참으로 상서로운 짐승(瑞獸)으로 알았다. 또 모든 짐승[百獸] 중에 영장(靈長)이라 하여 걸출(傑出)한 인물(人物)이나 기질(氣質)이 뛰어난 젊은이를 가리켜 기린아(麒麟兒)라고 한다.

■ 봉황(鳳凰)

봉황은 상상의 새로 상서로움을 가져다준다는 서조(瑞鳥)로 여겨지며 기린, 거북, 용과 함께 영물(靈物)로 꼽히고 있다. 수컷은 봉(鳳), 암컷은 황(凰)이라 한다. 암수가 한 쌍으로 만나면 금실이 매우 좋다고 알려져 있다. 봉황의 생김

새에 대해서는 여러 가지 설이 있지만 『산해경(山海經)』에 의하면 크기가 약 1m 정도 되고 머리는 닭, 목은 뱀, 턱은 제비, 깃털은 원앙새, 다리는 학, 등은 거북, 꼬리는 물고기, 발톱은 매를 닮았다고 한다. 그리고 오색찬란한 빛을 내고 다섯 가지의 소리를 낸다고 한다. 오동나

무[桐]에서 살고 예천(醴泉)의 물을 마시고 오랜 세월이 흘러야 한번 열린다는 대나무 열매만 먹고 산다고 한다.

봉(鳳)이라는 글자가 은(동의족에 의해 세워진 나라)나라 갑골문자에서도 보이고 바람의 신(神)으로 제사(祭祀) 지냈다는 점에서 볼 때 봉황은 중국이 생기기 훨씬 이전의 배달국시대 아니면 그 이전인 환국시대부터 우리 배달민족의 서조(瑞鳥)로 추앙(推仰)받았던 것이 틀림없다.

또 봉(鳳)은 새들의 영장(靈長)으로서 또는 새들의 수장(首將)으로서 모든 새들을 거느렸다. 세상에 성인(聖人)이 탄생(誕生)하거나 천자(天子)나 영웅(英雄)이 나타날 때를 맞추어 모습을 보인다고 한다. 그래서 이 새를 신령(神靈)한 새라고 하여 영조(靈鳥)라 한다. 그래서 좋은 일을 알리는 상서(祥瑞)로운 새라 하여 천자(天子)가 계시는 궁정(宮廷)문을 봉황(鳳凰)으로 장식(裝飾)하여 봉문(鳳門) 또는 봉궐(鳳闕)이라 하였고 왕(王)이나 천자(天子)가 타고 다닌 수레도 봉황(鳳凰)으로 장식(裝飾)하여 봉거(鳳車), 봉련(鳳輦) 또는 봉여(鳳輿)라 했다. 그리고 왕이 거하는 장안(長安)을 봉성(鳳城), 궁중(宮中)의 연못을 봉지(鳳池)라 했고 왕이나 천자의 얼굴을 봉안(鳳眼), 옷을 봉포(鳳袍), 앉는 자리를 봉좌(鳳座) 또는 봉상(鳳床)이라 했다. 궁궐(宮闕)이나 일반 백성들 사이에서도 높고 귀한 이름 앞에는 봉(鳳) 자를 넣어서 불렀다. 높은 벼슬을 봉경(鳳卿), 좋은 벗을 봉려(鳳侶), 아름다운 누각을 봉루(鳳樓), 아름다운 소리를 봉음(鳳音)이라 했다.

몸의 각 부위에서 다섯 가지 글자가 나타난다고 하는데 머리는 덕(德), 가슴은 인(仁), 날개는 의(義), 등은 예(禮), 배는 신(信)의 글자가 나타난다는 것이다. 이 다섯 가지는 임금이 마땅히 지켜야 할 덕목이라고 생각해 임금이나 천자(天子)의 상징으로 삼아 태평성대

(太平聖代)를 기원하였으며, 지금도 우리 나라는 대통령을 상징(象徵)하는 문양 (文樣)으로 사용되고 있다. 대통령이 앞 아서 업무를 처리하는 자리 뒤에는 봉 황이 자리하고 있어 덕(德), 인(仁), 의

(義), 예(禮), 신(信)이라는 다섯 가지 덕목을 다 갖추고 지켜야 한다는 것을 암시하고 있다. 한복(韓服)이나 상장, 상패, 휘장 등에도 사용되고 있음을 볼 수 있다. 또 봉황은 우주 전체를 나타내는 의미가 있다고 하는데 머리는 해, 등은 달, 날개는 바람, 꼬리는 나무와 꽃, 다리는 대지(大地)를 나타낸다고 한다.

"오동나무(桐)에서 살고 예천(醴泉)의 물을 마시고 오랜 세월 후에 한 번 열리는 대나무 열매만 먹고 산다고 한다."

❶ 오동나무는 무슨 뜻인가? 오동나무 동(桐) 자를 파자(破字)해 보면 다음과 같다.

桐 ➪ 木 + 同
오동나무동 나무목   한가지동, 함께동

- 木 ➪ 나무 목 자를 다시 파자하면
  - 木 ➪ 十 + 人 = 다시 붙이면
    ╪
  - 人 = 하나님의 도성, 시온 성
- 同 = 함께 거함
  한가지동, 함께동

釋 봉황(鳳凰)은 하나님의 성읍에서 거처를 함께한다.

❷ 예천(醴泉)의 물을 마신다.

醴 泉 =샘에서 나온 단술=하나님의 진리의 말씀
단술예 샘천

[釋] 하늘 샘에서 나온 진리의 말씀만 먹고 산다.

❸ 오랜 세월 후에 한 번 열리는 <u>대나무 열매</u>만 먹고 산다고 한다.

대나무 ◇대(竹): 곧고 바른 나무
　　　　열매(實): 수천 년 만에 열린 하나님 말씀

[釋] 곧고 바른 목자에게서 나온 하나님 말씀만 먹고 산다.
[釋] 봉황은 하나님의 성읍에서 살며 수천 년 동안 봉해졌던 말씀인 하나님이 보내신 곧고 바른 목자의 입에서 나온 열려진 말씀만 먹고 산다. 과연 이 봉황이 상징하고 있는 실체는 무엇일까?
그리고 동물의 영장이라고 하는 기린의 실체는 무엇일까?

■ 용(龍)

용은 상상의 동물로서, 몸은 뱀 같고 머리에는 두 개의 뿔이 있고 입가에는 긴 수염이 나 있으며 네 개의 다리와 네 개 또는 다섯 개의 발가락을 가진 거대한 파충류다. 예부터 인개류(鱗介類)의 우두머리라고 하며 기린, 봉황, 거북과 함께 길조(吉兆)를 가져온 사령(四靈)의 하나로 신령시(神靈視) 되어왔다. 또 오행(五行) 상으로는 백호(白虎)가 더해지면 오령(五靈)이라 한다.

중국뿐만 아니라 인도를 비롯한 아시아 여러 나라와 유럽 등지에서 민속적으로 숭배의 대상이 되고 있다. 용은 바다에서 살면서 때로는 하늘에 오르기도 하고 바람, 구름, 번개를 일으키고 비를 내리게도 하는 조화(造化)를 부린다고 믿고 있다. 기린이나 봉황같이 상서(祥瑞)로운 상상의 동물로 숭배의 대상이 되고 있다. 그런데 기린이나 봉황처럼 성인(聖人)의 탄생이나 영웅(英雄)의 출현 징조로 나타나는 것이 아니고 스스로 왕(王)이요 천자(天子)로 비유해서 훌륭한 존재로 나타나는 것이 특징이다. 특히 중국에서는 용 숭배사상(崇拜思想)이 뛰어나 태평성세(泰平聖世)와 만사형통(萬事亨通), 그리고 모든 사람에게 행복을 가져다주는 선신(善神)으로 추앙(推仰)되고 있다. 또한 용은 모든 능력을 고루 갖춘 영수(靈獸)로서 웅비(雄飛)와 비상(飛上), 그리고 지상 최고의 권위를 가진 신(神)으로 받들어져 왔다.

중국 황허강(黃河江) 산시성(山西省)에서 3단계로 떨어지는 용문(龍門)이라 하는 폭포(瀑布)가 있는데 해마다 강을 거슬러 올라가는 잉어 떼가 그 폭포를 만나면 뛰어 올라가기가 얼마나 힘이 드는지 대부분 거기를 넘지 못하고 죽고 만다고 한다. 그런데 그 폭포를 뛰어 올라가기만 하면 그 잉어는 용이 된다고 하여 '등용문(登龍門)'이라 하는데, 어려운 관문을 뚫고 들어갔다고 해서 사람이 입신출세(立身出世)하는 관문(關門)을 말한다.

중국뿐만 아니라 중국의 영향을 받고 살아온 우리나라도 용 숭배사상이 팽배하여 중국에서 사용하는 문자를 그대로 사용하는가 하면 일상생활에도 활용하고 있다. 예를 들자면 어떤 계획을 크게 세웠다가 끝에 가서 흐지부지하는 것을 '용두사미(龍頭蛇尾)'라 한다. 지금은 많이 바뀌어 가고 있지만 지금도 낱말 사전이나 옛 문헌 등에 임금[王]이 앉는 자리를 용좌(龍座) 또는 용상(龍床)이라 한다. 임금의 옷은 용포(龍袍), 임금의 얼굴은 용안(龍顔), 임금의 땀은 용한(龍汗), 임금의 눈물은 용루(龍淚), 임금이 보는 거울은 용경(龍鏡), 임금의 침구(寢具)는 용침(龍寢), 임금이 먹는 우물은 용정(龍井), 임금이 쉬는 누각(樓閣)은 용루(龍樓) 등 이렇게 귀하고 높은 이름 앞에는 용(龍)자를 넣어서 불렀다. 또 임금이 거하는 궁은 용궁(龍宮), 궁궐(宮闕)에 있는 호수(湖水)는 용연(龍淵), 임금이 올랐던 산은 용산(龍山), 좋은 꿈을 꾸면 용꿈, 어려운 환경에서 성공한 사람을 개천에서 용 나왔다고 하는 등 이렇게 우리 일상생활에 사용하고 있는 이름에 용(龍)자가 들어간 이름들이 부지기수(不知其數)다. 이것은 아직도 사단이 이 세상의 영적인 권세를 잡고 있다는 증거가 되는 것이다.

그리고 한국인의 상상 속에 전해온 용 그림이나 조각은 다각적으로 형상화되어 나타나고 있다. 삼국시대 이후 용 관련 그림을 살펴보면 용(龍)은 궁중미술에 응용되어 왕과 관련된 호화 미술품에 나타나고 있고 사찰(寺刹)의 단청(丹靑)이나 기우제(祈雨祭)에 나타난 화룡(畵龍), 용신탱화(龍神幁畵), 벽 사신상(壁四神像) 또는 십이지신상(十二支神像)으로 나타나고 있다. 이와 같이 용 관련 그림을 보면 고구려 벽화(壁畵), 신라의 용루(龍樓)와 이수(螭首), 백제의 용문전(龍紋塼), 고려의 귀부(龜趺), 조선시대의 용 민화(民畵)가 있다.

그러면 서양에서의 용 사상은 어떠한가? 서양의 용은 동양으로부터 전래된 것으로 보이며, 그 모습은 뱀과 같은 몸에 톱니가 있는 발이나 날개를 갖추고 화염(火焰)을 토하는 동물로 여기는 것이 보통이다.

특히 유럽에서 용은 재화를 지키고 땅속에 살면서 인간을 위해 숨은 보물을 찾아주는 현명한 영수(靈獸) 또는 유익하고 초자연적인 힘을 가진 가공할만한 영험 있는 짐승이나 경외의 대상으로 여러

나라 전설 등에 끊임없이 등장하고 있다.

　다른 한편으로는 암흑세계에서 살고 죽음이나 죄악과 관계가 깊은 괴물로 등장하며 이와 같은 괴물은 고대 유럽의 신화로 도입되어 괴물이 되어 나타나는데, 그리스도교를 통해서 유대로부터 들어온 악과 혼돈의 상징으로서 인간을 사망으로 몰아넣고 영육 간에 질병과 고통을 가져다주는 사악한 악령, 곧 사탄으로 규정하고 있다(계 20:2).

■ 거북[龜]

　거북은 파충류 중에서 가장 오래전부터 존재해온 동물로 화석(化石) 종으로 중생대(中生代) 이후의 지층에서 발견되었다. 화석 종은 현재의 거북과 별 차이가 없다.

　종류는 약 230종으로 각 대륙의 열대, 아열대(亞熱帶), 온대에 널리 분포되어 있다. 거북은 특수한 피부와 등딱지, 배딱지를 가지고 있어 다른 파충류와는 구별된다. 일부 바다거북을 제외하고 현존하는 거북의 대다수는 강이나 연못, 늪 등에 살면서 육지 생활도 하는 수륙양서 습성을 가지고 있다. 거북은 파충류 중에서 인간과 가장 가까운 관계를 가지고 있으며, 많은 종류가 애완용으로 길러지고 있다. 거북과 거북 알은 세계 각지에서 식용으로 사용되고 있으며 공예품 또는 박제나 가죽제품의 원료로 사용되고 있다.

　거북은 사신(四神) 중에서 북쪽을 지키는 현무(玄武)를 말함인데, 현무는 사신 중의 하나로 여겨지는 상상의 동물이다. 암수가 한 몸이고 뱀을 몸에 친친 감아 얽혀 뭉쳐 있는 다리가 긴 거북의 모습을 하고 있다. 암컷인 거북의 머리와 수컷인 뱀의 머리가 원을 그리며 교차하는 모습으로 자주 그려지는데, 이는 암수가 서로 합하여 조화를 이룬다는 의미를 지니고 있다고 한다.

일반적으로 현무는 생명의 끝, 곧 죽음을 알리는 북쪽의 수호신으로 여겨지며, 북쪽이 검은색을 나타낸다는 사실에서 현(玄)이라 하며, 거북의 두꺼운 등껍질을 등에 이고 방어에 뛰어난 점과 뱀의 날카로운 이빨이라는 점에서 무(武)라고 한다고 알려져 있다. 오행 중에서는 물[水]을 상징하며 계절 중에서는 겨울을 관장한다. 또한 현무는 이 세상에 존재하는 360가지 갑각류의 우두머리이기도 하다.

■ 백호(白虎)

백호는 고대 중국에서 상상의 동물로서 음양오행(陰陽五行) 상 청룡(靑龍), 현무(玄武), 주작(朱雀)과 함께 사신(四神) 중의 하나이다. 일찍이 우리나라를 상징하는 동물은 호랑이로 알고 호랑이를 신성시했고 지금도 그런 생각이 남아 있다. 하지만 이는 중화사상(中華思想)에서 비롯된 것으로 재고할 필요가 있다.

백호는 하늘의 사방에 배치된 28수 중에서 서쪽에 해당하는 7수를 지키는 임무를 띠고 땅에서도 서쪽 방위를 관할하는 임무를 맡은 신수(神獸)로 알려져 있다. 사신 신앙은 중국으로부터 전래되어 한국, 일본에까지 전파되었다고 보는 것이다. 하늘의 별자리를 따라 구분한 사관(四官) 또는 사궁(四宮) 중에 서관에 속한 일곱 별을 다스린다고 하며 풍수지리설(風水地理說)에서는 서쪽의 산이나 기운을 뜻한다. 즉 택지나 묘지의 위치를 정할 때 주위의 가장 높은 산을 주산(主山)으로 보고 그 주산을 뒤에 두고 서쪽으로 갈라져 뻗어 나가는 산을 일컫는다.

우리나라에서는 풍수지리 용어로 사용되며 주산에서 오른쪽으로 뻗어나간 산줄기를 백호라 하는데, 그 안쪽에 있는 것을 내(內)백호, 밖에 있는 것을 외(外) 백호라고 한다. 백호는 청룡과 반대되며 곧 좌청룡(左靑龍), 우백호(右白虎)로 일컬어진다. 청은 동쪽, 백은 서쪽을 가리키며 용호(龍虎)는 혈(穴)의 호위(護衛)로 생각되며 용호가 서로 어울려 주변을 여러 겹으로 둘러침으로써 명당지가 된다고 보는 것이다.

이상으로 오령으로 상징된 다섯 가지 짐승의 특징에 대하여 알아봤다. 그래서 오령(五靈)이란 육(肉)의 반대 개념인 영(靈)이 아니라 보통 짐승보다는 특별하고 뛰어난다는 의미에서 신령(靈) 자를 붙여 신령스런 짐승을 오령이라고 한다.

4) 지하여장군(하원대장군)

■ 지하(地下)는 어디인가?

지하는 땅 지(地), 아래 하(下)이고, 그 뜻은 땅 아래 또는 땅 속, 그리고 저승을 말한다. 우리가 성경을 볼 때 육적으로만 보면 풀리지 않는 부분들이 너무 많다. 여기에서도 문자 그대로 해석하면 도저히 풀 수 없는 내용들이 너무 많다. 성경 한 구절을 인용해 보면 전도서 3장 19~21절에 "다 흙이로되 인생의 혼(魂)은 위로 올라가고 짐승의 혼(魂)은 아래 곧 땅으로 내려가는 줄 누가 알랴" 이렇게 나와 있다. 혼(魂)은 곧 영(靈)인데 그럼 짐승에게도 영이 있다는 말이 된다. 과연 그럴까?

　사람과 짐승의 관계는 어떤 것일까? 잠언서 30장 2~3절에는 "나는 지혜를 배우지 못하였고 하나님을 아는 지식이 없어 다른 사람에 비하면 짐승이라"고 하였고, 시편 49장 20절에는 존귀한 사람이지만 하나님의 말씀을 깨닫지 못하면 멸망하는 짐승과 같다고 한다. 여기에서 우리가 알 것은 성경(예언된 말)에 나온 것이 짐승이 아니라 하나님 말씀을 모르는 사람을 짐승으로 말하고 있음을 알아야 한다. 그래서 앞서 전도서 3장에서 말한 인생의 혼과 짐승의 혼은 다 사람의 혼을 말함이지만 하나님께서는 하나님의 말씀을 깨닫고 그 말씀대로 거듭난 자를 사람으로, 말씀이 없는 자를 짐승으로 말씀하고 계심을 알 수 있다. 그래서 말씀을 깨닫고 거듭난 자의 혼(영)은 위(천국)로 올라가고, 말씀을 못 깨달은 자의 혼(영)이 땅으로 내려간다는 말은 지옥으로 떨어진다는 말씀이다.

　그러면 성경(예언서)에서 말한 땅은 무엇을 말함인가? 창세기 2장 7절에서는 하나님이 흙으로 사람은 지으시고, 전도서 3:20, 사 64:8, 고전 3:9, 눅 8:15 등에서는 사람을 땅이나 흙으로 말하고 있다. 그래서 지하대장군이라는 이름에서 지하(地下)는 땅속이 아니라는 것쯤은 알아야 한다.

　지하여장군(地下女將軍)의 임무는 오령(五靈)의 이룸(成), 곧 이루어 가는 것을 주관하고 감독한다고 했다. 다시 말해 짐승 같은 사람들을 하나님의 백성으로 창조해 가는 하늘농사를 말한 것이다. 그러면 현재 다 이루어지지 않았다는 것이고, 그 이루어져 가고 있다는 것을 주관하는 것이고, 앞에서 말한 천하대장군은 하늘(하나님) 아래서 다 이룬 조직을 주관하시고 감독하신다고 했다. 다 이룬 것을 감독하는 것과 이루어 가는 것을 관리 감독하는 것은 다르다.

　성경에서 말한 신(神)을 알아야 한다. 우리는 신(神)이라고 하면 영이나 혼, 귀신을 얼른 떠올린다. 먼저 시편 82장6절에 보면 "너희는 신(神)들이며 지존자(하나님)의 아들들이라"고 했다. 다시 요한복음 10장 35절에는 "하나님의 말씀을 받은 사람들을 신(神)이라 하셨거든"이라고 하신다. 또 사도행전 17장 28~29절에도 "우리가 그의 소생이라 하니 이와 같이 신(神)의 소생이 되었은즉"이라고 나와 있음을 볼 때 곧 하나님 말씀을 내 안에 새기고 그 말씀으로 거듭난 자를 지존자의 소생인 신(神)이라고 말씀하고 있다.

　오령(五靈)은 다섯 가지 신령한 짐승이다. 그러나 지금까지 찾아본 성경구절로 보아 다섯 짐승은 짐승이 아니라 하나님을 모르고 하나님의 말씀을 알지 못한 무지한 사람들을 다섯 가지 짐승으로 감춰 놓은 것이고, 짐승이 다섯 마리인 것은 사람이 가지고 있는 인성이나 성품이 모두 다르기 때문에 짐승들의 특성을 들어 분류해 놓은 것이다. 그래서 그 하나님을 모르는 짐승 같은 백성들을 하나님 말씀으로 양육시켜 천국 백성, 곧 신(神)으로 만들어가는 과정을 오령의 이루어 가는 것이라 말한 것이다. 그 오령의 정해 놓은 숫자가 신령한 몸으로 완성될 때 신부로서 하늘의 천하대장군의 관리 하에 있는 신랑(靈)들을 맞아 결혼하는 것이다.

　그럼 여장군(女將軍)이란 무슨 뜻인가? 땅(사람) 가운데서 하나님의 택함 받은 한 사람이 하늘(하나님) 아래 가장 큰 분 천하대장군에게서 씨(氏=하나님 말씀. 눅 8:11)인 그 말씀을 받아 하나님을 모르는 짐승인 사람을 하나님을 아는 사람으로 만들어 가신 일이 어머니 역할이기 때문에 여(女)가 들어가 여장군(女將軍)이라 하고, 아래에서 으뜸 되신 분이라 해서 하원대장군(下元大將軍)이라 하는 것이다.

우리가 그 오령의 짐승들을 살펴보면 성경 상으로 볼 때 선한 짐승도 있고 악하게 쓰임 받은 짐승도 있다. 그런데 봉황이나 기린은 선한 짐승으로 세상에 영웅이나 천자(天子)가 나타날 때면 세상에 먼저 나타난다고 하는데, 그 봉황이나 기린이 나타난 것이 아니고 봉황이나 기린으로 비유된 영(靈)이나 사람이 먼저 이 세상에 나타나는 것을 말한다.

그 봉황이나 기린으로 상징된 인물이 나타난 것을 볼 수 있는 자는 이 땅에서도 신(神)이 된 자라야 볼 수 있는 것이다. 봉황의 수컷은 봉(鳳)이고 암컷은 황(凰)이다. 봉황의 봉은 하늘에 있는 영이요 황은 이 땅의 육으로서 봉을 덧입으려고 마을 어귀에 수천 년을 애타게 하늘을 쳐다보며 신랑인 봉을 기다리는 솟대임을 이미 필자가 쓴 『성서와 한자의 비밀』에 밝힌 바 있다.

신(神)이 감추어 놓은 비밀은 신이 풀어주기 전에는 풀리지 않는다. 그래서 동양의 예언서나 성경의 예언서, 우리나라 민요, 민속, 풍습, 그리고 바둑이나 장기, 윷놀이 속에 감춰진 비밀들은 쉬 풀리지 않는다. 그것들을 음양오행 또는 역(易)으로 풀려고 많은 노력을 하지만 어느 것 하나 신의 뜻을 알아 속 시원히 해설해 놓은 것이 없다. 여기에서 인간의 지혜와 지식에는 한계가 있음을 본다.

우리 민족은 천민이요 천손이다. 어느 것 하나라도 하나님의 손길이 닿지 않은 것이 없다. 우리 민족이 지켜온 민요, 민담, 속담, 풍습, 명절, 놀이, 그리고 피를 섞지 말라는 단일민족, 깨끗함을 상징하는 흰 옷만 입고 다니는 백의민족의 풍속, 그리고 본인은 알지 못하면서도 풍습이나 노랫말들을 대대로 자자손손 전해 내려온 배달민족. 왜 우리나라만 나를 나라고 하지 않고 나를 우리라고 복수를 쓰는지? 뜻도 모르고 우리 남편, 우리 아내 하며 나 대신 우리라고 하는지? 서낭당(성황당), 삼신당, 칠성당이 무엇인지도 모르면서 그곳에다 소원 성취해 달라고 빌며, 봉황이 무엇인지 용이 무엇인지도 모르고 솟대가 무엇인지도 모르면서 수천 년을 마을 입구에 세워놓고, 천하대장군, 지하여장군이 무엇인지도 모르면서 마을마다 거리마다 장승을 세워 두었는지. 그 뜻을 아는 사람이 과연 몇이나 되겠는가?

우리나라를 동방예의지국이라 한다. 우리나라 자체가 하나님의 비밀이다. 우리나라의 모든 생활관습이나 풍속, 언어, 민요 등이 하나님께서 말일에 이 땅 위에 세우실 참 형상의 그림자요 예행연습이었다.

이 모든 것을 사람이 연구한 지식으로 풀다 보니 답이 여러 개가 나온 것이다. 대학을 다니고 대학원을 다니고 유학을 다녀와서 전문 연구기관에서 몇 십 년을 연구해도 하나님의 비밀은 사람이 풀 수 없다. 오직 하늘에 올라가서 하늘나라를 본 자(요 3:13, 계 4:1~) 그리고 그분에게서 가르침을 받은 자 외에는 알 수 없는 것이다.

본문에서 말하고자 한 천하대장군 또는 상원대장군은 하늘나라 영계의 조직에서 그 모든 조직 체계를 총괄해서 감시하고 감독하신 하나님 바로 아래 계신 가장 크시고 높으신 영(靈)을 말함이요, 지하여장군 또는 하원대장군은 육의 세상에서 짐승 같은 사람들을 하나님의 말씀으로 짐승에서 사람으로 사람에서 신[神靈體]으로 만들어 가는 과정을 손수 역사하고 살피고 감시 감독하는 이 땅에 하나님이 세우신 우두머리(육)를 말함이다.

註 우리는 성경에서 정의한 사람과 짐승의 차이를 알 필요가 있다. 성경에서는 하나님을 알지 못한 자 또는 하나님의 말씀을 모르는 자를 사람이 아닌 짐승이라 한다(시 49:20, 잠 12:1, 잠 30:2-3). 그래서 앞에서 말한 오령(五靈)으로 나온 짐승들은 짐승이 아닌 사람이로되 하나님을 모르고 하나님의 말씀을 모르는 육체뿐인 사람을 일컬어 말한 것이며, 다섯 가지의 짐승은 다섯 부류의 사람을 말한 것이다. 신령스럽다는 것은 그 부류에서 뛰어난 존재임을 나타낸 말이다.

다섯 마리의 짐승은 사람의 형태와 심성(心性)을 다섯 부류로 분류하여 오령(五靈)으로 나타낸 것이다.

釋 천하대장군(상원대장군): 하늘나라 영계의 조직에서 그 모든 조직 체계를 총괄해서 감시하고 감독하신 하나님 바로 아래 계신 가장 크시고 높으신 영(靈)을 말함이다.

釋 지하여장군(하원대장군): 육의 세상에서 짐승 같은 사람들을 하나님의 말씀으로 짐승에서 사람으로 사람에서 신[神靈體]으로 변화시켜 감에 있어 그 되어 가는 과정을 다스리고 감시 감독하는 이 땅에 하나님이 예수님 이름으로 보내신 다른 보혜사, 곧 육(肉)을 말함이다(요 14:16~17, 15:26).

註 **지하(地下)** : 지하는 땅 아래, 땅 속을 말함인데 성경에서는 땅을 사람이라 했으니(고전 3:9, 눅 8:15) 여기서 말한 지하는 사람마음 속, 사람 심령을 말함이다. 이 시간도 사람의 심령은 변화를 받아가고 있다.

註 **여장군(女將軍)** : 이 땅에 짐승 같은 사람들을 가르치고 변화시키는 데 필요한 하나님의 말씀(씨)을 받아 아이(성도)를 낳아 기르며 변화시킨 입장이기 때문에 여자로 표현하는 것이다.

06

태양 속의 삼족오

삼족오(三足烏)란?

　삼족오란 태양에서 산다는 발이 3개 달린 까마귀를 말한다. 까마귀는 원래 다리가 두 개요 발도 두 개인데, 왜 3개 인가? 그 이유는 여러 가지 설(說)이 있는데 태양이 양(陽)이고 숫자 3자가 양수(陽數)이므로 자연스레 태양(太陽)에 사는 까마귀의 발도 3개라고 말하고 있고 삼신일체사상(三神一體思想), 즉 천(天)·지(地)·인(人)을 의미하는 것으로 해석하는 사람도 있다. 고대 신화(神話)에 나오는 세 발 달린 까마귀란 과연 어떤 존재일까?
　먼저 국어사전을 찾아보기로 하자.

■ 국어사전에서 말한 삼족오의 뜻은?

① 고대 중국 신화에 나오는 해 속에 산다는 세 발 달린 까마귀.
② 태양(太陽)을 달리 일컫는 말. 태양

1) 세계 신화 속에 나타난 삼족오

　삼족오는 금오(金烏) 또는 준오(踆烏)라고도 한다.
　먼저 중국의 역사에 나타난 삼족오는 전한(前漢)시대 때 『춘추원

명포(春秋元命苞)』라는 책에 삼족오가 기록되어 있고, 『산해경(山海經)』에도 "태양(太陽) 가운데 까마귀가 있으니 세 발 달린 까마귀이다(日中有烏謂三足烏也)"라고 기록되어 있다. 또 고유(高誘)가 쓴 『사기(史記)』에도 기록되어 있고 『회남자(淮南子)』의 주석에도 나타나 있다.

이상으로 봐서 삼족오를 서조(瑞鳥)요 길조(吉鳥)요 금오(金烏)와 준오(踆烏)로까지 일컬었던 것은 중국이 까마귀를 숭배의 대상으로 삼았던 단적인 증거가 되는 것이다.

고대 사람들은 태양이 하늘을 건너간다고 알고 있었고 삼족오가 태양을 엎고 동쪽에서 서쪽으로 하루에 한 번씩 건너간다고 알고 있었다.

일본에서는 개국신화(開國神話)에서 천황(天皇)의 길을 안내한 태양신(太陽神)의 사자인 삼족오(三足烏) '야타가라스(팔지조八咫烏)'가 고대의 고분(古墳)과 각종 유물에 등장하고 있다. 구마노 신궁(神宮)에서는 지금도 모시고 있으며 천황(天皇)의 즉위식 때 입는 곤룡포(袞龍袍)의 왼쪽 어깨에는 삼족오가 자수로 놓여 있다고 하며, 일본축구협회에서는 삼족오를 엠블렘으로 사용하고 있다.

그리스 신화에서 태양신(太陽神) 아폴론의 까마귀는 원래 흰색이었지만 아폴론의 노여움을 사서 까맣게 되었다고 한다.

이집트 신화에서는 벽화(壁畵)나 소아시아의 리키아 팜필리아 등의 고대 유적에서 발견된 동전(銅錢)에도 태양을 상징하는 생물(生物)로 까마귀가 등장하고 있다. 그 밖에 고대 동아시아 지역에서도 삼족오는 태양의 신(神)으로 널리 숭배의 대상이 되어왔다.

우리나라 고기(古記)에 까마귀가 나온 기록을 보면 『한단고기』 중 북부여기에 부여의 시조 <u>해모수</u>를 다음과 같이 설명하고 있다.

임술 원년(B.C. 239년) 단제(해모수)께서는 자태가 용맹하게 빛나시니 신과 같은 눈빛은 사람을 꿰뚫어 그를 바라보면 과연 천왕랑(天王郎)이라 할 만하였다. 나이 23세에 하늘에서 내려오시니. (중략) 까마귀 깃털로 만든 모자를 쓰시고 용광검(龍光劍)을 차시며 오룡(吳龍)의 수레를 타셨다고 기록되어 있다.

고구려의 고분 벽화에서도 삼족오를 볼 수 있다. 씨름무덤 각저총(塚), 쌍영총, 천왕지신총 등에서 볼 수 있고 깃발에서도 볼 수 있다.

『삼국유사』 기이편(記異篇)에서는 소지왕 10년에 까마귀가 나타나 사람이 해야 할 일이나 일어날 일들을 미리 알려주는 영험(靈驗)한 동물로 묘사된다. 일본의 기원과 관련이 깊은 신라의 연오랑(燕烏郎)과 세오녀(細烏女)의 이름을 살펴보면 둘 다 이름에 까마귀 오(烏) 자가 들어 있다. 이것은 당시 사람들이 까마귀를 길조(吉鳥)로 여겼다는 증거다.

고려시대 때는 의천의 가사(歌詞)에도 나오고 조선시대 때는 묘지 비석에 삼족오가 새겨져 있다.

우리나라의 삼족오는 중국이나 일본의 삼족오와는 다르다.

머리에는 공작처럼 둥글게 말린 벼슬이 있어 외형에서부터 다르다. 이 벼슬은 어떤 국가를 다스리는 통치권(統治權)을 상징한다고 한다.

그런데 이 삼족오의 실체인 까마귀를 우리나라에서는 과연 길조(吉鳥)나 서조(瑞鳥)로 생각하는가? 과거에는 어찌 됐든 오늘날은 아닌 것 같다. 까치는 길조(吉鳥)로 희소식을 가져다준다고 알고 있지만, 까마귀는 흉조(凶鳥)로 보는 관점이 많다. 우선 색깔이 까맣다 보니 긍정적인 면보다 부정적으로 어두운 부분으로 비유된 부분이 많다.

> 예) 까맣다: 아무것도 모르는 상태. 까마귀 고기를 먹었나: 기억력이 없다.
> 까마귀 노는 골에 백로야 가지 마라. 까마귀 날자 배 떨어진다 등

고구려 고분 벽화의 삼족오

 이렇게 동서양을 막론하고 고대에 인류의 숭배 대상이 된 태양 속의 삼족오의 실체인 까마귀는 과연 오늘을 사는 현대인에게는 어떤 의미가 있을까?
 까마귀는 잡식성 동물로 못 먹는 음식이 없다. 과일, 곡식, 곤충, 작은 포유동물과 새도 잡아먹고 썩은 고기와 심지어 사람의 시체(屍體)도 먹는다.
 "필자는 6.25동란을 겪으면서 까마귀가 사람의 시체(屍體)를 먹는 것을 실제로 여러 번 목격했다." 까마귀는 늙은 어미에게 먹이를 물어다 준다고 하여 효조(孝鳥)라고도 하지만 목소리가 너무 흉해 흉조(凶鳥)라고 하고 전체적인 관점에서 볼 때 흉조(凶鳥)임이 맞는 것 같다.

■ 성경 속에 나타난 까마귀

성경에서 까마귀는 부정한 새로, 사람이 먹거나 희생 제물로 쓰기에 합당치 않은 것으로 언급되어 있다(레 11:13~15, 신14:14~19).

노아의 홍수 때도 방주 바깥의 사정을 알아보려고 까마귀와 비둘기를 날려 보내는 기록이 있다(창 8:7~12). "먼저 까마귀를 내보냈는데 까마귀가 물이 땅에서 마르기까지 날아 왕래하였더라"고 한다.

또한 하나님께서 엘리야가 아합 왕을 피해 숨어 있을 때 까마귀를 통해 조석으로 떡과 고기를 가져다주게 하셨다(왕상 17:2~7).

또 예언서에서는 파괴된 성읍에 살았던 동물 중에 까마귀가 나온다(사 34:11). 그럼 성경에서 나오는 까마귀는 흉조(凶鳥)일까? 길조일까?

먼저 노아가 방주에서 내보낸 까마귀가 물이 마르기까지 그 물 위에서 왕래했다는데 그 물이 어떤 물인가를 안다면 답이 나올 것이다. 여기서 신앙인들은 까마귀가 가져다준 떡과 고기를 알고 무너진 성읍을 안다면 매우 흥미로울 것이다.

이 내용은 영적(靈的)인 관점에서 봐야 한다. 떡과 고기를 먹으면 우리의 육(肉)이 산다. 그러면 사람의 영(靈)이 살려면 무엇을 먹어야 살까? 영은 말[言]이나 말씀을 먹어야 살 수 있다. 까마귀는 새[鳥類]이다. 성경에서 새는 영(靈)으로 비유되고 있다(마 3:16, 요 1:32). 영적으로 해석한다면 까마귀는 영(靈)이요, 까마귀가 갖다 준 떡과 고기는 엘리야의 영(靈)을 살리기 위해 전해준 말이다. 그럼 그 말이 하나님의 말씀일까? 마귀의 말일까?

이 답은 성경에밖에 없다. 마태복음 17장 10~13절에 보면 "제자들이 예수님께 묻자와 이런 일이 있기 전에 엘리야가 먼저 와야 하지 않습니까? 하고 물으니 예수께서 대답하여 엘리야가 이미 왔으되 사람들이 알지 못하고 임의로 대우하였도다." 하니 제자들이 그제야 예수의 말씀하신 것이 세례요한인 줄 깨달았다. 마태복음 11장 14절에도 "오리라 한 엘리야가 곧 이 사람(세례요한)이니라"고 말씀하신다. 그래서 이미 엘리야의 영이 세례요한에게 와서 역사하고 있다는 것이다. 그럼 세례요한의 행적은 어떤가? 세례요한은 하나님께서 보내신 길 예비사자가 맞다. 그래서 요한복음 3장 29~30절에는 "예수님의 길을 예비한 예비사자로서 기쁨이 충만해서 예수님은 흥(興)하여야 하겠고 자기(세례요한)는 쇠(衰)하여야 하리라."고 충성을 맹세했다. 그리고 그가 할 일은 구원자 예수님이 오셨으면 모든 성도들을 예수님에게 보내고 자기도 그분 아래서 시중들어야 마땅하거늘 그는 갈수록 마음이 변해갔다. 자기 밑에 있는 제자들을 데리고 다니면서 예수님과 별도의 모임을 가졌다.

그리고 "오실 이가 당신이오니이까? 우리가 다른 이를 기다리이까"(마 11:3)하고 예수님을 의심하기 시작했다. 그래서 예수님의 말씀이 세례요한을 흔들리는 갈대로 비유하셨고 "이 세상에서 여자가 낳은 자 중에 세례요한보다 큰 이가 일어남이 없지만 그러나 천국에서는 극히 작은 자라도 저보다 크다"고 말씀하신다. 그러면 세례요한은 천국에 있다는 말인지 없다는 말인지 생각해 봐야 하지 않겠는가? 그리고 세례요한과 같이한 엘리야의 영은 성령이었다는 말인가? 악령이었다는 말인가?

재림 때도 초림 때와 같은 형태로 임해 온다고 했다. 먼저 세례요한과 같은 길 예비사자가 왔다. 그리고 하나님께서 재림예수(예수 이름으로 보내실 성령. 보혜사)(요 14:16, 요 14:26)를 보내신다고 약속하시고 보내셨다. 그러면 세례요한의 입장에서 양(성도)을 치고 있는 일반 목자들은 마땅히 예수 이름으로 오신 보혜사에게로 양들을 몰고 들어가야 옳은 일이다. 그러나 재림을 맞고 있는 오늘날의 교계 현실은 어떤가? 초림 때 세례요한이 걷고 있는 길을 그대로 가고 있는 안타까운 현실이 재현되고 있다.

2) 눈(영적)이 없는 새, 까마귀(烏까마귀 오)

성경에서는 눈을 영(靈)이라 한다. 눈이 없다는 것은 영이 떠났다는 것이고 영이 떠났다는 것은 하나님이 함께하시지 않는다는 말이다(창 6장)

7눈은 7영(계 5:6)

새 조(鳥) 자에서 눈을 빼버린 자가 까마귀 오(烏) 자다.

- 鳥(새조) ⇨ 눈이 있다
- 烏(까마귀오) ⇨ 눈이 없다

성경 예언서에서 새는 영(靈)이다(마 3:16, 요 1:32).

- 鳥(새조) ⇨ 앞을 보는 영(靈)
- 烏(까마귀오) ⇨ 소경 된 영(靈)

② 까마귀(魔鬼)는 가마귀(假魔鬼)다.
까마귀는 길조(吉鳥)를 가장한 흉조(凶鳥)다.

먼저 까마귀(魔鬼)라는 한자 가마귀(假魔鬼) 가(假) 자의 쓰임을 알아보자.

가
假
거짓가, 잠시가, 빌릴가.   ① 거짓으로 위장하다 ② 잠시 또는 임시로 빌리다 까마귀(魔鬼)라는 흉조(凶鳥)가 길조(吉鳥)의 가면을 쓰고 임시로 행세하는 것을 말함이다. 성경 고린도후서 11장 13~14절에서 "사단(마귀)도 그리스도의 사도요 광명한 천사로 가장한다"고 했다.

그런데 성경에 나타난 마귀와 태양 속에 까마귀와는 무슨 연관이 있단 말인가? 분명 연관이 있기에 이 글을 쓰는 것이다.

옛날에는 정말 태양 속에 검은 까마귀가 살고 있었는가? 지금도 살고 있다면 우리의 육안으로 볼 수 있을까? 어째서 수천 년 전의 삼족오(三足鳥)의 그림이 여러 가지 모양으로 전해 내려오고 있을까?

그 답은 성경이 아니고서는 그 어디에서도 찾을 길이 없다.

그럼 성경에서는 태양과 까마귀, 3개의 발은 무엇을 의미하고 있을까? 성경의 역사는 하나님께서 에덴동산을 창설하신 이후 6,000년이 조금 지났다. 하나님께서는 하나님의 형상대로 아담을 지으셔서 아름답게 창설한 에덴동산에서 영원토록 살 수 있는 복을 주시겠다고 아담과 약속을 하셨다. 그러나 나약한 인간인 아담은 마귀(뱀)의 유혹에 넘어가 하나님과의 약속을 저버리고 에덴동산에서 쫓겨났다(창 3장). 이후 하나님은 이 땅에 사람 지으심을 한탄하시고(창 6장) 떠나가셨다. 그 이후 6,000년간 이 세상의 지상권과 교권을 마귀에게 빼앗긴 채 시대마다 의인(선지자)을 내세워 하나님 나라를 회복하려고 하셨지만 그때마다 선민의 배반으로 지금까지 회복하지 못하시고 한 많은 6,000년의 세월을 보내신 것이다.

문제는 하나님을 대적한 마귀의 존재다. 에덴동산에 나타나 하나님을 속이고 아담을 실족케 하여 하나님의 역사를 망쳐 놓은 뱀이요 마귀요 사단(계 20:2)이란 존재다.

태양 속에 있는 삼족오의 실체를 알기 위해서는 성경에 나오는 태양과 까마귀를 알아야겠다. 태양은 순수한 한글로는 '해'다. 까마귀는 새(조류)에 속한다. 해는 하늘에 떠 있고 새 역시 하늘을 난다. 우리 신앙인들은 육의 세계에서 살지만 영(靈)의 세계가 있음을 믿는다. 그러나 불행인지 다행인지 영의 세계는 볼 수 없다. 그럼 어떻게 영의 세계를 볼 것인가? 성경에서는 육의 세계의 실체를 들어서 영의 세계를 설명하고 있다. 시편 84장 11절에는 하나님을 해로 설명하고 있다. 마태복음 3장 16절과 요한복음 1장 32절에서는 하늘을 나는 새(비둘기)를 영(靈)에 빗대어 말하고 있다. 까마귀는 새다. 그래서 까마귀(새)는 영적(靈的)으로 영이 되는 것이다.

그런데 영(靈)은 한 영(靈)이 아니라 하나님께 속한 성령이 있는가 하면 마귀에게 속한 악령이 있다. 마태복음 3장이나 요한복음 1장에 나오는 비둘기는 성령으로 설명했다. 그리고 비둘기는 평화를 상징하는 길조요 서조로 인식되어 있다. 그럼 까마귀는 성령인가? 악령인가? 까마귀(魔鬼)는 마귀(魔鬼)에게 속한 영이기에 악령이다. 우리가 어려서 시골에서 자랄 때 까마귀가 울면 사람이 죽거나 흉한 일이 닥칠 징조라고 아주 기분 나쁘게 생각했다. 그래서 어른들은 우는 까마귀를 쫓아버리곤 하셨다. 그렇게 악령을 상징한 까마귀가 왜 하필이면 하나님을 상징한 해 속에 들어가 살고 있는 것일까? 이 문제의 해답도 성경 안에 있다.

성경 이사야 14장 12~15절로 가서 해 속에 살고 있는 까마귀의 정체를 알아보도록 하자. 내용인즉 하나님의 피조물인 계명성(啓明星)이라는 천사장(루시퍼)이 있는데 이 천사(天使)가 교만해져 하나님 자리를 넘보고 그 자리에 앉아 하나님과 비기겠다고 한다. 그럼 이 천사장은 어디에서 온 천사장인가? 천사장이라면 그 아래 천사들이 많이 있다는 말인데 과연 이 천사장과 천사들은 어디에서 나온 존재들인가? 하나님께서 지으신 피조물들이다(시 103:20~23).

　이 천군, 천사들은 여호와의 지으심을 받고 다스리심을 받는 존재들임을 알 수 있다. 하나님은 영이시다(요 4:24). 또한 하나님의 지으심을 받은 모든 영들도 영이다. 그 영들 가운데도 직위가 있는데 천사들을 다스려 하나님께 충성하고 영광을 올려드려야 할 천사장의 직위에 있는 계명성이란 천사장이 하나님께 반기를 들어 대적함으로 자존(自尊)하여 하나님 자리에 앉아 자기가 하나님이라 하는 일이 있게 된다(살후 2:4).

　창세기를 보면 아담의 범죄로 인하여 하나님의 신(神)이 사람들과 함께하지 않으신다고 떠나시고 이 세상 지상권과 교권을 마귀가 차지하고 오늘날까지 이 세상이 마귀의 권세 하에 들어가 있다. 해는 하나님이라 했으니(시 84:11) 까마귀가 해를 차지하고 있다는 것은 마귀가 곧 하나님이라는 것을 온 세상에 알리고 있는 것이다.

　앞에서도 설명한 것과 같이 아담의 범죄 이후 이 세상 천하만국이 다 사단 마귀 소속이 되었다. 그래서 마태복음 4장 8절에서 마귀가 예수님을 시험하면서 자기에게 엎드려 경배하면 천하만국을 예수님에게 주겠다는 것은 천하만국이 다 자기 소유임을 말하고 있는 것이다.

　그래서 아담의 범죄 이후 무려 6,000년이 넘도록 하나님의 소유를 사단 마귀인 계명성이 차지하고 있는 것이다. 이것을 그림으로 형상화해 놓은 것이 삼족오 그림이다. 이 삼족오 그림에서 나타난 해는 하나님이요 또한 하나님의 세계다. 그리고 삼족오가 해를 차지하고 있다는 것은 하나님 자리를 마귀가 점령하고 자기가 하나님이라는 것을 만천하에 알리고자 하는 것이다.

　그렇다면 정상적인 까마귀라면 발이 2개 달린 것이 원칙인데 3

개가 달린 이유는 무엇일까? 우리가 아는 상식은 발은 땅을 밟고 서거나 걸어가는 데 사용된다. 한편으로는 발이 땅을 밟았다는 것은 자기의 소유를 의미한다. 성경에서는 발로 땅을 밟았다는 것은 심판권을 의미하기도 한다.

발로 밟는다는 이 땅은 무엇을 말하는 것일까?

성경에서는 하나님을 믿는 우리를 흙이요 땅이라고 한다(창 2:7, 사 64:8, 눅 8:15, 고전 3:9, 롬 9:21~24). 그래서 땅을 밟았다는 것은 지상의 모든 인류가 자기의 소유라는 것, 그리고 땅을 밟을 수 있는 발을 3개로 나타낸 것은 우리가 행사 할 수 있는 모든 권리, 곧 지상권과 교권과 영권(靈權)에 해당하는 모든 권한을 자기가 쥐고 있다는 것을 상징하는 것이요, 자기의 영향권 안에 있다는 것을 만천하에 알리고자 하는 것이다.

그리고 삼족오의 발은 조류의 발톱이 아니라 낙타나 말 같은 포유류의 발굽 형태를 보이고 있다고 한다. 성경에서 굽이 갈라지지 않은 짐승은 부정하다 했으니 생각해 볼 일이다(레 11:3~8).

그런데 이런 문제들은 성경이 아니고서는 풀리지 않는다고 했다. 성경이 우리나라에 들어온 지가 겨우 200년(천주교)남짓 인데 어떻게 4,000년 이전에 있었던 삼족오의 그림이 오늘날 성경으로만 풀어진다는 말인가? 이렇게 의아스럽게 생각하는 분들이 많으리라 본다.

우리나라의 역사는 성경의 역사다. 우리가 믿는 신은 고대 환인시대, 환웅시대, 단군시대 때도 하나님이시다.

우리의 잃어버린 역사를 하루 빨리 찾아야 하고 왜곡된 역사를 하루 빨리 바로 잡아야 하는 것은 우리의 몫이다. 그러나 하나님의 힘이 아니고서는 불가능한 일이다.

그러면 동이족(東夷族)인 우리나라 고분이나 벽화, 깃발[旗] 등에 왜 삼족오가 그려져 있고 자랑스럽게 여기고 있는가? 그것은 중국의 영향권 하에 있었던 관계로 그들이 숭배하고 있는 새가 까마귀요, 짐승은 용이요, 색깔은 붉은 색이요(계 12:3), 숫자는 여덟 8자다(중국의 시조라는 복희와 여와가 감고 있는 하체 그림 모양이 8자 모양이다. 무슨 뜻인지 아는 독자들도 있을 것이다).

그런데 삼족오가 우리나라 고대 환인시대나 환웅시대, 단군시대를 지나 고구려 시대 때 많이 나타났는가? 이는 47대 고열가 단군 때 국세가 급격히 기울어서 중국의 변방으로 밀려나면서 중국의 영향력 하에 놓이게 되었으며 그들의 문물이 우리나라에 밀려들어 오면서 그들이 숭배한 삼족오도 자연스럽게 전래되어 태양신으로 모시게 되었다.

그럼 앞에서 우리의 조상 중의 한 분이신 북부여의 시조 해모수 할아버지가 머리에 썼다는 오우관은 무엇이며 용광검(龍光)을 차고 오룡거(五龍車)를 타시고 다니셨다는데 이는 무엇을 의미하는가?

오 우 관
烏 羽 冠 ▷ 까마귀 깃털로 만든 모자
까마귀오 깃우 갓관

- 까마귀는 악령이라면 악령, 곧 마귀의 깃이나 털의 의미는 무엇일까?

오 룡 거
五 龍 車 ▷ 임금이 타고 다니는 수레(용 자가 들어가 있음)
다섯오 용룡 수레거

- 오룡거는 다섯 마리의 용이 끄는 수레다. 용은 마귀요 사단(계 20:2)

용광검
龍光劍
_{용룡 빛광 칼검} ▷ 임금이 차고 다니는 번쩍이는 검(칼)

● 육적으로 검(劍)은 전쟁의 무기다. 영적인 검은 말이나 교리다.

중국이라는 나라는 용을 숭배하고 붉은색을 좋아하고 숫자 8자를 좋아한다.

우연의 일치 같지만 아니다. 여기에는 지존자의 계획과 섭리가 함께하신 것이다. 중국의 왕을 상징하는 동물은 용이다. 높고 귀하고 좋은 일에는 반드시 용이 등장한다. 이것은 중국뿐만 아니라 중국의 영향권에 있었던 우리나라도 예외는 아니다. 그들이 좋아한 것은 다 좋은 것으로 알았으니 부여 해모수 시조가 오우관을 쓰고 다섯 마리의 용이 끄는 수레를 타고 용광검을 차고 다니신 것이다. 그분뿐이랴. 아니다 그 후 고구려와 고려도 그랬고 신라시대도 그랬고 이조시대도 그랬고 오늘날도 용 자를 좋아하는 사람들이 너무 많다. 용 자의 깊은 뜻을 모르니까 그럴 수밖에 없다.

용꿈을 꿨다느니 개천에서 용 났다느니 하는 식으로 용을 행운의 상징으로 여기는 말들은 용(龍)의 참 뜻을 아는 기독교인들은 삼가야 하지 않을까 생각한다.

07 환(桓)·단(檀) 자에 감춰진 비밀

1) 환(桓) 자의 비밀

　유구하고 찬란했던 우리의 역사와 문화는 침략자들에 의해 그자들의 만행으로 갈가리 찢기고 소멸되고 도둑맞고 임금의 자리까지 찬탈당해 주권을 빼앗긴 채 그 광대한 중원대륙을 오랑캐들에게 내어준 채 반도 구석으로 내 몰려서도 그들의 눈치를 보느라 사대사상이 이 땅에 뿌리 내렸고 그것도 부족하여 섬나라 일제(日帝)가 이 나라를 강점하여 36년간 인간으로 하지 말아야 할 천인공노할 만행을 저질렀다. 그 와중에 매국노니 친일파니 하는 부류들이 득세하며 오늘에 이르렀고 모든 역사는 조국을 배반한 그들을 앞세워 왜곡·변개해 놓았다. 아직 그 섬나라 제국주의(帝國主義)의 근성을 버리지 못하고 과거의 잘못을 뉘우치기는커녕 독도문제로 우리의 분노를 사고 있다.

　우리는 1만 년의 역사 속에 환인, 환웅, 단군이라는 성군을 모시면서 일찍이 하늘의 가르침을 받은 천손들로서 세계 최초로 녹도문자(鹿圖文字)를 발명하여 사용했고 하나님의 가르침으로 백성들을 교화(敎化)시켜 위로는 하나님을 공경하고 아래로 인간을 사랑하는 경천애인(敬天愛人)의 사상이 철저했다. 그러던 중 인구가 늘어나고 생활이 복잡해지고 역사가 흐름에 따라 인간들에게 죄가 들어오고 나서 분쟁이 일어나기 시작했고 녹도문자로 기록됐던 배달민족의 역사자료는 중국 진시황제의 분서갱유(焚書坑儒) 사건으로 거의 모두 소실되었다. 그 후 배달민족(동이족)의 세력은 날로 쇠퇴해져 동으로 동으로 밀려났다.

고구려를 침략해 온 당나라(지금 중국)군들이 전국적으로 선비들을 수색하여 다 잡아 죽였고 국고(國庫)에 보관된 역사책을 비롯하여 전국적으로 숨겨져 있는 모든 역사책과 문화재 자료들을 강제 수거하여 장장 4개월 동안 불태워 버린 사건으로 우리 역사의 기록들이 어둠에 잠겨 버렸다.

그 후 당나라의 지배를 받아오던 우리나라는 그들이 꾸민 조작된 역사를 우리 것인 양 받아들여 우리나라는 중국에서 파생되어 나온 오랑캐나라로 비하되어 그들을 대국(大國)으로 섬겼고 모화사대사상(慕華事大思想)에 젖어 모든 것을 그들의 지배를 받아왔던 것이다. (모화사대사상이란 중국의 강한 세력에 굴복·복종하여 그들의 보호 아래 안전을 유지하려는 사상을 말한다.)

역사 이래 이웃나라들이 우리나라를 침략한 횟수는 이루 헤아릴 수 없다. 삼국을 통일한 고려시대를 지나 이씨왕조시대가 도래해서 또다시 우리 민족사에 씻을 수 없는 치욕의 일제 36년의 강점기 동안 우리 역사는 다시 한 번 어둠속에 잠겨버린다. 일본의 침략에서 온 역사왜곡과 문화말살정책, 창씨개명이 바로 그것을 말해준다.

우리가 학교에서 배운 교육이 절대적인 진리라고 생각하기 전, 그 시대의 역사적 배경과 외침(外侵)으로 인해 주권이 상실된 상태에서의 교육정책을 감안하여 생각해 볼 줄 알아야 한다. 우리의 것인 줄 뻔히 알면서도 우리 것을 우리 것이라고 말도 못하고 벙어리 냉가슴 앓듯 가슴앓이만 하고 있는 현실들(예: 중국의 동북공정이나 세계 강대국에 도둑맞은 우리 문화재들). 그것이 오늘을 사는 우리다. 유구한 역사와 찬란한 문화를 가진 민족으로서 우리 것을 알아 찾아 나설 때가 되지 않았는지 본다.

한자는 우리의 글이다. 한자(漢字)의 창제 당시 이름은 한자(漢字)가 아니라 녹도문자요, 진서(眞書)요, 참글이다. 조선시대만 해도 우리 선비들은 한자라는 말을 쓰지 않았다. 참글이요 진서라 했다. 이것도 일본이 조작해 놓은 역사의 산물이다. 우리가 학교에서 배운 것을 모두 진리요 진실로 받아들일 수 없는 것은 모든 교과서가 순수하게 우리나라의 학자들에 의해서만 기록된 것이 아니라는 것을 알아야 한다. 다시 말해서 내가 학교에서 배운 학식과 지금까지 쌓아온 지식과 지혜를 바탕으로 창출한 생각이 모두 진리요 참이라고 생각해서는 안 된다는 것이다. 내가 모르는 진리가 숨겨져 있을 수도 있다. 따라서 이제라도 겨레의 역사를 밝히는 책들을 많이 보고 고정관념을 버리고 무엇이 참인가를 바로 알아 잃어버린 우리 것을 찾는 데 힘써야 될 줄로 안다. 우리 조상이신 세 분의 이름(桓因, 桓雄, 檀君) 속에 감춰진 비밀을 보고 필자는 우리 민족이 천민(天民)이요 천손(天孫)임을 다시 한 번 확인했다.

먼저 환인(桓因) 할아버지의 함자(銜字)를 파자(破字)해 보자.

환　　　　　인
桓　　　　　因
풋말환,굳셀환　인할인,근본인

환　　목　　　　일　　　단
桓 = 木(나무) ＋ 一(첫째) ＋ 旦(아침)
풋말환,굳셀환

✝

- 木을 파자하면⇨ 十＋人=산 위의 십자가(시온 산)人
- 一은 첫째, 처음, 하나라는 뜻이 있음
- 旦은 아침, 해가 뜨면 빛이 나타나게 됨. 아침=빛이란 뜻

인　　위　　　　　　일　　　　인
因 = 囗(에우다, 울타리) ＋ 一(첫째) ＋ 人(사람)
인할인,근본인

- 囗(에울 위)는 경계로 둘러쳐진 경계 울타리를 뜻함. 동산(東山)
- 一은 처음, 하나, 으뜸이라는 뜻이 있음
- 人은 사람

✝

釋 ① 경계가 처진 동산[囗]에 하나님의 산(人=십승지)이 설 것이요 그곳에 빛으로서 처음 오실 사람이 있을 것인데 장차 오실 그분을 환인(桓因)이라는 문자 속에 감추어 놓았다.

✝

釋 ② 말일에 하나님의 동산(人=십승지)에 한 사람을 빛으로 택해 세울 것을 풋말(예언)로 세웠으니 먼 후일 이것이 실상으로 이루어질 때 그 사람이 내가 보낸 사람임을 깨달아라.

註 한자(녹도문자)는 사람의 생각으로 창제된 것이 아니다. 필자가 이 뜻에 맞추어 풀었다고 생각하는가? 아무리 생각해도 사람의 생각으로 될 수 없다. 땅의 문자(녹도문자=한자)와 하늘의 문자(가림토 문자=한글)를 섞어서 쓰는 민족은 우리나라밖에 없다. 그래야

완전한 뜻과 발음과 표기를 할 수 있다는 것이다. 지구의 70퍼센트는 물이 차지하고 있다. 사람 몸의 70퍼센트가 물이다. 우리 글의 70퍼센트는 한자(진서)가 차지하고 있다. 우연의 일치라고 생각하는가? 아니다 성경 예언서에서 물이 하나님 말씀이라 했다면 곰곰이 생각해 볼 일이다 (신 32:2, 암 8:11).

> 환 웅
> **桓 雄** 배달국의 창시자
> 풋맏환, 굳셀환 숫것웅

釋 하나님의 산, 곧 <u>십승지</u>에 제일 밝은 빛으로 오셔서 그 십승지의 지도자가 되어 (세상을) 이기겠다.

■ 신시 배달국

고기(古記) 『조대기』에 이르기를 당시 사람은 많고 생산은 궁핍하니 살아갈 방법이 없어 근심거리였다. 당시 서자부(庶子部)의 대인(大人) 환웅이 있어 여러 사정을 깊이 있게 듣고 살핀 뒤 하늘에서 내려가 지상에 광명세계를 열고자 하였다. [여기에서 말한 서자(庶子)는 첩에게서 낳은 서자가 아니라 왕권(王權)의 후계자로 책봉 받지 못한 왕자들을 말한다.]

그들 중에서 가장 뛰어난 대인이 환웅이었다. 그때 안파견이 지상세계의 금악, 삼위, 태백을 두루 살핀 뒤에 태백은 가히 홍익인간(弘益人間) 할 만하므로 환웅에게 명하여 가로되 "이제 사람, 물건 없이 모두 갖추어졌으니 군(君)은 무리를 거느리고 하계에 내려가 하늘을 열고 가르침을 베풀어 천신에게 제를 올리는 것을 주관하며 천부(天父)의 권위를 세우고 자손만대로 큰 모범이 되게 하라."

하시고 천부인(天符印) 3개를 주시며 하계로 내려가 다스리게 하였다. 이는 무리 3,000을 이끌고 신단수 아래로 내려와서 신시에 도읍을 정하고 나라 이름을 배달국이라 하였다.

> 註 절이나 사당(祠堂)에 가보면 대웅전(大雄殿)이라고 처마에 붙여 놓은 간판을 본 일이 있을 것이다. 그 집[殿]이 바로 환웅천황(桓雄天皇)을 모시는 사당이다.

2) 단(檀) 자의 비밀

단	군
檀 박달나무단	君 임금군

檀(박달나무단) = 木(나무목) + 亠(머리두) + 回(돌아올 회) + 旦(아침단) 다시 木을 파자하면?

- 木 = 十 . 人 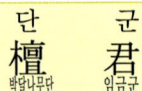 다시 합치면 人(시온 산)이 된다.
- 木 = 나무는 하나님의 백성으로도 해석됨(렘 5:14).

> 釋 머리(亠) 되신 분이 아침에 해 뜨는(旦) 곳. 하나님의 산 (木=人)으로 다시 돌아오시겠다(回)고 예언된 한자가 단군할아버지의 그 단(檀) 자다.

君(임금군) = 尹(다스릴윤, 바를윤) + 口(입구, 인구구)

- 백성(인구: 口)을 바르게 다스리다.

釋 시온 산(▲▲)에서 머리(亠) 되신 분이 아침 해 뜨는(日) 곳(東方)으로 다시 돌아오셔서(回) 백성을 바르게 다스리겠다. 6,000년 전 하나님께서 떠난 곳으로 다시 돌아오시겠다니 하나님이 떠난 에덴동산이 있었던 동방이 어디였을까? 짐작이 갈만도 하다.

註 서기(西氣) 동래(東來)라는 예언된 세계 운세가 우리나라로 돌아오고 있는 이때에 하나님이 세우시고 예수님의 이름으로 오신 재림예수요 하나님이 보내신 다른 보혜사가(요 14:26) 이 땅에 오셨을 때 예수를 믿는다는 기독교인들은 성경말씀에 입각해서 과연 그분을 영접할 수 있을는지? 자기 신앙을 깊이 점검해 볼 때가 아닌가 생각해 본다. 혹자는 오시는 다른 보혜사가 하나님이 보내신 분인지 어떻게 아느냐고 묻는 자도 있으리라 본다. 하나님이 보내신 예수이름으로 오신 진리의 성령이 함께하신 다른 보혜사. 그는 자기 말을 하지 않고 하나님 말씀을 가지고 예수를 증거하신다(요 16:14~15).

학교나 사당(祠堂) 등 우리 주변에서 단군왕검의 흉상을 많이 보았다. 그런데 많은 수난을 당하고 있다. 또 수년 전에는 상도동의 장승백이에 세우진 천하대장군의 목상이 잘려져 나간 것을 보았고, 또 지금으로부터 십수 년 전의 일인데 부산 외곽 어느 절에서 밤새 불상이 무려 108개나 훼손되어 수사 결과 어느 종교단체 청년들이 한 행위로 그 불상제작비를 배상해 주었다는 신문기사를 읽은 기억이 난다. 우리는 우리 속담에 "무지하면 용감하다" "무지가 사람 잡는다"는 말을 들어 본 일이 있을 것이다.

예수께서 말씀하시기를 유대교의 제사장들이 사도들과 예수님을 죽이는 것이 "하나님을 섬기는 예(例)"라 하면서 사도들을 죽인다." 했고 이런 일을 한 것은 하나님과 아들을 알지 못한 까닭이라 했다(요 16:1~3).

알지 못한 것은 무지하다는 말이고 알지 못함으로 자기들의 행위가 옳다고 판단되기에 십계명(十誡命)에 우상을 섬기지 말라고 했으니 죄책감이 드는 것이 아니고 정의로움에 사로잡혀 하나님의 참 뜻은 모른 채 자기들이 생각하고 있는 십계명(十誡命)을 지킨 것이다.

하나님께서 말씀하시고자 하신 참 우상이 무엇인지를 알았다면(합2:18) 말 못하고 앞 못 보며 생기가 없는 돌이나 나무로 깎아 만든 그 무생물을 상대로 헛된 힘과 시간을 낭비하지 않았을 것이다. 우리는 몰랐으니 사랑의 하나님께서 용서하실 것이라는 막연히 내가 정해 놓은 신앙을 해서는 안 될 것이다. 신앙이란 경주(競走)의 시발점에서 어떻게 출발했건 간에 종착(終着) 지점에서는 등수 안에 드는 자만 골라 상을 받는다. 신앙 나이가 어리다고 경기 규칙을 몰랐다고 예외를 둘 것인가? 아니라는 것만은 알아야 한다.

우리는 골인 지점에 도착할 때(종말)에 경기 규칙을 온전히 숙달한 장성한 자로서 등수 안에 들 수 있게 해 달라고 눈물로 기도해야 할 것이다.

어려서 몰랐다고 규칙을 몰랐노라고 말하는 진짜 어린아이의 신앙인이 되지 말자. 내 앞에서 천국 문이 닫혀 버릴 수도 있다는 것을 명심하자.

3) 호로자식과 화냥년

(1) 호로자식(胡虜子息)

　우리나라에서 예부터 사용한 말 가운데 부모에게 효를 다 못하거나 예의와 버릇이 없는 아이들을 일컬어 애비 없는 호로자식 또는 호래자식, 후레아들 놈이라고 한다. 과연 무슨 뜻을 내포하고 있으며 어디서부터 이런 말이 생겨났을까? 그 배경을 알아보자면 서기 1636년 12월부터 1637년 1월 사이에 일어난 청나라 오랑캐가 조선에 대한 2차 침입으로 있었던 사건을 살펴볼 필요가 있다. 이를 병자호란 또는 병자년과 정축년에 걸쳐 있어진 사건이라 하여 병정노란이라고도 한다. 우리나라 고대 역사를 보면 지금의 중국 본토에 있었던 배달국 때부터 중원의 주변국들로부터 수많은 전쟁이 있었고 배달국 14대 치우천황은 중국의 삼황이라 일컫는 황제 헌원과는 무려 73회의 전쟁이 있었다는 기록이 있다. 그 후 단군조선시대까지만 해도 국력이 막강하여 오랑캐들의 침략이 쉽지 않았지만 단군조선이 막을 내리고 북부여를 거쳐 고구려로 들어서면서 국력이 점점 쇠약지면서 침략이 거듭되면서 동으로 물러나게 되었고 지금은 반도로 내몰린 처지가 되었다.

　1627년 중국의 후금(後金)이 조선에 대한 1차 침입 때 조선과 후금은 형제의 맹약을 하고 두 나라의 관계는 일단 좋아졌다. 이후 조선은 후금의 요구대로 중강과 회령에서 무역을 하였는데 후금이 식량과 병선(兵船)을 강요하고 압록강을 건너 민가에 침입하는 등 약탈을 자행하자 조선의 여론은 척화배금(斥和背金)으로 기울어졌다. 또한 1636년 2월에는 용골대(龍骨大)·마부태(馬夫太) 등이 후금 태종의 존호를 조선에 알리고 인조비 한씨(韓氏)의 문상(問喪)을 위해 사신으로 왔는데 그들이 군신(君臣)의 의를 강요하자 인조는 사신의 접견을 거절하고 국서(國書)를 받지 않았으며 사신을 감시하였다. 이것을 알아차린 사신들이 민가의 마필을 빼앗아 도주하다가 조선 조정이 평안도관찰사에게 보낸 유문(諭文)을 빼앗아 본국으로 가져갔다. 이로 인하여 후금은 조선의 태도를 알게 되자 재차 침입을 결심하였다. 같은 해 4월 후금은 나라 이름을 '청'으로 바꾸고 태종은 그 자리에 참석한 조선 사신에게 왕자를 볼모로 보내어 사죄하지 않으면 조선을 공략하겠다고 협박하였다. 이러한 요구는 척화론(斥和論)이 강했던 조선에 받아들여지지 않았고 이에 청나라는 조선에 재차 침입하였다.

결과는 비참했다. 청 태종은 청나라 군대와 몽골군, 한 군(漢軍) 도합 12만 명을 이끌고 조선 침입에 직접 나섰다. 청나라 군대가 압록강을 건너 침입해 들어온 것을 안 조선 조정은 계속되는 보고에 전세가 급박함을 알고 급히 관제를 전시체제로 전환하여 도성 수비에 들어갔다. 종묘사직의 신주와 왕손들은 강화도로 피신시키고 인조도 강화도로 피하려고 했지만 청군에 의해 강화도로 가는 길이 끊기자 최명길이 청나라 군대에게 술과 고기를 먹이는 틈을 타서 남한산성으로 피신했다. 1만3천 명의 군대가 남한산성에 있었고 이들에게 성첩을 지키게 하고 명나라에 원군을 청했다. 그러나 명나라는 나라 안의 유적(流賊) 때문에 원병을 보낼 처지가 못 되었다. 청 태종은 2십만의 군사를 이끌고 성을 포위하였다. 성안의 양곡은 겨우 50일 분밖에 없었다. 각도의 관찰사와 병사들이 관군을 이끌고 올라 왔으나 목적지에 이르기도 전에 청나라 군대의 역습으로 패하고 중도에 좌절되자 남한산성은 절망적 상태가 되었다.

사태가 이 지경이 되자 화해(和解)를 주장하는 측과 전쟁(戰爭)을 주장하는 측 사이에서는 논쟁을 거듭하였으나 전쟁을 주장하는 측 역시 난국을 해결할 방도가 뚜렷이 있는 것도 아니어서 대세는 화해론(和解論)으로 기울었다. 그리하여 인조는 청군진영에 화해를 청하는 국서를 보냈으나 청 태종은 국왕이 직접 나와 항복하고 척화(斥和) 주모자(主謀者)를 결박 지어 보내라고 하였다. 조선에서는 이에 응하지 않고 버티고 있었는데 이때 강화도가 함락되었다는 보고가 들어왔다. 강화도 수비대장 김경징은 청나라 군대가 강화도는 침입하지 못할 것이라고 생각하고 있다가 청군의 기습공격을 받자 그때야 총탄과 화약을 나누어주고 대응하였으나 대세는 이미 청군 쪽으로 기울었다. 수비군(守備軍)과 관료들은 도망치고 남은 사람들은 빈궁과 왕자, 그리고 대신들, 부녀자, 아이들이었다. 청군(淸軍)들은 성으로 들어와 왕족과 부녀자를 잡고 약탈을 자행했다. 그리고 침략군 오랑캐들이 가는 곳마다 약탈을 자행했고 많은 부녀자들이 겁탈을 당했다.

강화도가 함락되자 인조는 결단을 내릴 수밖에 없었다. 홍서봉, 최명길, 김신국 등이 적진을 오가며 항복조건을 제시하고 청군에서는 용골대, 마부태 등이 성 안에 들어와 강화협약을 체결했다. 내용인즉 조선은 청나라에 신하(臣下)의 예(禮)를 행할 것, 명나라와의 교호(交好)를 끊을 것, 조선왕의 장자와 차자 그리고 대신의 아들을 볼모로 보낼 것, 청이 명나라와 전쟁이 있을 시 원군을 보낼 것, 사신의 파견은 명나라와의 조례대로 할 것, 청나라 군이 돌아갈 때 병선(兵船) 50척을 보낼 것, 내외 제신(諸臣)과 혼연을 맺어 화호(和好)를 굳게 할 것, 성(城)을 신축하거나 성벽을 수축하지 말 것, 기묘년(己卯年: 1639)부터 일정한 세폐(歲幣)를 보낼 것 등등 조선으로서는 힘겨운 11가지 조문을 명기하였다. 이에 조선왕 인조는 1월 30일 세자 등 호행(扈行) 500명을 거느리고 성문을 나와 삼전도(三田渡)에 설치된 수항단(受降壇)에서 청 태종에게 역사에 씻을 수 없는 굴욕적인 삼궤구고두(三跪九叩頭: 세 번 무릎을 꿇고 아홉 번 머리를 땅에 박고 항복을 하는 행위)의 항례(降禮)를 한 뒤 한강을 건너 환도하였다. 청나라는 조선과의 맹약(盟約)에 따라 소현세자, 빈궁(嬪宮), 봉림대군 등을 인질로 하고 척화의 주모자 홍익한, 윤집(尹集), 오달제(吳達濟) 등 삼학사를 잡아 2월 15일 철군하기 시작하였다. 이로써 조선은 완전히 명나라와는 관계를 끊고 청나라에 복속하게 되었다. 이와 같은 관계는 1895년 청·일 전쟁에서 청나라가 일본에 패할 때까지 계속되었다. 병자호란은 한 달 남짓한 짧은 기간의 전쟁이었으나 그 피해는 너무나 컸다.

전쟁이 끝나자 전후 처리문제가 복잡했다. 끌려간 부녀자들이 낳은 고아들의 수양(收養) 문제와 전쟁에서 부모를 잃은 전쟁고아들의 문제, 납치당한 수많은 백성들의 속환(贖還) 문제가 대두되었다(어느 기록에는 50만이라고 기록됨). 특히 청나라군은 납치한 양민을 전리품으로 보고 속가(贖價)를 많이 받을 수 있는 종실, 양반의 부녀를 되도록 많이 잡아가려 하였으나 대부분 잡혀간 이들은 속가를 마련할 수 없는 가난한 사람들이었다. 속가는 싼 경우 1인당 25~30냥이고 대개 150~250냥이었고 신분에 따라서 비싼 경우 1.500냥에 이르렀다고 하며, 속환은 개인과 국가 모두 그 재원을 마련하는 것이 큰일이었다. 여기에 순절(殉節)하지 못하고 살아 돌아온 것은 조상에 대해 죄가 된다 하여 속환 사녀(士女)의 이혼문제가 사회정치문제로 대두되었다. 1645년 10년의 볼모생활 끝에 세자와 봉림대군은 환국하였으나 세자는 2개월 만에 죽었다. 인조의 뒤를 이은 효종(봉림대군)은 볼모생활의 굴욕을 되새기며 북벌(北伐)계획을 추진

하였으나 뜻을 이루지 못했다.

우리 민족은 시대마다 국가를 책임지고 있는 군주의 그 시대에 처한 상황판단능력과 국정(國政)의 잘못으로 백성들이 곤욕을 당한 치욕스런 역사가 허다하다. 병자호란도 마찬가지로 인조의 소극적이고 우둔한 상황판단으로 천추에 씻지 못할 역사를 남겼다. 그 결과 많은 백성이 한을 품고 죽어갔고 수많은 고아들이 아비 없는 설움을 안고 평생을 천하게 살아야 했고 선량한 부녀자들이 자기 의사와는 전혀 상관없는 화냥년이라는 수치스런 대명사로 불리면서 통한의 일생을 살아야만 했다.

지금까지 병자호란의 사건을 대략적으로 기술한 것은 내가 설명하고자 하는 호로자식(胡虜子息)과 화냥년이라는 말이 생긴 유래를 설명하고자 함이다. 그럼 호로자식이라는 뜻은 무엇인가 한자로 알아본다.

호	로	자	식
胡	虜	子	息 이란?
오랑캐호, 되호	포로호, 사로잡힐호	아들자, 자식자	숨쉴 식

호	로	자	식
胡	虜	子	息 ⇨ 호로자식, 후레자식
오랑캐호, 되호	포로호, 사로잡힐호	아들자, 자식자	숨쉴 식

● 오랑캐(되놈)에게 사로잡혀 포로가 되어 낳은 자식

釋 오랑캐들에게 사로잡혀 포로로 청나라로 끌려가서 그 되놈들의 성 노리개로 인해 아비가 누구인지도 모르고 낳은 자식을 호로자식(胡虜子息) 또는 호래자식, 애비 없는 후레자식이라 한다.

(2) 화냥년

 화냥 또는 화냥년이란 서방질하는 여자를 말한다. 그 본디 말을 찾아보면 조선시대 병자호란이나 임진왜란 때 절개를 잃고 고향으로 돌아온 부녀자들을 일컬어 환향녀(還鄕女)라 불렀다. 환향녀란 뜻은 고향으로 돌아온 여자라는 뜻이다. 환향녀는 정묘호란(1627년 인조 5년)과 병자호란(인조14년) 때 많이 발생했고 임진왜란 때도 많이 발생하여 선량한 부녀자들이 많은 고통을 당했다. 오랑캐 청나라 군대에 끌려간 부녀자들과 임진왜란 때 일본군들에게 끌려간 위안부들은 거의 비참한 생활을 하다가 종말을 맞게 되었다. 환향녀들은 정절을 잃었다는 이유로 남편들에게 이혼을 당하거나 가족들의 천대 속에 얼굴을 들고 떳떳이 다니지도 못하고 죄인 아닌 죄인으로 평생을 한을 품고 살다가 비참하게 죽어갔다.

 병자호란 때는 주로 북쪽지방에 있는 부녀자들이 피해가 컸다. 우리나라 말에 남남북녀(南男北女)란 말이 있듯이 북쪽에 예쁜 여인들이 많아 의주에서 평양까지 북쪽지방 여러 곳에서 벼슬아치 부인이나 양반들의 처까지도 끌려갔다. 청나라로 끌려간 여자들의 많은 수가 돌아오지 못했지만 돌아온 여인들은 환향녀라는 수치스런 대명사로 불리면서 치욕스런 삶을 영위해야 했다. 조선의 남편들은 집단으로 왕에게 이혼을 청구했지만 선조나 인조는 이를 허락하지 않았다. 임금의 이 같은 방침에도 남편들은 모두 첩을 얻어 부인을 멀리했다. 임진왜란으로 발생한 위안부들의 생활 역시 비참하기는 마찬가지다. 근래에도 생존해 있는 분들도 있지만 일본정부의 냉대로 한스러운 종말을 보내고 있다. 요즘에도 저속한 언어를 구사하는 부류에서는 남녀관계에 있어 행동이 바르지 못한 여인네를 가리켜 환향녀(화냥년)라는 비속어를 쓴다.

환향녀
還鄉女 ⇨ 화냥녀, 화냥년
돌아올환 시골향,고향향 여자여,처녀여

- 고향으로 돌아온 여자

🈯 청나라 되놈들에게 끌려가서 여러 남자의 씨를 받거나 아비가 누군지도 모를 자식을 낳아가지고 온 여자

지금까지 살펴본 호로자식과 환향녀는 육적으로 실제 있었던 일이다. 그런데 그 가운데 내포된 영적인 뜻이 있다. 과연 그 영적인 뜻이 무엇인지 살펴보기로 하자.

❖ **환향녀**(還鄉女) ⇨ 청나라 되놈들에게 끌려가서 자기 본남편이 아닌 근본도 없는 되놈들의 씨를 받거나 그 씨를 받아 아비 없는 아이를 낳은 여인
- 영적인 뜻: 사단의 씨가 하나님의 씨인 줄 알고 사단의 씨를 받아 아이를 낳거나 기르는 여자(눅 8:11 씨는 말 또는 말씀). 마8:44 참조

🈯 마귀가 하나님인 줄 알고, 그래서 마귀의 말이 하나님의 말씀인 줄 알고 그 말을 받거나 본인이 연구하여 성도를 전도하거나 양육하는 거짓 목자가 오늘날 영적인 의미의 환향녀(還鄉女)이다.

❖ **호로자식**(胡虜子息) ⇨ 환향녀(還鄉女)가 낳은 자식
- 영적인 뜻: 진짜 아버지의 씨(피)가 아닌 가짜 아버지의 씨를 받아 낳은 애비가 누구인지도 모르고 태어난 자식. 환향녀가 낳은 자식

🈯 진짜 하나님의 말씀을 받아 창조된 성도가 아닌 마귀가 하나님인 줄

잘못 알고 있는 사이비 목자의 말로 태어나 양육 받은 신도(信徒)들이 아비 없는 호로자식이요, 아비가 누군 줄 모르는 후레아들 놈이다(마 8:44).

註 우리는 진짜 하나님의 씨로 태어난 하나님의 친자식인가? 아니면 영적 호로자식은 아닌가? 그리고 마귀의 씨를 받아 아이를 낳고 있는 화냥녀(거짓 목자)는 아닌가? 성경에 비춰 볼 일이다.

08

단도리와 장도리

1) 단도리(檀道理)

'단도리'란 우리가 일상생활에서 사용하는 말이다. 그런데 국어사전에는 그 뜻이 아예 없는 사전이 있고, 어떤 국어사전에는 '단속하다의 전라도 사투리' 이렇게 나와 있고 또 다른 사전에는 '일을 해나가는 순서, 방법, 절차 또는 그것을 정하는 일' 그리고 '일을 해나가는 순서, 방법, 절차 또는 그것을 정하는 일을 뜻하는 일본어'라고 나와 있다.

이 말의 어원이 어디에서부터 왔는지를 모르다 보니 이런 말들이 나온다.

우리는 여기에서도 일제의 침략사(史)에서 우리나라 문화 말살작전의 한 단면을 보고 있는 것이다. 단도리란 뜻은 우리에게 있어서는 너무나 고귀한 말인데 우리의 역사를 왜곡시키면서 그들의 하찮은 말로 둔갑시켜 버렸다. 그럼 단 도리란 말은 어디서부터 전래된 것인가?

『단군세기(檀君世紀)』에서 말한다.

단군왕검(王儉)의 아버지는 단웅(檀雄)이고 어머니는 웅(熊) 씨의 왕녀

(王女)이며 신묘(B.C. 2370)년 5월 2일 인시에 박달나무 밑에서 태어났다. 신인(神人)의 덕이 있어 주변의 모든 사람이 겁내어 복종했다.

무진년(B.C. 2333)에 단국(檀國)으로부터 아사달 단목(檀木)의 터에 이르니 온 나라 사람들이 받들어 천제(天帝)의 아들로 모시게 되었다. 이에 구한(九桓: 중국 중원에 있던 동이족의 아홉 나라)이 모두 뭉쳐서 하나가 되었고 신(神)과 같은 교화(敎化: 백성을 가르쳐 착하고 어진 사람이 되어 사람의 도리를 갖추게 함)가 미치게 되었다. 이를 단군왕검이라 하니 비왕의 자리에 있기를 24년, 제위(帝位)에 있기를 93년이었으며 130세까지 사셨다. (중략)

단군왕검의 가르침은 이러하였다. 하늘의 법칙은 하나일 뿐이니 그 문은 둘이 아니니라.

너희들은 오로지 순수하게 참마음을 다할 것이니 이로써 너희 마음이 곧 하느님을 보게 되리라. 하늘의 뜻은 언제 어디서나 하나이고 사람의 마음도 마찬가지로 한 가지라. 이런 까닭에 스스로를 살펴보아 자기의 마음을 알면 이로써 다른 사람의 마음도 살필 수 있으리라. 다른 이의 마음을 교화(敎化)하여 하늘의 뜻에 잘 맞출 수 있다면 이로써 세상 어느 곳에서도 잘 쓰일 수 있는 것이다.

너희가 태어남은 오로지 부모에게 연유하였고 부모는 하늘로부터 내려오셨으니 다만 너희 부모를 옳게 받들어 모시는 것이 바로 하늘을 받들어 모시는 것이고 또 나라에까지도 그 힘이 미치는 것이니 이것이 바로 충성되고 효도함이니라. 너희가 이 도를 잘 따라 몸에 지닌다면 하늘이 무너져도 반드시 먼저 화를 벗어날 수 있으리라. (중략)

너희는 하늘의 뜻을 받들어 모든 것들을 사랑할지니라. 너희는 위태로운 것을 만나면 도울지언정 모욕을 주지 말지니라. 너희가 만약 이런 뜻을 어긴다면 영원히 하늘의 보살핌을 받을 수 없어 네

한 몸은 물론 집안까지도 다 사라지리라. (중략)

　마음을 다스려 하늘을 공경하고 모든 백성을 가까이 하라. 너희는 이로써 끝없는 행복을 누릴 것이니 너희 오가의 무리들이여 이 뜻을 잘 따를지어다. [오가의 무리: 환웅(신시)시대부터 내려온 왕 아래 정부조직에 따른 벼슬이름과 그 밑에 있는 백성들] (중략)

　이에 팽우에게 명하여 땅을 개척하도록 하고 성조(成造)에게는 궁실을 짓게 하였으며 고시(古矢)에게는 농사를 장려하도록 맡기셨고 신지(臣智)에게 명하여 글자를 만들게 하였으며…… (중략)

註 ① 궁실을 짓는 성조: "우리 조상들이 집을 지을 때 또는 집을 고칠 때 고사를 지내면서 성조님께 빕니다." 하는 성조님이 환웅시대부터 유래되었다.

註 ② 농사를 관장한 고시(古矢): 우리 농촌에서 흔히 볼 수 있는 모습인데 농부들이 점심이나 새참을 먹기 전 음식을 조금씩 떼어 '고시례' 하면서 농사가 풍년들기를 기원하는 풍습도 환웅시대 고시 씨로부터 유래됨.

註 ③ 신지(臣智): 여기서 나오는 신지 씨는 단군왕검으로부터 약 1,560년 전에 있었던 환웅시대 녹도문자를 만든 신지 혁덕이 아니며 그의 후손이다. 마찬가지로 성조 씨나 고시 씨는 모두 환웅 시대 때 있었던 분들의 후손들이다.

　경자 93년(B.C. 2241) 나라 안에는 큰 모임이 있었으니 시월상달이면 하늘에 제사 지내고 백성들 모두가 기쁨에 넘쳐서 환호하며 스스로 즐겼다. 이로부터 단군님의 교화(敎化)는 온 누리를 가득 덮어서 멀리 탐랑에까지 미쳤으며 단군님의 가르치심은 점점 멀리 퍼져나갔

다. (중략)

이해 3월 15일 단군께서 봉정(蓬亭)에서 붕어하시니 교외로 10리 쯤 떨어진 땅에 장사지냈다. 이에 온 백성들이 부모님 돌아가신 듯 단군님의 기를 받들어 모시고 아침저녁으로 함께 앉아 경배하며 애통하며 마음속에서 잊지 못하더라. (후략)

배달민족의 3대 경전은 『천부경』, 『삼일신고』, 『참전계경(366사)』이다. 『천부경』과 『삼일신고』는 이미 환국(桓國)시대로부터 구전(口傳)되었다고 하며 지금으로부터 약 5,900년 전 환웅천황 이후 『천부경』과 『삼일신고』가 녹도문자로 기록되었고, 이때부터 『참전계경(366사♡인간이 행해야 할 366가지 일)』도 이때부터 가르치기 시작했다고 한다. 『천부경』, 『삼일신고』, 『366사』는 단군조선에 와서도 그대로 계승되었으며 이때는 전서(篆書)로 써서 전해졌다고 한다. 그리고 단군조선 이후에 일어난 우리 민족, 부여, 고구려, 발해와 중국의 요, 금, 청나라까지 또한 터키, 일본에도 우리 신교(神敎♡하나님의 가르침)가 전해졌음이 확인되고 있다. 이런 사실로 미루어볼 때 세계사에 영향력을 행사했던 단군의 후예들이 세계 정신사에 미친 영향은 실로 크다 아니할 수 없는 것이다. 환인, 환웅, 단군시대를 거치면서 오직 한 분 하나님을 공경하고 천신제(天神祭)를 올리고 하나님의 가르치심을 기록한 『천부경』, 『삼일신고』, 『366사』라는 3대 경전으로 백성들을 철저하게 교화시켜 하늘백성, 천민(天民), 천손(天孫)으로 변화 받게 교육하신 것이다. 그래서 우리가 오늘날까지 신화로만 알고 있는 곰과 호랑이 이야기가 신화가 아닌 환웅시대에 실존했던 사실이고 곰과 호랑이는 짐승이 아닌 이웃나라에 사는 웅(熊) 씨 족과 호(虎) 씨 족이라는 것을 알았고 그들이 사람이 되게 해달라는 것은 짐승에서 사람이 되게 해달라는 것이 아니라 하늘교육을 받아서 거듭나서 천계의 백성, 신계의 백성이 되게 해달라고 간청

한 것임을 알 수 있는 것이다(『성서와 한자의 비밀』 63페이지 참조).

그럼 우리 민족, 곧 천민(天民)들이 지켜야 할 366사의 가르침의 내용은 과연 어떤 것일까? 몇 가지만 간추려 알아보자.

■ 『참전계경(參佺戒經) 366사』 중에서

● 第2事   경신(敬神) ▷ 하나님을 지극히 공경함

"경(敬)이란 마음의 지극함이 다하도록 하는 것이다. 신(神)은 하나님[天神]이시다. 해와 달, 별들, 바람, 비, 번개, 천둥은 형체가 있는 하늘이며 물체도 없고 보이지 않으며 소리도 없고 들리지 않은 것은 형체가 없는 하늘이다. 형체가 없는 하늘이야말로 하늘의 하늘이니 하늘의 하늘은 곧 하나님이시다. 인간이 하나님을 공경하지 않는다면 하나님이 인간에게 응하지 않으시니 이는 풀과 나무가 비와 이슬과 서리와 눈의 구제를 받지 못함과도 같은 것이다."

● 第45事   시천(侍天) ▷ 하나님을 안에서 모심

"시(侍)는 하나님을 안에서 모시면서 의지하는 것이다. 정성이 부족한 사람은 하나님을 의심하고, 정성이 중간 정도인 사람은 하나님을 믿으며, 정성이 큰 사람은 하나님을 안에서 모신다. 지극한 정성으로서 인간세상을 가까이한다면 하나님께서 반드시 안에서 감싸서 도와주시니 스스로 의지 할 곳이 있으나 대부분 사람들은 정성을 다함에 있어 삐뚤어진 것을 행하고 괴이한 것을 구하니 이를 어찌하랴?"

● 第81事   안민(安民) ▷ 백성을 편안하게 함

"안민(安民)은 국민이 무사하도록 편안하게 하는 것이다. 임금이 자신을 믿어 주는 의로움을 지켜서 백성에게 도덕을 펴고 백성에게 교화(敎化)를 행하여 산업에 힘쓰고 학문을 장려하면 나라 전체가 편안해진다."

● 第97事　서(恕) ⇨ 용서

"용서한다는 것은 사랑으로부터 비롯되며 자애로움으로부터 일어나는 마음이요, 어진 마음에서 결정되어 참지 못하는 마음을 참을 수 있도록 돌이키는 것이다."

● 第133事　수신(修身) ⇨ 몸을 닦음

"몸은 정신이 살고 있는 집이며 마음이 사용하는 것이다. 이에 마음에서부터 비롯되지 않고 안일한 생각과 방자한 기운으로부터 비롯되어 대수롭지 않게 착한 일을 행하지 않는다면 도리어 원리(元理)인 선(善)을 해치는 것이다. 따라서 몸을 닦고도 천성을 잃은 사람은 아직 없다."

● 第195事　탈(奪) ⇨ 빼앗음

"물욕(物慾)이 영(靈)을 가로막으면 영(靈)이 통하는 구멍이 막혀버린다. 구규(눈, 코, 입, 귀, 대소변의 총 아홉 구멍)가 모두 막혀버리면 곧 새나 짐승과 다를 바 없게 되어 단지 먹이를 빼앗는 욕심만이 있을 뿐이니 염치와 두려움은 없어지는 것이다."

● 第233事　인(仁) ⇨ 어짊

"인(仁)은 사랑을 갈고 닦음이다. 사랑은 무엇이든 사랑하지 않음이 없으나 혹 치우치거나 사사롭게 사랑하니 어질지 못하면 중심을 잡지 못한다. 어짊은 봄기운이 온화한 것과 같아서 만물을 살아나게 하는 것이다."

● 第241事　선(善) ⇨ 착함

"선(善)은 사랑의 흐름에 맡겨 움직이는 것이며 어짊의 어린 벼이다. 사랑을 심음으로써 일어나는 마음이 반드시 선하며 어짊에서 배움으로써 행하는 일은 반드시 착하다."

● 第241事　순(順) ⇨ 정도를 벗어나지 않음

"순(順)은 정도를 벗어나지 않음이다. 가난하되 억지로 취하려 하지 않고 곤경에 빠져 있다 해도 억지로 면탈하려 하지 않음은 하늘의 이치에 순응함이다. 은혜에 보답함에 있어 아첨하지 않고 위세 앞에 자신의 기개를 굽히지 않아 굴복하지 않은 것은 인간의 이치에 순응하는 것이다."

● 第258事　화(和) ⇨ 온화함

"태양과 바람이 온화한 것은 하늘이 온화함이며 기(氣)와 소리가 온화한 것은 인간이 온화한 것이다. 태양과 바람이 온화한즉 상서로움이 때를 맞추어 내리어 일 년의 공을 이루고 기와 소리가 온화한즉 신령이 깊숙하게 통하여 밝은 덕이 나타나게 된다."

● **344事**　천권(天捲) ⇨ 하늘이 힘써 주심

"재앙이 사라지고 재난이 물러감에 푸른 하늘에 구름이 물러나는 것과 같아 모든 착한 사람의 아내는 남편과 화합하여 같이 복을 누리고 남편이 없는 착한 여인은 자손과 화합하여 같이 복을 누린다."

● **第366事**　급자(及子) ⇨ 자식에게까지 미침

"자식이 부모의 재앙을 받고 모든 악인의 아내는 남편과 함께 재앙을 받으며 남편 없는 악녀는 자손과 함께 재앙을 받는다."

　단군께서 백성을 교화시키신 경전 중에 366사에서 극히 일부분을 발췌하여 서술하였지만 한마디도 버릴 것이 없는 참 귀한 가르치심의 말씀이다. 이 모두가 하나님께서 우리 천손(天孫)들에게 내려주신 교시(敎示)이시다. 이렇게 우리배달민족은 경천애인(敬天愛人) 사상이 조상들의 가르치심으로 몸에 배었고 하늘을 우러러 경배(敬拜)하여 천신제(天神祭) 드림을 게을리 하지 않았다. 홍익인간(弘益人間)을 건국이념(建國理念)으로 삼고 이웃을 위해 내 몸을 희생하는 정신을 철저하게 가르치셨다.
　우리 민족이 하나님을 얼마나 철저하게 신봉(信奉)했는지는 시대마다 국교(國敎)로 삼았던 종교(宗敎) 이름에서도 잘 나타나 있다.
　환인, 환웅천황의 배달국 시대는 말할 것도 없고 단군조선을 이어 받은 부여에서는 대천교(代天敎), 삼한에서는 천신교(天神敎), 고구려에서는 경천교(敬天敎), 발해에서는 진종교(眞宗敎), 만주에서는 주신교(主神敎), 우리나라 영향권 하에 있었던 중국의 요나라와 금나라에서는 배천교(拜天敎)라 했다. 이상과 같은 모든 종교가 하나님을 경배하고 하나님을 유일신으로 모신 종교들이다. 이 모든 것은 단군의 가르치심에서 나온 것이다. 이것이 우리

배달민족이요, 동이족이다.

　동이족이라는 한자(진서)를 풀어 보면 우리 민족이 천손임이 잘 나타나 있다.

동	이	족
東	夷	族
동녘동	큰활이	겨레족

木(나무) + 日(해) = 東(동쪽)

- 나무에 해가 들어가는 자가 동녘 동 자다.
  - 木(나무)은 하나님의 백성(렘 5:14, 사 5:7)
  - 日(해)은 하나님(시편 84:11)

釋 사람[木] 마음속에 하나님[日]을 모시는 자가 해 뜨는 동쪽이다. 다시 말해 하나님이 동방이요, 하나님을 모신 자가 영적인 동방이다.

大(큰 대) + 弓(활 궁) = 夷(큰 활이)

- 큰 대(大) 자에 활궁(弓)이 들어가면 큰활 이(夷) 자가 된다.

釋 큰 활 또는 큰 활을 가진 자

方(장소, 곳) + 人(사람 인) + 矢(화살 시) = 族(겨레 족)

註 화살[矢]은 활[弓]에서 나간다면 사람에게서는 무엇이 나갈까? 말이 나간다. 그래서 입으로 쏘는 화살은 사람의 날카로운 말이다.

釋 말(언어)이 같은 사람끼리 같은 장소에 모여 사는 백성을 가리켜 '겨레'라 한다.

동	이	족	
東_{동녘동}	**夷**_{큰활이}	**族**_{겨레족}	▷ 큰 활을 가지고 다니며 하나님을 모시고 사는 언어가 같은 민족(겨레)

필자가 앞에서 기록한 글은 단군(檀君)의 가르침이 얼마나 위대한가를 말하고자 함이요, 그 위대한 가르침이 단군(檀君)의 도리(道理)라는 것을 말하고자 함이다.

곧 단군왕검께서 백성들에게 가르치신 도리(道理)를 자자손손(子子孫孫) 잊지 말고 가르치고 지키라는 뜻이 단도리라는 세 글자에 함축되어 있는 것이다. 그 뜻은 단군(檀君)께서 백성을 교화시키신 하나의 도경(道經)이다. 그래서 우리 조상들은 후손들에게 행여나 잊어 버릴까봐 일상생활에서 끊임없이 가르쳐 왔던 것이다. 그래서 단군께서 가르치신 말씀의 이치를 깨달아서 사람이 지켜야 할 도리를 다하라는 말씀이다. 단도리가 전라도 지방에서 '단속'의 사투리라고 말한 것도 전혀 근거 없는 말은 아니다. 왜? 전라도 지방에 가면 사실 단도리라는 말을 많이 쓰고 있다. 그 지방에는 또 단골네도 많다. 단(檀) 자의 뜻을 알았으면 이해가 갈 줄로 안다. 이렇게 깊은 뜻이 담긴 말을 일제 침략자들이 왜곡·변개시켜서 자기들 나라 말로 바꿔 놓은 것이다. 몇십 년 전만 해도 시골에는 단골네 가족이 살고 있었다. 단골네란 어떤 사람들인지 알아보자.

2) 단골 네(내)(檀骨內)

 독자들께서는 단골(檀骨)이나 단골네(檀骨內)란 말을 들어 본 일이 있는지 모르겠다. 연륜이 오래되신 분들은 거의가 아시리라 본다. 동네의 궂은일은 도맡아하면서 굿을 해주고 귀신을 쫓아내고 병을 낫게 해주며 노랫가락이나 온갖 국악기를 능수능란하게 잘 다룰 줄 알면서도 가장 푸대접과 천대를 당연한 운명으로 받아들이며 한을 품고 살아온 단골네! 단골네란 내 안에 단군의 뼈대가 있다는 뜻이다.

 우리나라 삼국시대(三國時代) 때 신라는 적국인 당나라(지금의 중국)를 불러들여 고구려와 백제를 멸망시켰다. 그 후 신라는 출신 나라와 출신 지역을 분류하는 소위 골품제도(骨品制度)라는 제도를 강화시켜 자기를 가르치는 스승(그때 스승은 학문을 가르치는 것이 아니라 선악의 분별력과 병을 고치고, 어려운 난제를 푸는 재능과 신통력 등을 가르쳐주는 선생)을 가장 미천한 계급으로 분류하여 천대했다.

 골품(骨品)제도란 출신 나라와 지역에 따라 뼈대와 혈통별로 분류하여 등급별로 분류하는 방법이다. 그 골품제도의 등급은 이러했다. 성골(聖骨), 진골(眞骨), 범골(凡骨), 단골(檀骨) 이렇게 4등급의 부류로 나누어 왕족끼리 결혼하여 낳은 자식을 성골(聖骨), 왕족과 귀족 사이에서 낳은 자식을 진골(眞骨), 신라 사람들을 높이어 범골(凡骨)이라 했다.

 그럼 단골(檀骨)은 무엇인가? 단군(檀君)의 풍습을 전수해 내려온 백제나 고구려의 유민들을 단골네라고 비하해서 노예(종) 취급을 했던 것이다. 성골이라야 왕이 될 수 있었고 진골이라야 벼슬을 할 수 있었으며 범골이라야 사람취급을 받고 살 수 있었다. 단골(檀骨)

이란 단군의 뼈대를 타고났다는 뜻인데, 그 단골들은 온갖 천대를 다 받고 살면서도 신분을 숨기거나 직업을 바꾸지 않았다. 그리고 단골들에게는 천민(賤民)으로 취급하여 아무리 나이가 많아도 반말(낮춘 말)을 했고 혹 타지에 가서 모르는 사람이 자기에게 존댓말을 하면 자기의 신분을 밝히고 말씀을 낮추라고 겸손히 말했다. 이렇게 천수백 년을 이러한 멸시 속에 살면서도 단골들은 절개를 지켜왔다. 그래서 오늘날 세상에서 오직 한 집만을 상대하여 물건을 사고팔거나 옛 정을 변치 않고 의리를 지켜나가는 사람을 '단골 또는 단골집'이라고 하는 것이다. 우리가 일상생활에서 '단단(檀檀)하다'는 말을 많이 쓴다. 그 뜻은 '튼튼하다, 견고하다, 완전하다'라는 뜻이다. 단군께서 얼마나 튼튼하고 견고하고 완전한 분이셨는가를 단적으로 말해주고 있다.

오늘날 우리 국악계를 주름잡고 문화재라고 일컬음을 받는 사람들은 거의가 단골 출신이라는 것은 부인하지 못할 사실이다. 단군의 뼈대를 받고 태어난 단골들은 어떠한 어려움 속에서도 기개와 절개가 있었고 공의 공평하며 천손(天孫)으로서 품위를 지켜나갔다. 왜 그럴까? 그들은 단군의 자손이요 더 올라가 하나님의 천손(天孫)이라는 자부심이 있기 때문이다. 이 단골의 뿌리가 환웅천황의 배달국이요, 백의민족이요, 단일민족이요, 배달민족이다.

오늘날 하나님을 아버지로 모시고 예수 그리스도를 나의 주님으로 모시고 신앙을 지켜나가는 하나님의 자녀들도 온갖 천대와 핍박과 멸시 속에서 신앙의 절개를 지켜나간다. 왜 그럴까? 좀 잘 먹고 자유롭게 살아갈 수도 있는데 그것은 바로 단골들에게는 단군의 뼈대가 있듯이 우리 신앙인들에게는 하나님과 예수님의 영적 뼈대가 있고 영적 피가 흐르고 있기 때문이다. 그 어떠한 설움과 천대 속에서도 단골의 뼈대를 부인하지 않고 그 뼈대 때문에 받은 멸시를 숙명으로 받아들이면서 꿋꿋하고 당당하게 현실과 맞섰던 단골들의 모습에서 오늘날 믿음을 지켜 나가는 우리들에게 시사하는 바가 크다.

우리나라 고기(古記)에 이르기를 파내류산 아래 환인 씨의 나라가 있는데 천해의 동쪽 땅이며 12연방국이 있었다고 기록되어 있다.

배달국(倍達國)을 건국하신 환웅을 하나님아들이라 한다.

성경에서는 예수님을 하나님 아들이라 한다.

환인 할아버지는 육적(肉的)으로 12연방국을 세웠다. 환웅의 대를 이은 단군은 육적(肉的)으로 단군조선을 세웠다. 그 단군 조선에 예속된 중원에 12나라에 해당하는 여러 제후국이 있었다.

야곱의 열두 아들은 육적으로 12지파가 되었다. 예수님은 초림으로 오셔서 열두 제자를 통해서 영적 이스라엘 12지파를 세우셨다(눅 22:30, 행 26:7, 약 1:1). 예수님 뒤를 이어 예수님이 보내신 약속의 목자 보혜사는 영적 새 이스라엘 12지파를 세우시고 144,000을 거의 다 채우시고 계신다(계 7장, 14장).

예수님이 언약하신 새 언약이 이 땅에서 하늘에서 이룬 것 같이 이 땅에서 이토록 급하게 이루어져 가고 있는데 나는 구원 받았다고 저 하늘만 쳐다보고 있는 성도들은 무엇이란 말인가? 성경에서는 말세에 예비된 구원이 있다고 말하고 있고(벧전 1:5), 계시록 11장 15절에 일곱째 천사가 마지막 일곱째 나팔을 불매 그때야 세상나라가 우리 그리스도 나라가 된다고 했고 계시록 12장에 하늘의 전쟁에서 용을 이기고 용이 쫓기고 난 후 이제야 우리 하나님의 구원(계 12:10)이 이루어진다고 말씀하고 있으니 우리가 지금까지 받았다는 구원은 진짜 구원인지? 이제야 이루어진다는 구원이 진짜 구원인지 알아볼 필요가 있지 않을까?

3) 장자권

한자로 긴 장(長) 자는 어른 장, 장자 장, 성숙할 장 등 여러 가지 뜻으로 사용된다. 장자는 한글로 맏아들이다. 장자권(長子權)이란 장자가 갖는 권리, 권한을 말함이다.

우리나라와 성경에서는 장자(長子), 곧 맏아들에 대해서 특별한 의미를 갖는다. 우리나라에서는 일찍이 장자에게 호주 상속과 재산 상속권을 주고 종족의 혈통을 이를 계승자로 삼았다. 지금은 개정되었지만 얼마 전까지만 해도 장자가 호주 상속권이 있었고 장자로 하여금 가계 혈통을 이어갔고 재산 상속도 장자에게 우선권을 주었다. 또 조정에서도 임금의 장자를 후계자로 삼고 황태자로 책봉하였으며(특별한 사정이 없는 한) 성경에서도 특별히 장자권에 대해서 강조하고 있고 대표적인 예로 들어 이삭의 쌍둥이 아들 에서와 야곱의 출생과 야곱이 장자권 승계와 장자가 받을 축복을 위해 형을 속이는 내용이 나온다(창 25:24~34, 창 27장 참조).

구약에서는 수없이 많은 장자에 대한 내용이 있지만 특기할 만한 것은 출애굽 때 사건으로 바로의 장자들은 죽이는 사건이 나온다. 그리고 히브리서 12장 16절에는 장자의 명분을, 23절에는 하늘에 기록한 장자들의 총회가 나온다. 그리고 장자를 첫 열매로 표현한 내용을 신약 성경만 찾아봐도 고린도전서 15장 20, 23절에 그리스도를 '첫 열매'로 기록하고 있고, 야고보서 1장 18절에도 "하나님께서 우리로 첫 열매가 되게 하시려고."라는 말씀이 나온다. 첫 열매가 너무나 중요하기에 하나님께서는 장자와 첫 열매를 성경에 수없이 강조하시고 계신 것이다. 뭐니 뭐니 해도 그리스도인들의 최고의 꽃이요 소망인 계시록 14장 1~5절에 나오는 어린 양과 14만 4천의 처음 익은 첫 열매들이다. 이곳이 하나님께서 이루시고자 하신 하나님의 나라요 우리가 가고자 하는 천국이다. 이곳에 입성하고자 수많은 선지 사도들이 목숨을 초개같이 버리면서 순교(殉敎)하였고 오늘날 예수를 믿는 자들도 첫 열매가 되어 이곳에 들어가려고 힘들고 고달픈 산 순교(殉敎)의 길을 걸어가고 있는 것이다. 그 이유는 이곳에서 누릴 장자(長子)들의 복(福)이 너무 엄청나기 때문이다.

4) 장도리

결론부터 말하자면 여기서 말하고자 하는 장도리(長道理)는 못으로 목재 따위를 연결하고 접합하고 고정시키는 연장을 말함이 아니요. 장자(長子)의 도리(道理)를 말한 것이다. 매사에는 권리를 행사하기 전에 의무(道理)가 선행되어야 한다. 장자의 권한과 의무는 부모로부터 이어 받는다.

또한 하나님께로부터 부여된다. 그럼 장자의 권리를 갖기 전에 선행되어야 할 의무는 어떠한 것들이 있는가? 장자가 되기 위해서는 많은 고난과 시련, 강도 높은 교육을 받아야 한다. 그래서 앞으로 부모가 죽고 없더라도 가족과 동생들을 보호할 수 있는 실력을 갖추어야 한다. 집안 장자로서 어디에 가도 손색이 없어야 하며 남에게 뒤떨어짐이 없어야 한다. 그리고 부모가 다 유능하고 재산이 많은 것은 아니다. 다행히 복이 많아 유복한 집의 장자라면 모르되 그와 반대라면 장자가 고달플 수밖에 없다. 맏아들은 부모가 노약

하면 재산 상속은 고사하고 부모를 대신해서 어린 동생들과 부모를 위해 생계를 도맡아야 하고, 동생들의 교육비도 책임져야 한다. 그리고 온 가족의 대표자가 되어야 한다.

그래서 못 박는 장도리가 목재에 못을 박아서 연결하고 고정시킴으로써 계획된 설계대로 목적물을 만들어 가는 것같이 늙으신 부모는 잘 공양하도록 동생들 앞에서 본을 보이고 또 동생들은 사랑과 용서로 잘 연결되게 하고 화합으로 안정된 생활을 할 수 있도록 장도리 역할을 잘할 의무가 있다. 못이 잘못 들어가거나 박다가 구부러지는 못이 있으면 장도리로 다시 빼서 바로 펴서 다시 박는 것 같이 잘 타이르고 사랑으로 감싸서 올바로 박힐 수 있도록, 잘 연결되어서 지어져 갈 수 있도록 바로잡아 주는 장도리의 역할을 해야 한다(렘 1:10).

그럼 성경에서 말하는 영적 장자, 첫 열매가 되기 위해 갖추어야 할 성도들의 조건은 무엇인가? 먼저 하나님을 믿고 계명을 지켜야 한다. 아담과 하와처럼 선악과에 눈이 어두우면 안 된다. 다음 출애굽 사건을 거울과 경계로 삼아(고전 10:11) 하나님께서 장자를 만들어 가시는 과정에서 오는 고난과 시험을 이겨야 한다. 결코 원망과 불평이 있어서는 안 되겠다. 다음 예수님의 십자가에 나도 못 박아 죽어야 한다. 그리고 사도 바울이 되어서 예수 그리스도의 십자가 외에 자랑할 것이 없으며 내 몸에 예수의 흔적을 가졌노라고 고백하는 삶이 되어야 한다.

예수를 믿으니 구원 받았고 죽으면 천국 간다고 평안하다, 안전하다 외치는 신앙인들은 이제 젖을 떼어야 한다. 자란 만큼 먹는 음식(말씀)도 달라야 하지 않을까? 장자가 되는 길은 험난하다. 장자가 되는 길은 고통의 연속이다. 견디기 힘든 고난이다. 그러나 그 고난 중에 감사가 나온다면 장자의 자격을 갖춘 것이다. 그 고난 뒤에 오는 장자가 받을 엄청난 복을 안다면 찬송이 나올 것이다. 야곱은 장자가 받을 복을 알았기에 장자권을 갖기 위해 온갖 수단과 방법을 강구하여 장자권을 따서 아버지로부터 축복을 받았다(창 27:27~29). 그리고 그 장자권을 지키려고 죽을 고비를 몇 번씩 넘기고 외삼촌 집에서 20년을 종살이 아닌 종살이를 하였다(창 31:41). 에서는 어떠한가? 우선 배를 채우는 것이 급선무였지 장자권 같은 것에는 관심이 없었다. 그때 순간적인 배고픔을 참지 못하고 장자권을 헌신짝처럼 버린 에서와 에서의 후손은 어떤 결과를 얻었는가?(창 27:39-40) 야곱의 장자 루우벤은 어떤가? 그도 장자권 따위는 안중에도 없었고 정욕에 눈이 멀어 아비의 침상을 더럽혔다(창 35:22, 49:3~4).

그 당시 아비의 축복이 문서상으로 해준 것도 아니고 눈이 어둔 아비가 말로써 중얼거리는 것이 무슨 효력이 있겠나 싶었겠지만 그리고 그 장자권이 그들에게는 하찮은 것으로 보였겠지만 후에 그들이 받은 대가는 생명과 저주로 나눠지게 된다. 여기서 오늘날 우리는 지금이 말세다, 종말이다 하는 말이 계속되고 있음을 주의 깊게 보아야 하고 들어야 한다. 예수님이 시대적인 때를 알라고 부르짖어도 설마하고 막무가내다. 장터에서 피리를 불어도 대꾸가 없다(마 11:16~17). 오늘날 악한 세대가 그러할 것이라고 미리 예언하신 것이다. 돌아가신 예수님의 몸이 오셔서 외칠 거라고 생각하지 말라. 성경을 바로 볼 줄 알아야 한다. 내가(예수님) 가니 나를 보지 못한 것이 옳은[義] 것이라고 말씀하셨고(요 16:10), 예수님 대신 다른 성령을 보내셔서 예수님이 가르칠 것을 대신 가르치신다고 몇 번이고 성경에 기록되어 있다(요 14:16~17.26, 요 16:13~14). 그런데 오늘날 세대가 예수님이 보내신 실체가 나타나서 예수님의 것을 가르치고 있다고 외친들 믿질 않는다. 성경적으로 이루어진 역사인지 확인해 볼 생각은 하지 않고 고개만 갸웃갸웃하고 또 이단 하나 더 나타났다고 핍박하고 성경은 뒤로 한 채 자기들 생각과 다르면 이단으로 정죄하고 자기도 듣지 않고 들어보려고 가는 사람도 못 들어가게 가로막고 있다(마 23:13).

그리고 성경적으로 확증도 검증도 안 된 예수님은 저 창공에서 구름 타고 나팔 불고 오신다는 자기들 지식으로 만들어 놓은 비성경적인 자기 복음을 믿고 나는 구원받았고 죽으면 천국 간다는 막연한 믿음 속에 안주하고 있다. 우리 모두 다 같이 생각해 볼 일이다.

그래서 앞서 말한 단도리는 단군에게서 배운 사람의 도리를 다하라는 말이고, 장도리는 장자권을 얻으려면 장자에게 주어진 책임을 다하라는 말이고 다시 말해 도리를 다하라는 말이다. 둘 다 지키고 지켜나가기란 쉬운 일은 아니다. 우리가 현재 당하고 겪는 고난은 하나님께서 우리에게 주시려고 예비해 놓으신 복에 비교할 수 없기 때문이다(롬 8:18 참조).

지금 이 시간도 거리에서, 집회에서 또는 전파를 타고 하나님의 진리의 나팔소리는 천국이 가까이 왔다고 외치고 있다. 부디 귀 있는 자들은 성령이 교회(성도)들에게 하신 말씀을 듣고 깨달을지어다.

09 아리랑

1) 민요 아리랑

예부터 구전전승(口傳傳承)된 민요(民謠) 아리랑이 시작된 시기에 대해서는 정확하지 않으나 현재 전국에 골고루 분포되어 있고 해외에도 널리 보급되어 있다.

(1) 기원설(紀元說)

아리랑의 기원설과 아리랑의 성립 시기에 대해서는 여러 설이 제기되고 있지만 크게 고대에 성립되었다고 보는 설과 대원군 시대에 성립되었다고 보는 설로 나누어 볼 수 있다. 일반적으로는 아리랑은 고대에 성립되어 차츰 변형이 이루어져 대원군 시대에 들어와 경복궁 공사를 위한 가렴주구가 얽혀서 여러 변이형이 생기고 내용상에도 변화가 일어난 것으로 보고 있다. 아리랑의 대표적 어휘인 '아리랑'에 대해서도 그 유래에 대해서 많은 논란이 있다.

1930년대에 정착된 '아리랑'이 최초라는 설이 있지만 정확한 근거는 없다.

■ 한자(漢字)로 표기된 아리랑의 해설

❶ 아리랑(我離娘) ⇨ "나를 사랑하는 임(각시)이 떠난다."는 뜻을 갖고 있는 말에서 유래했다는 설
❷ 아이농설(我耳聾說) ⇨ 대원군의 경복궁 중건 때 고생하던 민중이 반가운 말은 못 듣고 괴로운 말만 듣게 되니 "차라리 귀가 먹었으면 좋겠다."라고 한 말에서 나왔다는 설
❸ 아랑전설(阿娘傳說) ⇨ 밀양 영남루의 아랑낭자의 억울한 죽음을 애도한 노래에서 나왔다는 설
❹ 알영설(閼英說) ⇨ 신라의 박혁거세의 아내 알영부인을 찬미한 말에서 변했다는 설 등이 있다.

이 밖에도 여러 발생설이 있으나 어느 것도 확실한 근거가 없다. 그저 구음(口音)에서 자연적으로 생겨나 유래되었겠지 하는 정도다. 고대 우리나라 배달국 건국 이후 많은 구전 전승된 민요나 민담, 풍속 등이 하늘의 비밀들임을 생각할 때 우리나라 과거와 현재와 미래가 하나님의 깊은 섭리 가운데 있다고 보는 것이며 이 아리랑도 그 범주에서 예외는 아니라고 필자는 보는 것이다.

(2) 역사적 상징

아리랑은 다른 민요와 마찬가지로 본래 노동요의 성격을 갖고 있었다. 이때는 주로 두레노래로 불렸으며, 따라서 구술과 암기에 의한 전승 또는 자연적 습득이라는 민속 성 이외에 지역공동체 집단의 소산이라는 민속성을 갖게 되었고 그 집단성은 시대성과 사회성을 내포하게 되었다. 비록 그 노랫말이 개인적인 넋두리의 비

중이 컸다 할지라도 거기에는 하나님의 우리 민족에 대한 섭리가 있었음을 볼 수 있다. 농부든 어부든 광부든 각기 그들 생활 속의 애환을 아리랑에 담았다는 점에서 직업공동체, 사회공동체의 이른바 문화적 독자성이 강한 노래가 되었고, 민족이 위기에 처했을 때는 민족적 동질성을 지탱하는 가락이기도 했다.

예를 들어 대원군에 의한 경복궁 중건 때의 민중의 고통이나 관리의 가렴주구가 아리랑에 얽혀 전해지는가 하면 일제 강점기 하의 민족적 수난에 대한 저항의식이 나운규 제작의 영화「아리랑」을 탄생케 했음이 이를 입증한다. 특히 영화「아리랑」의 등장은 아리랑이 지니는 역사적 상징이 민간전승으로부터 다른 차원의 문화영역으로 옮겨갔음을 보여주는 획기적인 예이다. 그런 의미에서 아리랑은 단순히 단일한 장르의 민요로 파악할 수 없는 다양성과 초 역사성을 지닌 음악사·문학사·예술사의 거봉으로서 우리 민족의 원초적 정서와 맥을 같이해왔다고 볼 수 있다.

(3) 아리랑의 파급효과(波及效果)

한국의 3대 전통민요 아리랑은 정선아리랑, 진도아리랑, 밀양아리랑을 말한다. 정선아리랑은 태백산맥의 동서를 따라 설정된 민요로 민요적 전통성과 지역성이 강하다. 진도아리랑은 호남지역의 육자배기 토리(각 지방마다 가지고 있는 음악적 특징)권에 속하지만 다른 육자배기 토리 민요와 약간 차이가 있다. 전라남도 진도와 호남지역, 충청남도 일대, 경상남도 서부지역, 제주도 등에 분포되어 있다. 밀양아리랑은 영남지역에서 전해지지만 영남지역의 정자 토리 민요와는 약간의 차이가 있다. 한편 1926년 나운규의 영화「아리랑」의 주제가 <신아리랑>을 계기로 대중에게 널리 알려졌고 통속

민요로 자리 잡기 시작했다. 이후 아리랑은 대중가요·영화·무용·문학 등의 전 예술분야에 파급되는 현상을 가져왔다.

대중가요로는 1931년 <낙랑아리랑>을 비롯하여 많은 곡이 만들어졌고 신민요에는 <경기아리랑>이 효시가 되어 많은 곡들이 불렸다. 3대 전통 아리랑을 제외한 여러 아리랑을 살펴보면 다음과 같다.

❶ 춘천아리랑⇨한말에 춘천에서 의병투쟁을 벌일 때 부른 노래
❷ 본조아리랑⇨대원군과 민비의 권력 싸움을 민중이 성토한 노래
❸ 광복군아리랑⇨만주 광복군의 독립의지를 담고 있는 노래
❹ 치르치크(우즈베키스탄 타슈켄트 주 북서부에 있는 도시) 아리랑⇨조국을 빼앗기고 소련으로 떠난 한인들이 부른 노래 등이 있다.

대중가요 아리랑으로는 <아리랑 삼천리>, <영암아리랑> 등이 있고 남북이 분단된 지금은 아리랑이 민족화합의 노래로서 널리 불리고 있다.

(4) ⟨경기아리랑⟩의 가사는 아래와 같다.
-전렴-
아리랑, 아리랑, 아라리요
아리랑 고개로 넘어간다

-1절-
나를 버리고 가시는 임은
십리(十里)도 못 가서 발병 난다

-2절-

청천(靑天) 하늘엔 별도 많고

우리네 가슴엔 꿈도 많다

-3절-

저기 저 산이 백두산이라지

동지섣달에도 꽃만 핀다

2) 『격암유록』에 감춰진 아리랑

아	리	령	유	정	거	장
亞	裡	嶺 에	有	停	車	場 이 있네.
버금아	속리, 안리	고개령, 재령	있을유	머무를정	수레거	마당장

고	대	고	대	다	정	임
苦	待	苦	待	多	情	任을
괴로울고	기다릴대	괴로울고	기다릴대	많을다	뜻정	맡길임

아	아	리	령	하	하	령
亞	亞	裡	嶺	何	何	嶺 인가?
버금아	버금아	속리, 안리	고개령, 재령	어찌하	어찌하	고개령, 재령

釋 십승지로 들어가려면 넘어야 할 고개(재)가 있는데 그곳에 정거장이 있네. 고대하며 기다리는 다정한 임을 만나야 하는데 십자의 도(말씀)로써 세워진 십승지를 찾아가는데 넘어야 할 고개는 몇 고개나 되며 넘어야 할 산은 몇 산이란 말인가?

註 아리령(亞裡嶺) : 亞 자 가운데 十 자가 나옴. 十 자는 하늘의 도(道)를 상징하는 것이며 十 자 속으로 들어간다는 것은 하나님의 십승지 안으로 들어가야 하는데 거기에 가기까지는 험한 고개(재)를 넘어가야 함을 말함이요, 정거장은 쉬어가는 곳을 말함인데 쉰다는 것은 곧 신앙심이 퇴보함을 의미한다.

● 다정한 임: 우리에게 구원을 갖다 주실 구세주, 재림예수, 동양 선지서에서 말하는 정도령, 진인, 미륵

(1) 우리가 넘어야 할 아리령 고개(산)는 몇 고개일까?

극	난	극	난	거	난	령
極	難	極	難	去	難	嶺
지극할극	어려울난	지극극	어려울난	갈거	어려울난	고개령,재령

아	리	아	리	아	리	령
亞	裡	亞	裡	亞	裡	嶺
버금아	속리,안리	버금아	속리,안리	버금아	속리,안리	고개령,재령

釋 지극히 어렵고 어려워 그 고개 넘기가 참으로 힘들며, 십자 속으로 들어가려면 넘어야 할 아주 힘든 고개이네.

● 亞裡(십자 속) = 十勝地(십승지)

아	리	령		아	리	령
亞	裡	嶺		亞	裡	嶺
버금아	속리,안리	고개령,재령		버금아	속리,안리	고개령,재령

아		리		아	리	령
亞	라	裡	요	亞	裡	嶺
버금아		속리,안리		버금아	속리,안리	고개령,재령

고개로 넘어간다

나를 버리고 가시는 임은

십리(十里)도 못 가서

발병(發病) 난다

釋 십승지 찾아서 넘어가는 고개, 십승지 안으로 들어가는 고개

- 고개로 넘어간다: 신앙의 고행길을 걸어간다

나=하나님
버리고=배신하고
가시는 임=배신하고 떠나는 하나님의 백성
십리(十里)=십자가 마을(=시온 성), 천국
발병(發病) 난다=병이 나서 갈 수 없다

> 註 이상은 필자가 2008년도 『성서와 한자의 비밀』이라는 책자에 다 풀어 놓은 아리랑의 해설이다. 『격암유록』에서 말하는 아리령의 비밀은 아리랑이 우리나라 중세기에 발생했다고 보기 어려운 것이다.
> 아리랑뿐만 아니라 다른 민요나 민담, 풍속들을 유추(類推)해 볼 때 이런 것들은 사람이 만들어서 발표하거나 가르친 것 같지만 신(神)이 개입한 예언적인 요소가 내포되어 있고, 우리 민족에게 구전되어 온 역사나 문화에 관한 것들의 상당수가 종말에 이루어질 영적 사건임을 깨닫게 되는 것이다. 필자는 우리나라를 대표한 민요인 아리랑에 대해 많은 해설서를 읽고 배경을 찾아다니며 연구와 고민을 많이 했다.

3) 아리랑의 영적 의미

(1) 경기아리랑

아리랑 아리랑 아라리요

아리랑 고개로 넘어간다

-1절-

나를 버리고 가시는 임은

십리도 못 가서 발병 난다

-2절-

청천 하늘엔 별도 많고

우리네 가슴엔 꿈도 많다

-3절-

저기 저 산이 백두산이라지

동지섣달에도 꽃만 핀다

아 리 랑	아 리 랑	아 라 리
亞 里 郎	亞 里 郎	亞 喇 利 요
버금아 마을리 사내랑,신랑랑	버금아 마을리 사내랑,신랑랑	버금아 나팔라 이길이,이로울리

아 리 랑	
亞 里 郎 고개로 넘어간다	
버금아 마을리 사내랑,신랑랑	

亞(아) ▷亞 자 안에서 十 자가 나온다.

- 十 자는 하늘의 도(道)가 나오는 천국을 상징하고 있고 하늘의 보좌

형상을 가리키고 있다(또한 예수교 또는 예수님을 상징하기도 한다).

里(리) ▷작게는 마을, 크게는 성읍, 나라를 가리킴

郎(랑) ▷남편, 낭군, 내 남편이 될 새 신랑[靈]

註 동양 예언서에는 "신인일체 영생불사(神人一體 永生不死)"라는 말이 많이 나온다. "신(神)과 사람이 한 몸이 되면 영원히 죽지 않고 산다."는 말이다. 성경에도 그런 내용이 많다. 요한복음 11장 26절에는 "살아서 나를 믿는 자들은 영원히 죽지 아니하리니" 하는 말씀이 있고, 마태복음 22장 1~14절에 읽어보면 임금님(하나님) 아들의 혼인잔치가 나오고, 마태복음 25장 1~13절에는 신랑(新郎)을 맞으려는 열 처녀의 모습들이 나온다. 교회를 다니는 성도라면 여기에서 나온 신랑은 예수님이요 열 처녀는 성도들이란 것을 모르는 사람은 거의 없을 것이다. 어느 목사님이고 다 이렇게 가르친다. 다르게 가르친 교회가 있다면 그 교회는 이상한 교회라고 말할 것이다. 맞는 말이다.

그런데 우리가 알아야 할 것은 성도들의 신랑 되실 예수님이 육으로 오실 것인가 영으로 오실 것인가를 알아야 한다. 요한복음 16장 7~10절까지의 내용 중에서 10절을 읽어보면 "의(義)에 대하여라 함은 내가 아버지께로 가니 다시 나를 보지 못함이요"라고 나와 있다. 여기에서 보니 예수님을 다시 보지 못할 것이 의(義: 옳은 일)라고 나왔는데 그럼 마태복음 25장에 나온 예수님을 기다리는 성도들은 무엇이란 말인가? 답은 예수님을 보지 못한 것이 맞다. 그것은 예수님은 육(사람의 육)으로 오신 것이 아

니고 영(靈)으로 오시기 때문이다.

영(靈)은 사람의 육안(肉眼)으로 볼 수 없다.

동양 예언서에서 말한 신(神)과 육(사람)이 합쳐지면 영원히 죽지 않는다는 말이나 성경에서 말하는 육체가 죽은 사람들이 이 땅에 다시 올 때 육이 온 것이 아닌 신랑(新郞) 된 영(靈)이 와서 신부(新婦) 된 육(사람)과 하나 된다는 말이나 같은 말이다(고전 15:51~54).

그래서 위에서 말한 아리랑(亞里郞)에서의 '랑(郞)'은 성도들의 신랑을 말함인데, 성도들이 기다리는 신랑이나 동양 예언서에서 말한 신(神)은 육(肉)을 가진 사람이 아니라 육(肉)은 죽고 영(靈)만 살아서 하늘에 있는 영(靈), 곧 신(神)을 말한 것이다.

아 리
亞 里의 뜻은 ➪ 十(십) 자가 서 있는 성읍, 시온산
버금아 마을리
　　　　　(里: 마을, 교회, 성전)

釋 십자가 서 있는 시온성, 하늘나라, 극락 등을 상징함

랑
郞(랑)의 뜻은?
사내랑, 신랑랑

釋 영(靈)으로 하늘에 있는 나의 예비 신랑(豫備新郞)(마 25장 참조)

　아리랑　아리랑
● 亞里郞　亞里郞이 중첩된 것은?

釋 간절한 기다림 속에 애타게 부르는 심정을 나타낸 것

아 라 리
亞 喇 利
버금아 나팔라 이길이,이로울리

요 ▷ 亞(십자가) 喇(나팔) 利(이기다)

註 利(리, 이) 자의 쓰임 ▷ 이롭다(有利), 날카롭다(銳利), 편하다(便利), 이기다(勝利), 날래다, 탐하다 등의 뜻으로 쓰인다.

釋 =시온 산에서 이긴 자의 나팔이 불려지는데
補 이긴 자(창 32:28, 요 16:33, 계 2장, 3장, 계 12:7~8, 계 15:2, 계 17:14).

성경에서는 나팔이라는 단어가 많이 등장한다. 여호수아 6장에 보면 양각나팔이 나오는데 그 나팔소리에 여리고 성이 무너진다. 또 사사기 7장 16절 이하에도 나팔이 나오고 이사야 18장 3절에서는 "세상의 모든 거민, 지상에 거하는 너희여 산들 위에 기호를 세우거든 너희는 보고 나팔을 불거든 너희는 들을지니라."라고 나온다. "말일에 나팔을 불거든 너희는 들어라"는 예언의 말씀이다. 그렇다면 말일이 되면 나팔이 불려질 것이다.

말일에야 열려진다는 계시록에 가보면 일곱 나팔이 나오고 일곱 천사가 일곱 나팔 불기를 시작한다. 차례로 나팔이 불려질 때마다 심판과 실상들이 나타난다. 그런데 마지막 일곱 째 나팔은 계시록 11장 15절에서 불려지는데, 일곱 째 나팔이 불려지니까 그때에야 세상나라가 우리 주와 그 그리스도의 나라가 되어 그가 세세토록 왕 노릇 한다는 것이다.

우리 신앙인들은 나팔이 무엇인지 알아도 되고 몰라도 된다면 성경에 왜 이토록 많은 나팔의 내용이 나오며 지금으로부터 약 5,900년 전 신시시대(배달국) 환웅천황 때부터 말일에 나팔이 불려질 것을 민요 속에 넣어서 자자손손 부르게 하셨을까?

성경은 일점일획도 버릴 것이 없고 필요 없이 기록된 것이 없듯이 백의민족이요, 단일민족이요, 배달민족인 우리의 것 어느 것 하나도 버릴 것이 없고 쓸데없는 것이 없다. 우리 것은 모두 소중한 것이다.

아 리 랑
亞 里 郎 고개로 넘어간다
버금아 마을리 사내랑,신랑랑

아 리
亞 里 ▷ 十(십) 자가 서 있는 성읍, 시온 산(里: 마을) 人
버금아 마을리

釋 시온 성, 하늘나라, 극락 등을 상징함

랑
郎(랑) ▷ 영(靈)으로 하늘에 있는 나의 예비신랑(豫備郎)
사내랑,신랑랑

● 고개로 넘어간다

註 아리랑 고개 ▷ 하늘나라에서 오시는 나의 신랑(영靈)을 영접하는 데 따르는 신부 수련의 힘든 과정을 고개를 넘는 것으로 표현함

釋 고개 ▷ 영계에서 오는 나의 신랑을 맞이할 수 있는 신부 될 자격 요건을 갖추는 데서 오는 영육(靈肉) 간의 여러 가지 고난, 시험, 핍박 등 어려운 난관을 헤쳐 나가는 것을 고개로 표현한 것임

● 넘어간다 ▷ 내 낭군(신랑)을 만날 소망을 안고 그 고난을 힘겹게 이겨 나간다

아리랑 아리랑(亞里郞亞里郞)
- 하늘에 계신 나의 신랑(영으로 나에게 임할 낭군)이여!
  (두 번 부른 것은 간절한 기다림 속에 애타게 부르는 심정을 나타낸 것)

아라리(亞喇利)요
✝
- 人 자 성에서 이긴 자의 나팔소리가 들리는데

아리랑(亞里郞)
- 하늘에 계신 나의 신랑(영으로 나에게 임할 낭군)이여!

고개로 넘어간다
- 신랑을 맞이하려고 힘든 이 고개를 넘어간다

註 영계에서 오는 나의 신랑을 맞이할 수 있는 신부 될 자격 요건을 갖추는 데서 오는 영육(靈肉) 간의 여러 가지 고난, 시험, 핍박 등 어려운 난관을 고개로 표현한 것

-1절-
나를 버리고 가시는 임은
십리도 못 가서 발병 난다

나를 버리고 가시는 임은
- 나(我)▷나는 노래를 부른 성도. 또는 예수님
  註▷내안에 예수님 말씀이 거하기 때문에 예수님과 나는 하나다. 그래서 나를 버린다는 것은 곧 예수님을 버리는 것이 되는 것이다.

- 버리고⇨배반하고(진리의 말씀을 저버리고 딴 길로 가는 것)
- 가시는⇨배반하고, 배도하고, 등지고 떠나는
- 임⇨서로 사랑하고 다정했던 신앙의 형제자매

십리도 못 가서 발병 난다

- 十里(십리)⇨십승지=시온성=천국=극락=무릉도원
- 못 가서 發病(발병) 난다⇨배반하고 떠난 너(임)는 천국(十里)을 찾아간 다고 하지만 못 가고 영적 병이 나서 죽게 된다.

-2절-

청천 하늘엔 별도 많고

우리네 가슴엔 꿈도 많다

청천(晴天) 하늘엔 별도 많고

- 晴(갤 청)⇨日(해 일)+主(주인 주)+[둥글 원(圓)의 고자(古字)]
  －日(해)=하나님. 主(주인 주)=주님. 円(원)=둥근 하늘
- 天(하늘 천)⇨一(성부)+一(성자)+人(사람)

釋 창공의 하늘이 아닌 성부와 성자의 영(靈)이 함께한 사람 또는 그분이 거하는 곳이 영적 하늘이 되는 것이다.

- 별도 많고⇨많은 별=많은 백성=많은 성도

註 별이 성도가 되는 성경적 증거: 창 37:5~11에 보면 요셉의 꿈 이야기가 나오는데 요셉 식구들 중 아비는 해, 어미는 달, 그 밑에 있는 많은 형제들을 별로 육적인 예(例)를 들어놓았다. 성

경에서 해를 하나님(시 84:11)이라 했으니 하나님의 영이 함께하는 사람을 영적으로 해라고 하며 그 밑에 있는 자들을 별이라 한다.

우리네 가슴엔 꿈도 많다
- 꿈도 많다 ▷ 내세(來世)에 대한 소망=구원, 영생

🈯 예수를 믿는 성도들의 오직 꿈과 소망은 구원과 영생이다.

-3절-
저기 저산이 백두산이라지
동지섣달에도 꽃만 핀다

백두산(白頭山)이라지
- 白頭山 ▷ 白(흰 백) 희다, 깨끗하다, 정결하다, 정의롭다
  頭(머리 두) 우두머리
  山(뫼 산) 예언서에서 산은 성전을 상징하고 있음(사 2:2)
- 백두(白頭) ▷ 흠도 티도 없이 깨끗하고 정결한 진리의 말씀을 전하는 지도자, 우두머리, 목자
- 산(山) ▷ 성전, 교회, 하나님이 세우신 목자가 계신 곳(미 4:1-2, 사 2:2)

🈯 저기 저 성전(교회)이 진리의 말씀만 전하는 하나님이 세우신 목자가 계신 성전(교회)이라지?

동지섣달에도 꽃만 핀다
- 동지섣달 ▷ 고난, 환난, 시험 등 신앙을 지켜나가는 데 있어 따르는

고된 역경을 말함(동지섣달은 혹독한 추위가 오는 계절임)
- 꽃(花)만 핀다 ▷ 그 추위 속에서도 꽃(소망과 행복)만 핀다

釋 그 혹독한 시련과 고난 속에서도 굴하지 않고 세상적인 온갖 유혹과 핍박에도 흔들림 없이 천국백성으로 꽃같이 아름답게 변화되어간다

성경 아가서에 나온 꽃의 의미

註 성경 아가서 2장 15절에 "우리의 포도원에 꽃이 피었음이니라" 라는 말씀이 나온다. 이 말씀의 상하좌우 문맥을 살펴보면 문자 대로는 참 뜻을 이해할 수 없음을 알 수 있다. 그래서 이런 글을 비유와 비사로 감추어 놓은 예언서라 한다. 그래서 예언서에 나오는 포도원은 이스라엘 족속이라 말하고 있다(사 5:7). 이스라엘 족속들 중에 꽃이 피었다는 것은 풀이 변하여 꽃이 되듯이 육적인 이스라엘 족속들이 변하여 새 사람이 되었다는 의미가 되며 새로운 창조물로 거듭났음을 의미하는 것이다. 그래서 꽃의 영적인 의미는 육(풀)이 변하여 새 사람이 되는 사람을 꽃에 비유하고 있는 것이다.

필자가 본 아리랑의 영적 해석

하늘나라에 계신 나의 신랑(낭군)이여~
하늘나라에 계신 나의 신랑(낭군)이여~
시온 산(亞里)에서 들려오는 이긴 자의 나팔(喇) 소리를 듣고~
하늘에서 내려오실 나의 신랑을 영접하려고 고난과 역경을 이기며 이 험난하고 힘든 고개를 넘어간다.

나를 버리고 떠나가는 너무나 사랑했던 신앙의 형제자매여~

나를(이 진리의 길) 버리고 떠나가면 천국(十里)을 가기 전에 영적인 병이 나서 죽게 되니 제발 가지 말라는 애절한 마음이 담겨 있는 노래다.

> 補 "나를 버리고 가시는 임"이라는 말은 내 안에는 예수님의 말씀이 있기 때문에 나를 버리는 것은 곧 말씀을 버리는 것이며 더 나아가서 예수님을 버리는 결과가 되는 것이다.

> 註 나[我]와 말씀이 일체(一體)되는 근거♡옛 우리 조상들에게 하나님께서 내려주신 삼부인 중 하나인 『삼일신고』에 "일신강충(一神降衷)"이라는 말씀이 있다. 일신강충이란 유일하신 하나님(一神)의 신(神), 곧 성신(聖神)이 우리 마음속에 내려와 계신다는 뜻이다. 그래서 우리 백의민족은 항상 우리 백성들 마음속에는 하나님의 성령(聖靈)이 함께하신다는 신념(信念)과 사상(思想)이 강했다. 그래서 상대가 누가 되었든 간에 함부로 대하지 않았고 정중히 신(神)을 대하듯 했다. 그래서 우리나라 사람들은 나를 나라는 단수를 쓰지 않고 우리라는 복수를 쓰는 것이다. 각 사람 사람마자 하나님의 거룩한 성령이 함께하신다고 교육을 받았기 때문이다.

그래서 내 안에 신(神)이 있다는 것은 내 안에 말씀이 있다는 말과 같다. 그것을 성경으로 가서 보면 요한복음 1장 1절에 말씀=하나님이라 했고 요한복음 10장 30절에는 예수님께서 나(예수님)와 하나님은 하나라고 하셨다. 하나님의 영(靈)이 예수님께 오셨기에 예수님과 하나님은 하나라고 하신 것이다. 요한복음 1장 1절에 말씀이 곧 하나님이라 했으니 하나님의 말씀이 예수님께 임(臨)했으면 하나님과 예수님은 하나가 되신 것이다. 그리고 예수님 그 자체가 말씀이 되신 것이다(요 1:14). 그래서 예수님의 말씀을 내 안에 온전히 새겼다면 나는 예수님과 하나가 되는 것이며, 요한복음 6장 63절에 예수님 말씀이 곧 영(靈)이라 했으니 예수님 말씀이 내 안에 온전히 새겨져 있다면 예수님 영(靈)이 나와 함께 계신다는 것이다. 그래서 나는 나라는 육신과 내안에 계신 말씀이 합해져서 나(我)가 되는 것이다.

상기한바 고대(古代) 우리 조상들이 가졌던 일신강충(一神降衷)사상과 요한복음 1장 14절에 말씀이 육신(肉身)이 되었다는 말씀이나 요한복음 14장 20절에서 그날에는 예수님이 아버지 안에 우리가 예수님 안에 예수님이 우리 안에 계신다는 말이나 우리 자신이 말씀체가 된다면 다 이루는 것이다.

4) 아리송

앞에서 해석한 단어들이 그런 것 같기도 하고 아닌 것 같기도 해서 아리송한 분들도 있으리라 본다. 이는 곧 열려진 말씀을 배웠느냐 안 배웠느냐에 따라 이해가 다르리라고 보는 것이다. 국어사전에서 '아리송'이란 뜻은 여러 개가 있다. "그런 것 같기도 하고 그렇지 않은 것 같기도 하여 또렷하게 분간하기 어려운 모양."이라고 나와 있다. 그렇다. 우리가 일상적인 언어에서 사용하는 아리송은 무엇인가 또렷하지 않을 때 사용한 말이다. 지금으로부터 몇천 년 전에 우리 조상들이 후손들에게 이 아리송을 가르쳐주실 때도 확실한 뜻을 몰라 어리둥절하고 아리송했을 것이다.

이 아리송이란 문자 속에는 장래 우리나라에서 이루실 중대한 뜻이 내포되어 있었지만 그때 당시 사람들은 이해할 수 없었다. 성경도 마찬가지다 다니엘이 하나님의 말씀을 기록해 놓고 무슨 뜻인지 몰라 하나님께 물으니 하나님의 대답이 이 비밀은 마지막 때까지 봉함해 둔 것이니 너는 기록해 놓고 가라고 하신다(단 12:8~9). 그저 다니엘은 아리송했을 뿐이다. 다니엘뿐만 아니고 성경의 선지자나 동양의 선지서를 기록한 선지자들도 사정은 마찬가지로 받아 기록은 했으나 뜻을 몰라 아리송했을 것이다.

> 아리송이란 한자 속에 감춰진 예언적인 요소를 살펴보면 아리송은 한자(眞書)로 아리송(亞里松)이다.

아리송이란 말이 나오기 시작한 시대적인 연대를 유추(類推)해 보면 환웅천황시대 때 천황께서 백성들을 교화(敎化)시키실 때 민요나 민담이나 풍속에 관한 것들을 많이 전수(傳受)하셨는데 이 아리송도 그때 가르쳐주시지 않았나 생각한다.

- 亞(亞 자 안에서 十 자가 나오고) 里(마을 리: 십자가 서 있는 성읍) 시온 산

- 松⇨木(나무 목) 公(우두머리 공, 공변될 공)
  - 木(나무)⇨예언서에서 나무는 하나님의 백성을 말함(렘 5:14)
  - 公: 우두머리, 어른, 공의 공도를 행하는 자

釋 하나님을 믿는 백성들 중에 우두머리 되시는 어른께서 말일에 나타날 하나님의 성읍,. 시온 성산에 서실 것이다.

註 성경 히브리서 11장 1절에 "믿음은 바라는 것들의 실상(實狀)이요 보지 못한 것들의 증거(證據)니"라고 나와 있다. 그 당시 우리 조상들이 이런 믿음이 있었다면 모르거니와 이런 믿음이 없다 보면 이 가르침 자체가 아리송할 수밖에 없었을 것이다.

동양 선지서 중에 『송하비결(松下秘訣)』이라는 예언서가 있다. 소나무 밑에 거해야 산다는 비결이다. 그러나 많은 해설자들이 그 소나무 송(松) 자에 얽힌 비밀을 알려고 갖은 노력을 다했으나 그 비밀을 찾아낸 사람을 아직까지 보지 못했다. 단 『격암유록』에서 격암 남사고 선생은 松下(송하), 즉 소나무 밑에 거해야 산다는 비밀을 우리나라 어린이들이 수천 년에 걸쳐서 불러오던 <송아지>라는 동요와 연결시켜 놓고 그 동요 속에 나온 송아지는 소(牛)가 낳은 송아지를 말함이 아니라 송하지(松下)라고 말하며 말일에 난리가 나서 사람들이 많이 죽게 될 때 송하지(松下止), 곧 그 소나무 밑에 들어가 거해야 살 수 있다고 말하고 있다. 그러나 그 송하지가 어디인가는 본인도 모른 채 신(神)에게서 받아 적어 놓기만 하고 가셨다.

(1) 민요 <도라지>(『격암유록』 참조)

민요 도라지

도라지 도라지 백도라지 심심산천에 백도라지 한두 뿌리만 캐어도 대바구니만 철철 넘는구나

釋 도라지=道下止(도하지) : 말씀 아래 머물러라, 말일에 말씀이 나오는 곳을 찾아 그곳에 정착하라는 뜻

❶ 백도라지= 白道下止(백도하지) : 깨끗한 말씀(진리)이 나오는 곳을 찾아가서 머물러라(정착하라)

❷ 심심산천에=心深山川(심심산천) : 깊고 깊은 마음속에 지어진 성령의 전(殿)과 내(川: 말씀이 흐르는 길)에서 흘러나오는

❸ 백도라지=白道下止(백도하지) : 흠도 티도 없는 깨끗한 진리의 말씀이 나오는 곳을 찾아 머물러라

❹ 한두 뿌리만 캐어도 : 진리의 말씀을 한두 말씀만 들어도

❺ 대바구니 : 바구니= 그릇= 사람(롬 9:24), 열두 바구니(마 14:20) – 대(竹: 대 죽) = 곧고 정직함. 대바구니=곧고 정직한 사람

❻ 철철 넘는구나 : 진리의 말씀이 충만한 상태

5) 송 아 지

(1) 송하지(松下止) –『격암유록』에서–

① 人(사람인) 口(입구) 有(있을유) 土(흙토) 殺(죽일살) 我(나아) 理(이치리)로
重(거듭중) 山(뫼산) 深(깊을심) 谷(골곡) 依(의지할의) 松(소나무송) 生(살생)

釋 가만히 앉아 있는 것은 나를 죽이는 이치이니 첩첩산중과 깊은 골짜기에서 소나무 송(松) 자에 의지하면 살 수 있네

• 人口有土 설명: 人+人+土=坐(앉을 좌, 흙 토) 양 쪽에 사람 人이 들어가면 앉을 좌가 되듯이 흙 토 양쪽에 입 구(口) 자가 들어가도 앉을 좌가 된다.

• 첩첩산중: 도를 닦으려면 산으로 가야 하고 도(道=말씀)는 산에서 나

온 도통한 사람에 의해서 나온다고 생각하고 있지만 도(道)가 하나님 말씀이라고 할 때 하나님 말씀은 오늘날 교회에서 나온다. 重山(첩첩산중)은 많은 교회들 중에서라는 말이다.

- 深谷: 깊은 골짝에는 맑은 물이 흘러나온다. 물이 하나님 말씀임을 알았으니 하나님 말씀은 어디서 전해져 나온 가를 생각하고 그곳에 가서 소나무 松 자에 의지하면 살 수 있다는 것이다.

② 見 人 猖 獗 見 木 即 止
　 볼견 사람인 미쳐날뛸창 날뛸궐 볼견 나무목 곧즉 머무를지

畵 犢 即 音 松 下 止
그림화 송아지독 곧즉 소리음 소나무송 아래하 머무를지

🈐 사람들을 보니 미쳐 날뛰고 있을 때 나무를 본즉 거기에 머물라. 그림 속의 송아지는 소리로만 송아지라고 하지 진짜 송아지는 송하지(松下止)이네

송아지의 송 자는 무슨 비밀을 담고 있을까?

🈑 먼저 알 것은 동양 선지서나 예언서들에 기록된 기록들이 육적 우리나라의 흥망성쇠나 대통령이 누가 될 것인가를 예언해 놓은 것이 아니라는 것을 먼저 알아야 한다. 그리고 총칼 핵무기를 가지고 세계 대전이 일어난 지구와 많은 일류의 파멸을 예언해 놓은 책들이 아니요. 다시 말해 육적인 지구의 핵전쟁이 아니요. 하늘에서 일어나는 하나님의 영들과 마귀의 악령(惡靈)들과의 영적 싸움이란 것을 먼저 알아야 한다(엡6:12)

우리민족이 수천 년 동안 불러오던 도라지나 어린아이들이 불러 오던 송아지 노래 등 민요나 동요 가운데서 동양 선지서에서 말하고자 하는 뜻이 감춰져 있음을 본다.

그 선지서 등에 비장(秘藏)된 비밀은 사람의 연구나 지혜로는 풀리지 않는다. 왜 그럴까? 선지서나 묵시록은 하나같이 신(神)의 지시에 의해 기록했기 때문이다. 그래서 이 비밀은 신(神)이 풀어줘야 풀리는 것이다. 그렇다면 신(神)이 직접 내려와서 풀어줄 것인가? 아니다 선지서를 기록할 때도 선지자를 시켜서 기록했듯이 풀어주실 때도 때가 되면 하늘에서 한 목자를 세우셔서 풀어주신다.

■ 소나무 송(松) 자를 파자해 보면?

松(소나무송) = 木(나무 목) + 公(공변될 공, 우두머리 공)

- 木(나무 목): 나무는 **유대 백성=선민**(사 5:7)
- 公(공평 공, **어른 공**, **우두머리 공**, 벼슬 공)

釋 하나님께서 택한 선민 중에서 가장 어른 되고 우두머리되고 지도자 되는 사람. 그분이 소나무 송(松)이다.

- 말일에는 소두 무족(小頭 無足)=뱀, 사단, 마귀가 나를 죽이려고 날뛸 때는 송하 지(松下 止)가 내가 사는 곳이요, 도하 지(道下 止)만이 내가 사는 길일세(『격암유록』에서)

松下止(송하지=송아지)

- 하나님이 택하신 목자 아래 정착하는 것

道下止(도하지=도라지)

- 하나님의 진리의 말씀이 나오는 곳을 찾아 그 아래 머무는 것

註 말일에 신앙인들이 반듯이 찾아야 할 곳이 있다면 예수님이 보내신 다른 보혜사 진리의 성령이 함께하신 약속의 목자가 신약에 예언을 실상으로 이루어 가신 어린양과 144000이 서 있는 시온산을 찾아야 되고(계14:1~) 그 이루신 실상이 신약에서 예언하신 예언과 일치한지 반드시 알아야 되며 성경 예언서에서 말한 말세에 풀어 주시겠다는 약속의 말씀이 말세가 되므로 풀어 주시고 계신다는 것을 알아야 하고(요 16:25) 그 예언대로 실상이 이루어져가고 있음을 알아야 한다. 말로만이 아니라 실체가 이루어가고 있음을 귀로 듣고 눈으로 보고 만진 바 되는 세상이 되었다. 부디 예언이 이루어진 실상시대를 살고 있음을 명심하고 이단이라고 배척하고 핍박하기 전에 성경과 대조해 보시고 실상으로 이루어진 것이 정말 성경 예언과 맞는가를 손수 확인하시고 성경과 맞으면 믿으시기 바라는 바이다(요 14:29).

가요(歌謠)

　동양 예언서 『격암유록』 정석가 중에는 세상에서 유행하는 가요 (歌謠) 속에 장차 이뤄질 일들이 숨어 있으니 그 노래의 뜻을 마음에 깨달아야 한다는 내용이 있다. 우리 민족의 고단한 삶의 한풀이 노래나 그날그날에 흥겨워 부르는 노래 속에는 하늘의 뜻이 깊숙이 감춰져 있음을 본다. 그리고 우리나라의 국토를 이루고 있는 산이나 강의 이름에도 영적인 깊은 뜻이 내포되어 있다.

1) 미아리고개

　미아리고개는 돈암동고개 또는 돈암현(敦岩峴)이라고도 한다. 동암동에서 길음동(吉音洞)으로 넘어가는 미아로에 있는 고개를 말한다. 1636년 병자호란 때 중국 청나라가 우리나라를 침범해 들어올 때 이 고개를 넘어서 쳐들어 왔기에 되너미(되놈, 떼놈)고개라고도 불렀다. 한자명으로는 적유령(狄逾嶺)이라 하였다. 또 6.25전쟁 때에는 수많은 애국지사와 저명인사들이 쇠사슬에 묶인 채 이 고개를 넘어 북한으로 납치되어 갔다. 지금도 생존해 있음에도 돌아오지 못하고 있는 분이 있는가 하면 대부분이 이산(離散)의 한을 품고 돌아가셨다. 고개에 얽힌 사연을 내용으로 한 <단장의 미아리고개>는 널리 알려진 대중가요다.

미아리고개는 원래 되너미고개로 불렸는데 일제 강점기 때 이 일대에 한국인 전용 공동묘지가 조성되었다가 8.15광복과 함께 북한 동포 및 해외동포 등이 들어와 주택난이 따르자 1957~1958년 경기도 파주시 광탄면 용미리와 고양시 벽제읍으로 공동묘지를 이전함에 따라 주택가로 바뀌었다. 고개를 넘어가는 도로 주변에 점술집이 많았다. 이곳의 점술가는 대개 시각장애인이며 역학에 근거한 점을 본다는 특징이 있다. 호황기였던 1980년대에는 약 100여 곳의 점집이 있었다고 한다. 1990년대 중반 성북구가 이곳을 전통의 거리로 개발하려 하였으나 기독교계의 반발로 무산된 바 있다.

내가 미아리고개를 쓰고자 한 것은 서울에 있는 미아리 고개가 미아리라는 한자(漢字)와 또 미아리고개의 과거 있었던 일들과 <단장의 미아리고개>라는 과거에 유행했던 노래가 성경 역사의 한 페이지를 본 것 같아서 깜짝 놀랐고 우리나라 여러 이름이나 민요에 '아리'라는 단어가 특별히 많다. 그렇다면 미아리라는 뒤의 두 자 아리에도 무슨 뜻이 있으리라고 생각했다. 항상 하나님의 비밀은 육적 역사의 뒤에 영적 역사를 숨겨 두셨다.

미아리는 한자로 미아리(彌阿里)라고 표기되어 있다. 위에서 말한 것 같이 영적인 것은 육적인 실체(實體) 뒤에 숨겨있다. 여기에서 감춰진 것은 아(阿) 자 뒤에 버금 아(亞) 자가 숨어 있는 것이다. 버금 아(亞) 자로 바꾸면 미아리(彌亞里)가 된다.

■ 그렇다면 미아리(彌亞里)란 무슨 뜻이 있을까?

彌(마칠 이, 그칠 이). 亞里(十십자 마을) 十里(천국, 시온성)

• 시온성이란 하나님의 도성, 곧 천국을 말한다.

釋 彌亞里 ⇨ 천국이란 지경이 마치는 곳, 그치는 곳

註 영적으로 본다면 성(城) 안이 천국이었다면 미아리고개를 넘으면 천국 밖이 되는 것이고, 그 고개를 넘어서 A.D. 1636년 중국 청나라의 오랑캐들이 우리나라를 침범했고 6.25동란 때는 북한군들이 가장 먼저 미아리고개를 넘어서 서울을 침범했다. 청나라 군대의 침략이 있은 후 미아리고개를 한자로는 적유령(狄逾嶺) 또는 적유현(狄踰峴)이라고 했다. 그 후 미아리(彌阿里)라고 바꿔 부른 시기는 언제였는지 확실치가 않다.

■ 적유령(狄逾嶺)의 한자 뜻은?

狄(북방오랑캐 적) 逾(넘을 유) 嶺(고개 령)

釋 북방오랑캐(청나라)가 넘어온 고개라는 뜻이다.
(적유현(狄踰峴)이란 뜻도 같다.)

그 후 일본의 침략과 A.D. 1951년 6.25동란이 터져 그때도 미아리고개를 통해서 북한군들이 서울에 제일 먼저 입성했다. 6.25전쟁은 강대국들의 대리전쟁의 성격을 띠고 같은 민족끼리 치러진 전쟁으로, 우리에게 엄청난 인명과 재산피해를 안겨줬고 가족이 뿔뿔이 헤어지고 북한군에 의해 수많은 사람이 이북으로 끌려갔다. 이 전쟁은 우리 민족에게 커다란 슬픔을 안겨 주었고 그때 헤어진 가족들은 이산가족이 되어 가족을 만나기를 애타게 기대했지만 만나지 못하고 돌아가신 분들도 있고 살아계신다 해도 80세, 90세가

넘은 고령으로 죽기 전에 가족을 만나 본다는 보장이 없다. 이토록 피비린내 나는 전쟁 통에 생겨난 노래가 <단장의 미아리고개>란 노래다.

■ 단장(斷腸)의 미아리고개 가사

미아리 눈물고개 임이 넘던 이별고개
화약연기 앞을 가려 눈 못 뜨고 헤매일 때
당신은 철사 줄로 두 손 꼭꼭 묶인 채로
뒤돌아보고 또 돌아보고 맨 발로 절며 절며
끌려가신 이 고개여! 한 많은 미아리고개

- 단장(斷腸)⇨창자가 끊어지는 아픔
- 임⇨하나님을 떠남으로 내 의지와는 상관없이 악령에 미혹되어 마귀의 소굴로 끄려가는 신앙의 형제자매들(아리랑 참조)
- 화약연기⇨하나님의 말씀이 아닌 사단의 비진리(非眞理), 선악과
- 눈 못 뜨고⇨비진리에 가려서 영적 소경이 되어 선악을 분별하지 못함
- 철사 줄로 꼭꼭 묶인 채로⇨철사 줄(사단의 비 진리), 묶는 자(사단의 목자), 묶인 자(하나님 말씀이 없는 교인)
- 뒤돌아보고 또 돌아보고: 자기의 소유물이 아쉽기도 하겠지만 자기를 붙잡아 주지 않고 이 지경이 되도록 놔둔 신앙의 형제들을 원망스럽게 뒤돌아봤을 것이다.
- 맨발로 절며 절며: 맨발은 신을 벗었다는 것이고 신이 없다는 것은 믿음과 하나님의 말씀이 없다는 증거다(엡 6:15, 출12:11).
- 끌려가신 이 고개: 이 고개는 한 번 넘으면 다시 오지 못하는 고개
- 한 많은 미아리고개: 한스러운 천국과 지옥의 경계선을 넘는 고개

註 우리는 이 세상에 모든 사물과 된 일들이 하나님과 상관없는 것이 없고 하나님의 신성과 능력이 나타나지 않은 것이 없다(롬 1:20).

<단장의 미아리고개>의 가사를 쓴 작사자나 노래를 부른 가수나 이 가운데 하나님의 뜻이 개입되었다고 생각하지는 못했을 것이다.

신앙인들은 먼저 이 노래와 미아리고개의 내력을 보면서 성경에서 시대마다 하나님 나라가 침범당한 사건을 보시고 영육으로 사단의 본부가 되어버린 미아리고개의 공동묘지와 고개 양 옆으로 즐비하게 늘어선 점(卜)집을 연세가 드신 분들은 보았을 것이다. 이곳이 육적으로 귀신의 처소, 각종 더러운 영의 모이는 곳, 각종 더럽고 가증한 새들이 모이는 곳이 되어버렸다(계 18:2).

1980년대에 들어서서 점집이 무려 100여 군데가 넘었다니 마귀 군대가 최고 성황기를 누렸나 보다. 거기다가 여자(영적 목자)를 두고 술(비진리)을 파는 술집(비진리를 가르친 교회)까지 합치면 고개 양 옆으로 한 집도 다른 장사를 하는 점포가 없었다는 말이 되지 않을까 싶다. 또 점을 치는 점쟁이들 대다수가 시각장애인이었다니 오늘날 성경을 가지고 점치는 자들이 다 하나님 말씀을 못 보는 소경임을 말해 주고 있는 것이다. 그럼 1980년대에 들어서서 종교계(기독교)에서는 무슨 일이 있었을까? 성경에서 말하는 영적 대전쟁이 있었다는 사실을 아는 사람만 아실 것이다. 이 미아리고개에서도 실제 육적 전쟁뿐만 아니라 영적 전쟁도 있었던 것이다.

2) 칠갑산(七甲山)

칠갑산은 충청남도 청양군 대치면과 정산면, 장평면 경계에 있는 산이다. 칠갑산은 연봉(連峰)이 일곱 방향으로 뻗쳤다 하여 붙여진 이름이다. 해발고도 561m, 북쪽으로 대덕봉(大德峰)이 있고 동북쪽으로 명덕봉(明德峰)이 서남쪽으로 정혜산(定惠山) 등과 이어진다. 산세가 거칠고 험준하며 수림(俊林)과 계곡의 경치가 빼어나다. 산 정상 부근에 주요 교통로인 한티고개가 있고, 전망대인 칠갑정(七甲亭)에 면암 최익현(崔益鉉) 선생의 동상이 있다. 1973년 3월 도립공원으로 지정되었다.

■ 칠갑산 가사(노래: 주병선)

콩밭 매는 아낙네야
베적삼이 흠뻑 젖는다
무슨 사연 그리 많아
포기마다 눈물 심누나
<후렴>
홀어머니 두고 시집가던 날
칠갑산 산마루에
울어주던 산새소리가
어린 가슴 속을 태웠소

칠　　　갑　　　산
七(일곱) .　甲(첫째, 갑옷).　山(뫼=산)
일곱칠　　　첫째갑,갑옷갑　　　뫼산

- 七(칠) ▷하늘의 일곱 영(계 5:6). 땅에서는 일곱 사자(목자)(계 1:20)

- 甲(갑)▷천간지지(天干地支)의 첫째, 장자, 첫 열매
- 山(산)▷山(산)은 하나님의 殿(전), 성전(사 2:2, 미 4:1)

釋 하나님을 모시는 일곱 사자와 첫 열매(장자들)가 모인 말일에 나타날 성전 시온 산(계 14:1~)

콩밭(太田)이란?

註 콩(太)▷太 자는 클 태, 처음 태, 콩 태 등으로 쓴다.

콩太(처음, 콩)▷콩 태(太) 자를 파자하면
콩태, 처음태

- 一(처음, 콩) 人(사람) 丶(불=씨=말씀[눅 8:11])
  한일,첫째   사람인   불똥주

註 육적: 씨를 가진 처음 사람
　　영적: 하나님의 말씀으로 인 맞은 변화 받은 장자들

밭(田)▷성경에서는 밭이 사람 또는 사람마음이다(고전 3:9, 눅 8:15)

釋 콩밭은 콩 씨를 심어 자라게 하여 콩을 거두는 곳이다. 영적인 콩밭은 하나님 말씀을 마음의 밭에 인 맞아 하나님의 백성으로 변화 받아 장정한 신앙인이 되는 것이다

매는

註 콩밭을 맨다는 것은 콩이 잘 자랄 수 있도록 콩 밭에서 돌멩이를 골라내고 잡초를 뽑아내고 딱딱해진 땅을 부드럽게 해서 콩이 자라는 데 방해가 되는 요소들을 제거 해 주는 농사일이다.

🔖 신앙이 성장해 갈 수 있도록 잘 돌봐 주는 신앙관리

아낙네야~ 아낙네=아낭내(兒囊內)

- 兒(아이아)⇨어린아이, 영적으로는 신앙이 어린 초신자
- 囊(주머니 낭)⇨아이를 젖을 먹여 넣고 다니며 기를 수 있는 주머니. 영적으로는 어린 신앙인을 돌보아 자라게 할 수 있는 관리 능력
- 內(안 내, 속)⇨안에 주머니를 갖고 있다. 영적으로는 관리능력의 소유자를 말함

🔖 육적으로 아낭네란 아이를 담을 수 있는 주머니가 있는 사람이다. 영적으로는 처음 전도된 어린아이와 같은 신자를 마음의 주머니에 넣고 사랑으로 성장시켜 갈 수 있는 사람이 아낭내다.

베적삼이 흠뻑 젖는다

- 베적삼⇨무명이나 삼베로 만든 여름에 입은 홑저고리. 농촌에서 일할 때 많이 입는다.
- 흠뻑 젖는다⇨콩밭 매는 일은 여름철에는 힘든 일이나 영적으로 짐승 같은 사람을 변화시켜 하나님의 백성으로 변화시켜 가는 것이나 힘들기는 마찬가지다.

🔖 콩 농사를 짓는 농부들이나 전도하여 하나님 백성으로 양육해 가는 전도자들이나 옷이 흠뻑 젖도록 힘든 일임을 표현한 말이다.

무슨 사연 그리 많아 포기마다 눈물 심누나

- 무슨 사연 그리 많아⇨콩 농사를 짓는데 무슨 애절한 사연이 그렇게 많기에. 영적으로는 하늘 농사를 짓는데 무슨 어려움이 그렇게 많기에
- 포기마다 눈물 심누나⇨멈추지 않고 포기마다 눈물이 떨어지느냐? 영적으로는 한 사람 한 사람이 눈물로서 맺어지는구나

🟥 釋 농촌의 농사가 처음 밭을 가는 것부터 시작하여 추수할 때까지의 고생이란 피와 땀과 눈물로 지어진다. 농사를 지어보지 않은 사람들은 알지 못한다. 영적으로 하늘 농사도 하나님의 처음 열매들을 맺기까지의 그 과정을 보면 하나님과 예수님의 피눈물로 시작하여 많은 선지자들의 순교의 희생과 오늘날도 산 순교의 정신으로 하나님의 일꾼들이 열매가 하나하나 맺을 때마다 그 열매 위에 쏟은 눈물은 경험하지 않은 자는 알 수 없다.

후렴

홀어머니 두고 시집가던 날

● 홀어머니 ⇨ 홀어머니는 과부(寡婦)다. 과부는 남편이 없는 여자다.

🟥 註 남편이 아내에게 씨(氏)를 줌으로 여자는 씨를 받아 아이를 잉태하여 대를 잇고 종족을 번식시킬 수 있다. 그런데 그 씨(氏)를 줄 남편이 죽거나 헤어졌으면 그 여자는 씨를 받을 수 없어 자식을 생산할 수 없는 과부가 되어 온전한 여자노릇을 하지 못한다. 옛날 우리나라에서는 자식을 못 낳은 여자는 그 집안에서 쫓겨났다. 하늘 역사도 마찬가지다. 하나님께서도 씨(氏)가 있어 그 씨로 자식을 낳아야 여자(성도=마 25:1~13)로 인정하신다. 그럼 하나님의 씨는 무엇인가? 하나님의 씨는 하나님 말씀이다(눅 8:11).

농촌에서는 씨로 농사를 짓지만 하나님께서는 말씀으로 하늘 농사를 짓는다. 그러면 육적 씨는 남편에게서 받지만 영적인 씨인 말씀은 누구에게 받는가? 말씀은 성령(聖靈)으로부터 내려온다. 그래서 그 성령으로부터 말씀을 받아 말씀인 씨로 우리를 기르는 자는 목자가 된다. 그래서 말씀인 씨를 주는 분인 성령은 남편이 되고 그리고 그 말씀의 씨를 받아 성도들을 양육한 목자는 성도들의 어미(여자)가 되는 것이다.

그래서 여기서 말한 홀어머니는 이 목자에게서 성령이 떠나고 없으므로 말씀의 씨를 받지 못하니 이 처녀(성도)가 섬기고 있는 목자가 홀어머니가 되는 것이다.

두고◇지금까지 이 성도가 섬기던 목자(홀어머니)를 두고

시집가던 날◇신랑(참 목자)을 만나 시집가던 날(옮겨 가던 날)

註 이 성도는 하나님 말씀이 나오지 않은 지금까지 모셨던 목자(홀어머니)를 두고 하나님의 말씀을 직접 전해주는 성령인 신랑을 만나 가는 것을 영적으로 시집간다고 한다.

칠갑산 산마루에 울어주던 산새소리가

- 칠갑산◇하나님의 일곱 영과 첫 열매가 있는 성전, 시온 산(계 14:1~)
- 산마루에◇산등성이에, 곧 성전 입구에서, 어귀에서
- 울어주던 산새소리에◇산새의 울음소리. 새는 성령(마 3:16)
  산새 울음소리는 성전에서 흘러나오는 성령의 탄식소리

釋 자기가 오래도록 모신 홀어머니(목자)를 마귀의 소굴에 두고 떠나오는 안타까움을 하나님의 성전에 있는 성령들도 탄식하는 소리

어린 가슴 속을 태웠소

- 홀어머니를 두고 오는 어린 신부(성도)의 마음을 표현

釋 남편이 떠나버린 과부 홀어머니. 곧 성령이 떠나버린 목자의 안타까움

을 아는 성령의 탄식하는 소리가 시집가는 어린 신부(성도)의 마음을 그렇게도 아프게 했다.

3) 앵두나무 처녀(處女)

■ 〈앵두나무 우물가에〉 가사

앵두나무 우물가에 동네 처녀 바람났네
물동이 호미자루 나도 몰라 내던지고
말만 들은 서울로 누굴 찾아서
이쁜이도 금순이도 담봇짐을 쌌다네

앵두나무⇨櫻 앵두나무 앵(櫻) 자를 파자(破字)하면

● 木(나무 목) 賏(목걸이 영) 女(여자 여)

 - 木⇨十 . 人=(교회, 성전을 뜻함)   人
 - 賏⇨貝(조개 패) 貝(돈 패)=賏(치장. 외모를 꾸미다)
 - 女⇨앞에 칠갑산에서 여자는 씨(말씀)를 받는 목자(牧者)임을 알았다.

釋 외모를 치장하고(꾸미고) 치리하는 교회 목자

註 사람이 치장하고 외모를 꾸몄다면 진짜 자기 모습이 아니라는 것이다. 교회에서 성도들을 가르치는 목자가 외모를 치장하고 꾸몄다는 것은 진짜 하나님의 목자가 아니라 하나님의 목자를 가장한 거짓 목자라는 뜻이 된다.

우물가에⇨우물은 물이 나오는 곳이요, 물을 퍼가는 곳이다.

- 물(水)⇨성경에서 물은 말씀[言]이라 한다(요 4:14, 신 32:2).

釋 우물가는 교회 목자(우물)의 주위에 믿는 자를 말함

註 물은 우물에서 나온다. 그럼 물이 말[言]이라면 말은 어디에서 나오겠는가? 목자의 입에서 나온다. 목자가 거짓 목자라면 거짓 목자의 입에서 나온 말은 거짓말이요, 그래서 앵두나무 우물은 거짓 목자의 입에서 나온 거짓말이다. 우물가에 있다는 것은 거짓 목자의 주위에 있다는 말이다.

동네처녀 바람났네

- 동네처녀⇨한 마을처녀   영적⇨교회 안의 교인, 성도(마 25:1~)
- 바람났네⇨마음이 흔들림, 갈피를 못 잡음

釋 교회 안의 성도들이 마음이 흔들리고 들떠 있네

註 사람이 어렸을 때는 엄마 젖을 먹고 자라지만 성장해서 처녀가 되면 새 신랑을 만나 시집을 가야 한다. 영적으로도 성도들이 어린 신앙에 있을 때에는 젖과 같은 말씀으로 자라지만 신앙이 성장하여 장성한 신앙인(처녀)이 되면 장성한 신앙인이 먹어야 할 말씀을 찾게 된다. 그런데 담임 목자가 계속해서 젖과 같은 말씀만 준다면 장성한 신앙인들은 만족함이 없고 불만 속에 갈급함을 느끼고 마음이 흔들리고 들떠서 말씀이 좋다는 목자를 찾아다니게 된다. 지금의 신앙의 때가 그런 때이고 예수님이 밤(영적 밤)에 도적같이 오셔서 이 교회 저 교회에서 한 사람 두 사람 씩 추수해서 곳간(천국)에 담겨지고 있는 때가 지금이다.

註 지금은 주 재림 때요, 추수 때다(마 13:30, 39). 하나님은 지금으로부터 약 2,600년 전 이스라엘 집과 유다 집(하나님을 믿는 선민들 교회)에 사람의 씨(말씀)와 짐승의 씨(말: 가라지)를 뿌릴 날이 있으리라고 예언하시고(렘 31:27) 그 후 600년이 지나 예수님이 오셔서 예수님 밭(교회)에 두 가지 씨를 뿌리시고 추수 때가 되면 추수하시겠다고 약속하셨다(마 13:24~30). 그래 이제 세상 끝, 추수 때가 되어 밤에 도둑같이 오셔서 이 교회에서 한 사람 저 교회에서 두 사람씩을 추수하여 오겠다고 미리 말씀하시고 지금 그렇게 추수하셔서 하나님이 세우신 목자에게 추수해 오시고 계신 것이다(렘 3:14~15). 그래서 지금은 씨(말씀)를 뿌릴 때가 아니요, 알곡성도를 추수하여 곳간에 들일 때임을 알아야 한다(마 13:30, 39, 계 14:14~16). 혹자는 왜 이미 믿는 자들을 교회에 와서 빼 가느냐고 항변하지만 성경에서 곡식을 성도로 비유하고 있다면 다 익은 곡식은 추수되어 곳간에 거둬들인 것이 농사의 참 이치이듯이 다 성장한 알곡 성도는 추수되어 곳간(천국)에 저장되는 것이 하늘 농사의 이치다. 그래서 오늘날 재림 예수님이 밤(영적 밤)에 오셔서 성도들을 추수해 가는 것은 극히 성경적이란 것을 알아야 한다.

물동이 호미자루

- 물동이⇨영적으로 물: 말(말씀). 동이: 물 긷는 그릇[사명자(행 9:15)]. 목자.
- 호미자루⇨호미는 농사일을 할 때 밭을 매고 가꾸는 연장. 육적인 연장은 영적으로 말이나 말씀을 일컬음

釋 지금까지 내가 섬기던 목자와 내가 지금까지 배우고 가르치던 말씀이나 직분 등

註 육적으로 물동이는 물을 길어오는 그릇이다. 영적으로 물동이는 말씀을 받아온 목자다. 육적으로 호미는 김을 매는 연장이다. 영적인 호미는 하늘 농사를 짓는 연장, 곧 말씀이다. 다시 말해서 하나님의 어린 신앙인들을 가꾸고 돌보아 성장케 하는 말씀. 호미자루는 그 말씀을 받아 전하고 신앙을 관리하는 교회 교역자들.

나도 몰라 내던지고

- 나도 몰라⇨뭐가 옳은 것인지 판단력이 없어 나도 몰라
- 내던지고⇨포기하고, 팽개치고, 진리의 말씀을 찾아서

말만 들은 서울로 누굴 찾아서

- 말만 들은⇨내가 직접 가보지 않고 체험하지 못하고 어디가 좋다는 소문으로만 들어온 곳
- 서울로⇨서울은 사람이 많다. 교인이 많은 교회 또는 교단
- 누굴 찾아서⇨알지도 못하는 진리를 전한 목자를 찾아서

이쁜이도 금순이도 담봇짐을 쌌다네

- 이쁜이도 금순이도 ▷ 동네(교회) 많은 처녀들이. 영적으로는 교인들이
- 담봇짐을 쌌다네 ▷ 길을 떠날 때 짐을 싸 가지고 간 괴나리봇짐

釋 동네 교회 많은 교인들이 말씀이 좋고 성도 수가 많다는 교회를 찾아서 괴나리봇짐을 쌌다네

註 <앵두나무 처녀>의 노래가사는 말일에 있을 종교계의 현실을 예언해 놓은 노래가사다. 물론 작사자가 알고 쓴 것은 아니다. 동양 선지서도 쓴 사람들이 알고 쓴 것이 아니다. 『격암유록』에 예언해 놓은 것 같이 유행하는 가요에도 신(神)의 비밀이 숨어 있다는 말이 이루어지는 것이다.

성경 말씀에 "말일에는 하나님의 진리의 말씀을 듣지 못한 기갈이 오는데 사람들이 이 바다에서 저 바다까지 북에서 동까지 비틀거리며 달려 왕래해도 구하지 못하고 그날에 아름다운 처녀(성도)가 다 갈하여 피곤하리라."는 말씀이 있다(암 8:11~13). 그러나 지금은 하나님의 진리의 말씀을 듣지 못한 하나님의 정한 때까지나 하늘에서 내리는 생수의 강물(진리의 말씀)이 넘쳐나게 흘러나오고 있고 전해지고 있다. 누구든지 찾으면 찾을 것이다 (마 7:7).

4) 〈돌아와요 부산항(釜山港)에〉

부산광역시는 우리나라에서 서울특별시 다음가는 큰 도시이다. 그리고 부산항은 우리나라에서 가장 오랜 역사를 지닌 항구로 항만법상 제1종항이다. 1876년(고종 13) 2월 27일에 근대 항으로서는

제일 먼저 개항한 한국 최대의 항만이자 내·외무역의 관문이기도 하다.

부산과 부산항을 소재로 한 노래는 수없이 많다. 여기에서는 그 중에서 조용필 씨가 부른 <돌아와요 부산항에>라는 대중가요에 대한 영적인 뜻을 알아보고자 하는 것이다.

■ <돌아와요 부산항에> 가사 내용

꽃피는 동백섬에 봄이 왔건만
형제 떠난 부산항에 갈매기만 슬피 우네
오륙도 돌아가는 연락선마다
목매여 불러 봐도 대답 없는 내 형제여~
돌아와요 부산항에 그리운 내 형제여~

꽃피는 동백섬에

● 꽃피는

註 식물이 꽃피고 결실하는 과정을 보면 먼저 땅의 정지 작업을 거쳐 씨를 뿌리고 온갖 자연적인 재해와 병충해와 싸워 이겨야 하고 온갖 잡초에 시달림을 받고 끝까지 싸워 살아남은 식물만이 꽃을 피우게 된다.
영적으로 신앙이 꽃피기까지의 과정을 살펴보면 식물이 꽃피우기까지의 과정과 거의 같다.

〈꽃피는〉

釋 영적인 뜻: 옛 사람의 구습을 벗고 새 사람으로 거듭난 사람들

참고 포도원에 꽃이 피었다(아가서 2:15) ⇨ 포도원=I.S족속(사 5:7)

註 거친 황무지를 개간하여 옥토로 만들어 씨를 뿌리고 가꾸어 자라게 해서 꽃피우고 결실하는 과정이 처음 믿지 않은 사람을 전도하여 장성한 분량의 믿음의 소유자로 성장시킨 과정과 같다(땅은 영적으로는 사람 또는 사람의 마음. 고전 3:9, 눅 8:15).

동백섬(冬柏島)에~   島(섬 도): 섬

- 冬柏島(동백섬)를 파자(破字)하면
- 冬 ⇨ 夂(뒤져서올 치) + 冫(얼음 빙) ⇨ 다른 계절 뒤에 온 얼음(추위)
  (겨울동)

靈解 강추위: 심한 신앙의 연단과정

- 柏 ⇨ 木(나무 목) + 白(흰 백) ⇨ 하얀 나무, 깨끗한 나무
  (측백나무백)

靈解 나무는 하나님의 백성(렘 5:14). 희다: 깨끗하다, 거듭나다, 깨끗함을 입고 거듭난 신앙인들

- 島 ⇨ 鳥 = 鸟(새 조) + 山(산)
  (섬도)
  島=새(鳥)가 산(山)에서 내려와 산을 품고 있는 모습, 영(새=鳥)들이 교회(산=山)를 덮고(지배) 있는 모습(島)

靈解 산은 하나님의 전(殿). 교회(사 2:2). 새는 성령(마 3:16, 요1:32).

바다 가운데 솟아난 뭍이나 땅을 섬이라 한다. 바다는 성경에서 세상을 상징하고 있고(단 7:3, 17), 바닷물은 깨끗한 물이 아니기에 물이 말(말씀)이라면(암 8:11) 바닷물은 오염된 비진리를 말하고 있다. 바다 가운데 솟아난 섬(島)은 비진리로 오염된 세상 교회 가운데 세

워진 하나님의 영이 함께한 교회를 말한다.

島(섬)▷영적인 뜻: 비진리로 오염된 세상 교회 가운데 생겨난 하나님의 성령이 함께한 교회

〈동백섬〉

靈解 혹독한 신앙의 연단과정을 이기고 하나님의 말씀으로 깨끗함을 입은 성도들이 비진리로 홍수를 이룬 세상의 많은 교회를 벗어나 하나님의 성령이 함께한 교회로 모여 있는 곳

釋 꽃피는 동백섬: 구습에 젖어 있던 사람들이 하나님의 말씀으로 새사람이 된 성도들이 모여 있는 교회

봄이 왔건만

- 봄은 극한 혹한기를 지나 따뜻하고 온화하고 만물이 소생하여 생명이 약동하는 계절이 왔건만

春▷봄 춘 자를 파자하면

- 春▷一(하나님)+一(예수님)+一(성령)+人(사람)+日(날)

靈解 하나님의 영과 예수님의 영과 진리의 성령이 사람의 몸(육의 보혜사)을 입고 오시는 날이 봄(春)이다(요 14:16~20, 계 3:12).

註 동양 예언서에서 말한 "신인일체 영생불사(神人一體 永生不死)▷신과 사람의 몸이 하나가 되면 영원히 죽지 않고 산다."는 말과 요한복음 11장 25절의 말씀은 바로 이를 두고 하는 말이다.

釋 봄이 왔건만: 만물이 고대하던 성부, 성자, 성령이 사람의 몸을 입고 이 세상에 오셨는데……

형제 떠난

- 함께 신앙하던 우리(형제)의 곁을 떠난 사람들

註 하나님을 믿고 다정하게 신앙생활을 하던 신앙의 형제들이 종교 세계의 시대적 변화를 분별하지 못하고 사람의 몸이 죽지 않고 영원히 산다는 말과 하나님과 예수님과 진리의 성령이 사람의 몸을 입고 온다는 말을 믿지 못하고 사람의 생각과 상식으로 맞지 않다며 성경에 분명히 나와 있는데도 자기들 생각과 다르다고 불신하고 같이 신앙하던 형제 곁을 떠난 옛 믿음의 동역자들

초림 때 구원자이신 예수님이 오셨는데도 믿지 않은 유대인들의 모습이 재현되어서는 안 될 줄로 안다. 오늘의 신앙인들은 하나님을 믿는다 하면서도 성경말씀(요 11:25)을 믿지 않는 오류를 범치 않는지 깊이 생각해 볼 일이다.

부산항(釜山港)에

부산의 釜 자를 파자하면

- 父＋王＋ソ＝釜(가마 부)　　가마 ▷ 성읍(교회)(겔 11:3)
  ▷ 아비 父 자를 제외한
  다시 王과 ソ 두 점을 합치면 羊(양 양) 자가 됨

註 임금 王 자 가운데 있는 두 점(ソ)이 위로 올라가면 양양(羊) 자 부수가 됨. 양은 예수님을 상징하며(요 1:29) 아버지(父)는 하나님이 됨. 그래서 부산의 釜 자는 하나님과 예수님이 하나 되어 계

심을 나타내고(요 10:30) 山은 성전, 곧 교회를 말한다(사 2:2).

釋 한자 속에 나타난 釜山港(부산항)의 영적인 뜻: 하나님과 예수님이 계시는 성전(교회)으로 들어오고 나가는 관문

갈매기만 슬피 우네

- 갈매기=새 ⇨ 영(靈)(마 3:16, 요 1:32)
  슬피 우네 ⇨ 영(靈)들이 탄식하네

釋 하나님이 계신 성전 문에서 하늘의 영들이 하나님을 떠난 형제들의 영혼들이 받을 형벌을 생각하고 슬피 탄식하네

오륙도(五六島)

- 오륙도(五六島)의 유래

註 오륙도는 예부터 부산의 상징물로서 영도구의 승두말로부터 남동쪽으로 6개의 바위섬이 나란히 뻗어 있다. 이 섬들은 육지에서 가까운 것부터 방패섬, 솔섬, 수리섬, 송곳섬, 굴섬, 등대섬으로 되어있다.

오륙도라 부르는 이유는 방패섬과 솔섬에서 찾아볼 수 있는데, 두 섬은 아랫부분이 거의 붙어 있어 썰물일 때는 하나의 섬으로 보이고, 밀물일 때는 2개의 섬으로 보인다. 이처럼 조수의 차이에 따라 섬이 5개 또는 6개로 보이기 때문에 오륙도라 부른다.

靈解 오륙도의 영적인 뜻: 말일에 세상에 세워진 수많은 교회들이 사단에 소속되어 참 진리는 없고 사단의 비진리만 범람하고 있는 가운데 하나님의 계획으로 이 세상 가운데 세워 놓으신 성령이 함께하는 교회

靈解 1개의 섬이 밀물일 때 두 개로 보인다는 영적인 뜻: 사단의 권세 하에 있는 세상 교회의 비진리가 범람하므로 그 중 한 개 교회가 침노를 당해 두 갈래로 나눠졌다가 다시 회복하여 한 교회로 서는 것을 말함

돌아가는 연락선마다

- 돌아가는 연락선⇨돌아가며 두 쪽 해안이나 큰 강의 양쪽 교통을 이어 주기 위하여 다니는 배

靈解 연락선의 영적인 뜻: 부흥회나 전도 세미나 등으로 자기네 교단의 교리를 전하고 다니는 교회의 조직이나 팀

목매여 불러 봐도 대답 없는 내 형제여

- 예수님의 교회를 떠나 세상교회로 떠난 형제들을 애타게 찾아보고 불러 봐도 대답 없는 내 형제들이여!

돌아와요 부산항에

- 돌아오라. 참 하나님과(요 17:3) 예수님이 계신 곳으로

그리운 내 형제여~

- 진리가 없는 세상교회로 떠난 꿈에도 그리운 신앙의 내 형제들이여~

11 한자는 비밀이다

　한자는 우리글이다. 한자는 참 글이다. 한자는 진서(珍書)다. 우리글을 우리글이라고 말하기가 이렇게 힘드니 정말 답답하기 그지없는 노릇이다. 우리글을 우리글이라고 고대 자료를 들어서 그렇게 설명해도 우리 국민이 인정하려 하지 않으니 자랄 때 한번 잘못 배운 교육과 감수성이 예민한 시절에 한 번 뿌리박힌 사상을 바꾸기란 죽었다가 다시 깨어나는 것만큼이나 어렵나보다. 한자는 중국 한(漢)나라 때 만들어진 것이 아니다. 그보다 훨씬 전(前) 은나라 때도 있었고 그보다 천몇백 년 전 환웅천황께서 신지혁덕을 시켜 창제한 녹도문자(鹿圖文字)가 문자의 시원(始原)이요, 한자의 뿌리이다 (우리나라 고대 역대기 참조).

　일제 강점기에 그들이 날조한 역사로 공부했던 오늘날의 우리 역사학자들은 우리나라 고대 역사 자료들(『한단고기』 등)을 위서(僞書)로 치부해 버린다. 그리고 일부 종교계에서도 『한단고기』를 이단시하고 있다. 참으로 어처구니없는 노릇이다. 감춰졌던 새로운 역사기록이 발견되면 무엇이 옳은가를 깊이 연구하기 전 자기들 생각과 다르면 위서(僞書)요, 이단(異端)이란 굴레를 씌워 정죄(定罪)해 버린다. 같은 종교끼리도 어떤 종파의 가르침이 진리라 할지라도 그 가르침이 자기들 생각과 자기들이 만들어낸 교리와 다르면 이단이라는 말로 정죄하고 자기네는 숫자 논리로 정통이라는 말로 방패막이를 쳐버린다. 그래서 기준이 성경이 된 것이 아니라 자기들의 생각과 심증이 되는 것이다. 이것이 오늘날 종교계의 현실이다.

한자는 우리글 진서(眞書)다. 진서는 우리글 참 글이다. 한자의 글자 속에는 우리 민족의 비밀이 숨어 있다. 그리고 한자와 성경과는 깊은 연관성이 있다. 깊이 상고해 보기 바란다. 한자는 뜻글이요 땅의 사물을 보고 만든 땅의 글이다. 한글은 소리글이다. 하늘의 사물들을 보고 만든 하늘 글이다. 일찍이 하나님께서는 뜻글과 소리글이 합성됨으로 온전한 발성이 되고 모든 소리를 기록할 수 있기에 우리 조상들을 시켜 녹도문자(한자의 뿌리)와 가림토 문자(한글의 뿌리)를 만들어 쓰도록 배려하신 것이다. 지구의 70퍼센트를 물(바다)이 차지하고 있어 모든 자연과 생태계를 유지하고 있다. 우리 몸도 물이 70퍼센트를 차지하고 있으므로 조화를 이루어 생명을 유지하고 있다. 우리의 말과 글도 70퍼센트를 한자(진서)가 차지하고 있다. 이것은 우연의 일치가 아니다. 하나님의 깊은 섭리 가운데 이루어 놓으신 계획 속에 들어 있다고 필자는 확신하고 있는 바이다.

1) 한자의 파자, 합자, 측자

(1) 한국과 아세아

한 국
韓 國
한국한,나라한 나라국.

韓 ⇨ 十(천국을 상징) + 早(일찍부터) + 韋(지경을 삼다)
한국한,나라한   열십   일찍조,새벽조   가죽위,울타리위

- 일찍이(㠯) 천국의 역사(十)가 이루어질 곳으로 울타리(韋)를 치다

釋 일찍이(처음부터) 하나님의 역사가 이루어질 땅으로 지경을 삼다.

국
國 ⇨ 戈(창: 무기) + 口(인구, 사람) + 一(첫째)
나라국.   창과   입구,인구구   한일,으뜸일
      + 囗(울타리, 성안)
        에울위

註 육적(肉的)으로 나를 지키고 적을 물리칠 수 있는 무기는 창, 칼, 활 등의 무기다. 영적(靈的)으로 나를 지키고 적을 물리칠 수 있는 것은 말씀이다(히 4:12, 계 6장).

- 말씀으로 무장(戈)한 으뜸가는(一) 사람으로(口) 성안에 있는 자들

釋 하나님 말씀으로 무장한 첫 열매들이 모여 있는 성읍
補 한국(韓國) : 일찍이(태초부터) 하늘 역사가 이루어질 곳으로 정하시고 때가 되매 하나님 말씀으로 인(印) 맞은 하나님 백성들이 모여 사는 곳

아   세   아
亞   細   亞
버금아,무리아 가늘세,세밀할세 버금아,무리아

亞 ⇨ 가운데에 十 자가 나옴
버금아,무리아

- 十 자는 하늘의 도(道)가 나오는 하나님이 계신 천국을 상징함

細 ⇨ 糸(~실=길) + 田[밭=사람 마음(눅 8:15), 천국(마 13:44)]
가늘세,세밀할세 실사 밭전

註 실(糸)은 옷의 재료가 되고 또한 바늘에 꿰어서 옷을 깁거나 연결하는 데 사용된다. 바늘을 따라가는 실이 어느 길을 가는 것과 같고 가는 실 한 올 한 올이 엮어져서 각종 천(布)을 만드는 데 그 한 올 한 올로 짜이는 천(布)의 모양을 확대해보면 田(밭전) 자나 井(우물 정) 자 모양으로 짜인다. 田 자나 井 자가 다 천국을 상징한 문자이다 보니 실의 짜인 모양이 마치 천국을 만들어가는 과정과 같기 때문에 실을 영적으로는 길(道) 또는 걸어온 역사나 걸어갈 역사를 상징하기도 한다.

밭(田)은 성경에서 예언적으로 사람이나 사람 마음(눅 8:15)이라 했고 크게는 교회나 천국을 상징하고 있다(마 13:44, 고전 9:9 참조).

● 하늘의 역사가 시작되고 이루어 가는 곳

釋 하늘의 역사가 시작되고 이루어져 가는 곳이 아세아(亞細亞)다.

아	세	아
亞	世	亞
버금아,무리아	세상세	버금아,무리아

釋 하나님의 역사가 시작된 곳이 세상 역사로 바뀌었다가 다시 하나님의 세계로 완성된 곳이 아세아다.

(2) 선민과 성전

선 민
選 民
뽑을선,가릴선 백성민

선
選 ⇨ 巳(뱀)+巳(뱀)+共(많은 무리)+辶(쉬엄쉬엄, 천천히)
뽑을선,가릴선   뱀사   뱀사   함께공,다공   쉬엄쉬엄갈족,행족

- 뱀들(巳巳)에게 사로잡혀 있는 많은 무리들(共) 중에 천천히(辶) 가려서 뽑는다.

민
民 ⇨ 口(인구, 사람)+氏(씨, 종자)
백성민   입구,인구   씨씨,성씨씨

- 종자 씨(氏)(말씀. 눅 8:11)를 가진 사람(口)이 하나님 백성(民)이다.

釋 뱀들에게 사로잡혀 있는 무리들 중에서 천천히 가려서 뽑아낸 사람 중에서도 씨를 가진 사람만이 선민이다.

註 성경에서 뱀(巳)은 사단이요, 마귀다(계 20:2). 그리고 씨는 하나님 말씀이다

補 사단 마귀에게 사로잡혀 있는 자들 중에서 꼼꼼히(천천히) 가려서 뽑아내 하나님의 말씀으로 가르쳐 그 말씀의 씨를 가진 자만을 선민으로 인정한다.

성 전
聖 殿
거룩할성 집전,궁궐전

11 한자는 비밀이다

聖 ⇨ 耳(귀: 듣는 기관)+口(말하는 기관)+壬(크다, 성대하다)
성인성,거룩성   귀이   입구,말할구   글월,튼튼임

• 듣고 말하는 것이 큰(성숙된) 경지에 도달한 자가 성인이다.

補 귀(耳) 이야기 : 공자 『논어(論語)』에 나오는 말과 우리가 평소 연령(年齡)을 나타내는 한자어(漢字語)를 보면 나이 15세는 지학(志學), 20세는 약관(弱冠), 30세는 이립(而立), 40세는 불혹(不惑), 50세는 지천명(知天命), 60세는 이순(耳順), 61세는 환갑(還甲), 62세는 진갑(進甲), 70세는 고희(古稀) 또는 종심(從心), 77세는 희수(喜壽), 80세는 팔순(八旬), 88세는 미수(米壽), 90세는 졸수(卒壽), 91세는 망백(望百), 99세는 백수(白壽)라고 한다. 여기서 하나하나를 다 뜻풀이하자면 지면이 허락되지 않아 귀 이야기를 하자니 귀(耳)가 들어가는 60세의 이순(耳順)에 대해서만 간단히 말할까 한다.

공자의 『논어』 위정 편(爲政篇)에 "육십이이순(六十而耳順)"이란 말이 나온다. 한자(漢字)의 뜻대로 풀이하면 "60살에 귀가 순해진다"는 뜻이다. 귀가 순해져서 남의 말을 들었을 때 곧 그 이치를 깨닫고 이해한다는 뜻이고, 다시 말해서 상대의 말을 들으면 곧바로 선악(善惡)을 분별할 수 있는 분별력이 있어 악한 말을 듣고도 감정에 치우치지 않고 할 말 못할 말을 가려서 할 수 있는 경지에 도달한 시기가 이순이다.

釋 그래서 상대의 말을 귀로 듣고 인내심을 가지고 모두 들어주되 선악을 분별할 수 있는 분별력을 갖추고 또한 상대에게 말을 하되 선한 말과 악한 말을 가려서 할 수 있는 큰(성숙된) 입(실수가 없는 말)과 귀(耳)를 가진 자가 성인이요, 거룩한 자다.

殿 ⇨ 尸(죽음, 시체)+共(모두, 함께)+殳(창, 몽둥이로 치다)
집전,궁궐전   주검시   모두공,함께공   창수,칠수

• 전(殿)이란 창과 몽둥이로 자기의 옛 모든 것을 없애고 새로 지을 터를 닦아 재창조될 사람들의 몸이다.

補 성경에 믿는 백성을 '집'이라 했다. 그리고 믿는 사람 개개인을 성령이 거하는 성전이라 했다(고전 3:16). 그래서 성경에서 말한 말일에 우리가 지을 집(家)은 육적(肉的)인 건물이 아닌 우리의 몸을 전(殿)이라 한다. 나(我)=집(家) 고전 3:9, 나(我)=성전(聖殿) 고전 3:16, 성령의 전(고전 6:19)

釋 성전이란 육체의 옛 모습(구습)을 창(말씀)과 몽둥이(말씀)로 철저하게 다 부수고 새롭게 예수님 형상으로 다시 지어 말을 듣되 들었을 때 곧 이치를 깨닫고 선악을 분별할 수 있는 순한 귀(耳順)와 말을 가려서 할 수 있는 덕을 갖추고 인격적으로 성숙된 사람으로서 선한 말(言)을 할 수 있는 입(口)을 가진 새롭게 지음 받은 성령을 모실 수 있는 장성한 신앙의 성숙자를 성전이라 한다.

補 육적인 싸움의 무기: 창, 칼, 몽둥이 등
영적인 싸움의 무기: 하나님 말씀, 마귀의 말(교리)

(3) 복지와 빈부

복	지
福	祉
복복	복지

복
福 ▷ 示(하늘 신=하나님)＋一(첫째)＋口(사람)＋田(천국을 상징)
복복   보일시,하늘신기   한일,첫째일   입구,인구구   밭전

• 첫째(一) 사람(口)이 되어 천국에서(田) 하나님(示)을 보는 것이 복이다.

釋 처음 열매가 되어 천국에서 하나님을 모시는 것이 가장 큰 복이다.

지
祉 ▷ 示(하늘 신=하나님)＋止(머물다, 같이 있다)
복지   보일시,하늘신기   머무를지,그칠지

• 하나님(示) 옆에 머무는 것(止)이 복이다.

釋 하나님을 옆에서 모시는 것이 하늘에서 내린 가장 큰 복이다.

빈	부
貧	富
가난할빈	부자부

貧 (가난할빈) ⇨ 分(나누다, 갈라지다) + 貝(돈, 재물)
　　　　　　　　나눌분　　　　　　　　조개패,재물패

● 돈이나 재물이 나눠지다, 흩어지니 가난하다

富 (부자부) ⇨ 宀(집 면, 집단) + ?(가득할 복)

● 집에 가득하게 차니 부자다

釋 재물이 나눠지고 흩어지면 가난하고 재물이 집에 가득가득 쌓이면 부자다.

(4) 선악과 상서

선	악
善	惡
착할서.좋을선	악할악.미워할오

善 (착할서.좋을선) ⇨ 羊(양, 상서롭다) + 並=++(풀 초) + 口(입, 먹다)
　　　　　　　　　　　양양,상서양　　　　　풀초　　　　　　입구

補 양=예수님(요 1:29). 풀=양의 양식=예수 말씀. 입=말하다, 먹다
● 양이 먹는 양식(꼴)이 풀이라면 성경에서는 예수님을 양으로 비유적으로 기록했다. 예수님이 먹는 영적인 양식은 하나님 말씀이다. 그래서 예수님이 먹는 영적 양식인 하나님의 말씀을 먹는(듣는) 것이 착하고 선한 일이다.

惡 ⇨ 亞(두 번째) + 心(마음, 생각)
악할악,미워할오　버금아,둘째아　　마음심

- 처음 마음을 버리고 다른 두 번째 마음(다른 마음)을 품은 것은 악하고 나쁜 일이다.

釋 하나님의 말씀을 듣고 행하는 것은 착하고 선한 일이며, 처음 모셨던 하나님을 버리고 다른 두 번째 마음을 품는(변심) 것은 악하고 나쁜 것이다.

상　　서
祥　　瑞
상서상,좋을상　상서서,경사서

祥 ⇨ 示(보일 시, 하늘신 기) + 羊(양, 온순하다)
상서상,좋을상　보일시　　　　　　양양,상서로울상

註 보일 시(示)는 땅귀신 기 또는 둘 치 이렇게 세 가지로 사용한다. 그런데 원래는 땅귀신이 아닌 하늘신 기였는데 세상이 사단의 권세 하에 있기 때문에 신령할 신(神)을 귀신 신(神)으로 바꿔 쓰는 것과 같고 신귀(神鬼)가 맞는 말인데 귀신(鬼神)이라 바꿔 쓰고 있는 것이다.

양(羊)은 온순한 자, 성도(겔 34:17), 예수(요 1:29, 사 53:7)를 상징한다.

- 양(예수)을 보는 것이 가장 상서로운(좋은) 일이다.

瑞 ⇨ 王(왕=제사장)+山[산=전(殿)]+而(말이 이어 나온다)
상서서,경사서   임금왕   뫼산   말이음이

註 성경에서 왕은 제사장을 말함이요(벧전 2:9), 제사장은 오늘날의 목자를 말함. 산은 성전 또는 교회를 말함(사 2:2). 이(而)는 말(말씀)이 이어서 나오는 것, 곧 전파되는 것을 말함이다.

● 성전에서 목자의 입을 통해서 나오는 말씀을 듣는 것이 좋은 일이다.

釋 이 세상에서 가장 상서로운 일은 성전에서 목자(참 목자)를 통해서 나오는 말씀을 듣고 그 말씀을 온전히 깨닫고 그 말씀대로 예수의 복음을 드러내 증거하는 일이다.

(5) 지식과 지혜

지	식
知	識
알지, 알릴지	알식, 표시할식

知 ⇨ 矢(화살이 나가다)+口(입, 말하는 기관)
알지,알릴지   화살시,곧을시   입구,입찾구

註 화살(矢)은 활(弓)에서 나가지만 입에서는 말이 나간다.

● 사람 입에서 나간 화살(말)을 분별할 줄 알아야(知) 한다.

識 ⇨ 言(말, 교리)+音(소리)+戈(창, 전쟁, 싸움)
알식,표시할식   말씀언,말씀   소리음,말소리   창과,독물과

註 말(言) 소리(音)를 들어보면 그 말(창)이 하나님 소속인지, 사단 소속인지 알 수 있다. (창, 칼=하나님의 말씀 또는 사단의 말)

釋 지식이란 상대방의 입에서 나온 말을 들어보고 상대방이 어느 소속인지 분별할 수 있는 것이다.

補 오늘날의 싸움은 공중권세 잡은 악의 영들과 교리 싸움(말싸움)이기에 (엡 6:12) 상대방의 말을 들어보고 분별할 줄 아는 것이 지식이다.

지 혜
智 慧
지혜지, 슬기지　지혜지, 교활할지

智 ▷ 知(알다, 깨닫다) + 日(해) = 하나님(시 84:11)
지혜지, 슬기지　　알지, 알릴지　　　　해일, 햇볕일

● 하나님(日)을 아는 것(知)이 지혜의 근본이다.

慧 ▷ 丰(풀이 무성하다) + 丰 + 크(돼지머리) + 心(마음, 생각)
지혜지, 교활할지　풀무성할봉, 예쁠봉　풀무성할봉, 예쁠봉돼지머리계　　　　마음심, 생각심

註 성경에서는 육체를 풀로 비유하고 있다(사 40:6~7, 벧전 1:34). 그 육체는 변화 받지 않은 사람, 하나님의 말씀이 없는 상태의 사람을 육체요 풀이라고 말씀하고 있고 풀무성할 봉(丰) 자가 복수로 있는 것은 많은 육체를 말함이요, 돼지머리 계(크)는 성경에서 돼지는 하나님을 배도한 배도자를 돼지에 빗대어 말한 것이며, 돼지는 부정한 짐승이다(사 66:17, 마 7:6, 벧후 2:22 참조). 하나님을 떠나 사단의 앞잡이가 되어 사단에게 사로잡혀 있는 세상 사람들에게 복을 갖다 주는 숭배의 대상이 되고 있다. 그래서 지금도 고사나 제사를 지낼 때 돼지머리를 상에 올려놓고 복 달라고, 그리고 만사형통을 빌며 절하는 모습을 볼 수 있다. 지혜 혜(慧) 자는 원래 교만할 혜 또는 간사할 혜 자로 사용했던 것이다. 그러다 사단의 세상이 됨으로써 사단의 본성이 문자에까지 미치게 되었고 사단이 권세 잡은 후대에 태어난 사람들이

기에 사단이 변개해 놓은 문자(間字)가 참인 양 왜곡된 역사가 정통인 양 배우고 써온 것이다.

몇 자만 예(例)를 들자면 하늘신 기(示)를 땅귀신 기(示)로, 신령할 신(神)을 귀신 신(神)으로, 교만할 총 또는 꾈 총(寵) 자를 사랑 총(寵)으로 변개해 사용하고 있는 것이다.

- 사단 소속의 돼지가 사람들의 마음과 생각을 사로잡은 채 많은 육체(사람)를 통해서 영광을 받고 있는 문자가 지금 세상에서 쓰는 지혜 혜(慧) 자다. 원래는 간사하고 교만하다는 뜻이 담긴 문자다.

釋 신앙인들은 참 하나님을 아는 것이 슬기요, 지혜며, 혜(慧) 자 속에 감춰 놓은 돼지머리의 비밀을 아는 것 또한 지혜이다.

(6) 은혜와 감사

은	혜
恩	惠
은혜은	은혜혜, 사랑혜

恩 ⇨ 一(처음, 첫째) + 人(사람, 인자) + 口(울안, 방안) + 心(마음)

補 一(처음) 人(사람): 첫 사람, 첫 열매, 口(울 안에, 마음 안에)
  心(마음): 마음 안에

- 첫 열매 되신 예수님을 내 마음 안에 모시는 것은 은혜다.

惠 ⇨ 十(십자의 道) + 日(해=하나님) + 厶(나) + 心(마음)

- 하나님 말씀이 내 마음에 있다는 것은 은혜다.

釋 하늘의 도(말씀)를 받아 하나님과 첫 열매 되신 예수님을 내 마음에 모시는 것은 하나님의 은혜다.

감 사
感 謝
느낄감, 깨달을감　　사례할사, 사죄할사

感 ⇨ 咸(다, 모두) + 心(마음)
느낄감, 깨달을감　　다, 모두함　　마음심

- 마음을 다하라.

謝 ⇨ 言(말씀) + 身(몸, 육체) + 寸(재다, 헤아리다, 검증하다)
사례할사, 사죄할사　　말씀언　　몸신　　치촌, 헤아릴촌

註 말씀(言) + 몸(身) = 言身 말씀체가 되다(참고: 요 1:14). 치 촌(寸) = 몇 자나 되는지 자(尺)로 재다, 숫자가 맞는지 헤아리다, 수준에 도달했는지 검증하다의 뜻.[참고: 계 11:1~2. 갈대 지팡이로 경배하는 자들을 척량(尺量)하라 = 자(尺)로 재라].

- 썩어질 내 육체가 말씀으로 거듭난 말씀체가 되어가는지 날마다 검증하라.

釋 세상적인(육적인) 내 육신이 말씀으로 거듭나고 있는지, 그래서 신령한 몸으로 변해가고 있는지 날마다 내 모습을 말씀에 비추어 뒤돌아보고 하나님을 감사함으로 경외하고 그 은혜를 잊지 않은 것이 감사의 참뜻이다.

약
藥
약약, 치료할약

藥 ⇨ ++(풀=사람 육체) + 樂(좋아하다, 즐기다)
약약,치료할약   풀초   즐길락,좋아할요

註 성경 예언서는 풀은 육체라 한다(사 40:6~7, 벧전 1:34).

• 약은 사람들의 아픈 육체가 가장 좋아한다.

釋 사람들의 육이 가장 좋아하는 것은 약(보약)이다.
補 병든 육체는 약(藥)으로 치료하지만 병든 영혼은 오직 하나님의 말씀으로만 치료할 수 있다.

南師古豫言抄
(남사고예언초)

12

격암 남사고는 지금으로부터 약 480년 전 소시(少時) 때에 신(神)의 글을 받아 적어 유록(遺錄)으로 남겼다. 이것이 『격암유록』이다. 그는 중종 4년(기사년)에 영양에서 태어나 선조 4년(신미년)에 63세로 세상을 떠났다(1509~1571). 사직서 참봉, 천문학과 풍수지리학에도 조예(造詣)가 깊었다. 『격암유록』을 중점만 요약해서 간추려 놓았다.

송구영신	호시절	만물고대	신천운
送舊迎新	好時節	萬物苦待	新天運
보낼송옛을맞을영새로울신	좋을호때시마디절	일만만물물물쓸고기다릴대	새로울신하늘천운세운

- 送舊迎新(송구영신) ⇨ 옛것을 보내고 새것을 맞이하니
- 好時節(호시절) ⇨ 좋은 시절, 종교적으로 좋은 때를 말함
- 萬物苦待(만물고대) ⇨ 만물(피조물)이 고대함(롬 8:19)
- 新天運(신천운) ⇨ 새로운 하늘이 열리는 운세

釋 구시대를 보내고 새로운 시대를 맞이하는 좋은 시절. 만물(모든 피조물)이 고대하고 고대하는 새 하늘이 열리는 운세라.

註 하늘: 창공의 하늘이 아님

사 시 장 춘	신 세 계	불 노 불 사	인 영 춘
四時長春	新世界	不老不死	人永春
넉사때시긴장봄춘	새로울신세상세지경계	아니불늙을노아니불죽을사	사람인길영봄춘

- 四時長春(사시장춘) ⇨ 사계절이 항상 봄과 같이 온화하고 따뜻함
- 新世界(신세계) ⇨ 새로운 세계, 지금 세상과 전혀 다른 별천지, 새 하늘, 새 땅
- 不老不死(불노불사) ⇨ 늙지 않고 죽지 않는
- 人永春(인영춘) ⇨ 사람들의 모습이 영원히 젊은 청춘이라

釋 사시사철이 항상 봄과 같이 따뜻하고 온화한 새로운 세계에서 사람들이 늙지 않고 죽지 않으니 그 모습이 영원히 젊은 청춘이라.

천 종 지 성	반 석 정	일 음 연 수	영 생 수
天縱之聖	盤石井	一飮延水	永生水
하늘천세울종갈지성인성	소반반돌석우물정	한일마실음이을연물수	길영날생물수

- 天縱之聖(천종지성) ⇨ 하늘이 세우신 성인
- 盤石井(반석정) ⇨ 반석(예수님)에서 솟아나온 물. 물은 하나님의 말씀

註 여기에서는 소반 반(盤) 자를 사용했지만 성경에서는 반석 반(磐) 자를 사용해서 예수를 반석(磐石)이라 했다(고전 10:4). 재림 때 역시 하나님이 세우신 자를 흰 돌이요, 반석(磐石)이라 한다.

- 일음연수(一飮延水) ⇨ 한 모금씩 한 모금씩 계속 마시면
- 영생수(永生水) ⇨ 영원히 죽지 않은 물이네

釋 말일에 하나님께서 세우신 거룩한 목자의 입에서 나오는 생명의 말씀을 계속해서 들으면 영원히 죽지 않는 생명의 말씀이네.

상제예언	성경설	세인심폐	영불각
上帝豫言	聖經說	世人心閉	永不覺
위상임금제미리예말씀언	성인성경서경말씀설	세상세사람인마음심닫을폐	길영아니불깨달을각

- 상제예언(上帝豫言) ⇨ 상제 예언: 하나님이 예언하신
- 성경설(聖經說) ⇨ 성경 말씀을
- 세인심폐(世人心閉) ⇨ 세상 사람들이 마음 문을 닫고 있으니
- 영불각(永不覺) ⇨ 영원히 깨닫지 못하네

釋 하나님께서 선지자들을 통해서 예언하신 성경말씀을 세상 사람들이 마음 문을 닫고 배우려고도 하지 않으니 영원히 깨닫지 못하네.

말세골염	유불선	무도문장	무용야
末世汨染	儒佛仙	無道文章	無用也
끝말세상세빠질골물들염	선비유부처불신선선	없을무길도글월문글장	없을무쓸용어조사야

- 末世汨染(말세골염) ⇨ 말세에 죄악에 물들어 거기에 빠져서
- 儒佛仙(유불선) ⇨ 유교, 불교, 선교가
- 無道文章(무도문장) ⇨ 말(교리)은 많으나 도(진리)는 없고
- 無用也(무용야) ⇨ 쓸데가 없다

釋 세상 끝에는 유불선 세 종교 등 모든 종교의 교리가 어지럽고 혼돈하며 죄악에 물들어서 말(교리)은 많으나 참 진리가 없고 모두 쓸데없는 말 뿐이다.

서기동래	구세진인	진사성군	정도령
西氣東來	救世眞人	辰巳聖君	正道令
서녘서기운기동녘동올래	구원할구세상세참진사람인	지지진뱀사성인성임금군	바를정길도명령령

- 西氣東來(서기동래) ⇨ 서쪽의 기운(氣運)이 동으로 오고
  氣(기) ⇨ 종교에서 말하는 靈的(영적)인 氣勢(기세)
- 救世眞人(구세진인) ⇨ 세상을 구원할 진인, 구세주, 정도령, 미륵
- 辰巳聖君(진사성군) ⇨ 성군이 용이나 뱀이 나타난 곳에서 출현하여

★辰巳(진사)⇨辰巳(진사)가 나오면 거의가 辰巳(진사)년. 용띠나 뱀띠로 해석한다. 진(辰)은 10천간(天干)과 12지지(地支)에서 다섯 번째 지지(地支)로 곧 용띠를 말하며, 사(巳)는 12지지 중에 여섯 번째 지지로 뱀띠를 가리킨다. 동양 선지서를 푸는 사람들이 진사(辰巳) 성군(聖君)을 진사년에 성군이 태어난다고 알고 선지서를 푸니 맞지 않고 세상에 혼란만 조성하는 결과만 가져온다. 여기서 말한 진사성군은 진사(辰巳)년이 아니다.
- 정도령(正道令)⇨바른 도(道), 곧 진리의 말씀을 가지고 가르친 자

釋 서양의 운세가 동방으로 오고 세상을 구원할 구세주 거룩한 임금(세상적인 임금이 아님)이 진리의 말씀을 가지고 내려와서 가르친다.

註 초림 예수님 탄생 시에도 이스라엘 왕이 태어난다고 하니 헤롯이 자기의 자리를 차지할 왕이 태어난 것으로 알고 두 살 아래 어린아이들을 다 죽인 사건이 있었다. 영적인 것과 육적인 것을 분변할 수 없는 무지에서 나온 소치다.

■ 진사성군(辰巳聖君)의 바른 해석(譯者註)

동양 예언서를 풀이한 대부분 해석자들은 천간(天干)과 지지(地支)에 용(辰)과 뱀(巳)이 들어간 해에 종말이 온다고 예언한 예언자나 교회 목사가 있었다. 그래서 서기 2000년 경진(庚辰)년에 세계 종말이 온다고 예언한 예언자들이 많이 나왔다. 그러나 서기 2000년을 전후해서는 지구상에 아무 일도 일어나지 않았다. 요즘 다시 지구 종말론이 세계적으로 고개를 들고 있다. 종말의 때를 서기 2012년 12월 21일로 날짜까지 정확히 지정하고 있다.

동서고금을 통해 수많은 예언자들이 종말론을 주장해 왔고 요즘

도 과학자들이나 대학 교수들까지도 이 종말론에 끼어들어 과학적인 근거를 대가면서 역설하고 있다. 그들이 내세운 과학적인 증거란 지구 종말의 원인이 태양풍의 공격으로 지구에 대격변이 일어난다는 것이고 2012년 12월 21일이라는 날짜는 고대 마야 문명에 바탕을 둔다고 한다. 정확하게 태양의 공전주기와 일식과 월식주기를 계산한 마야 달력이 지금 역법으로 서기 2012년 12월 21일자로 끝난다는 것이다. 그리고 성경의 독특한 글자 배열을 바탕으로 '바이블코드' 등의 지목시점과 일치한다는 그들의 주장이란다. 이 내용을 바탕으로 국내 방송사에서 11월에 방영이 있었고 또 일간신문에도 보도한 것을 보았다.

요즘은 동서양 할 것 없이 예언자들이 정보를 교환 내지는 합동으로 종말론을 연구하고 발표하고 있다. 동양 예언자들이 종말론의 예언의 근거를 어디에 두느냐 하면 주로 용띠 해나 뱀띠 해에 두고 있다. 그 이유는 용이나 뱀이 성경에서는 사탄(사단 마귀)으로 나오고 있지만 이 세상에서는 용을 왕권의 상징이요, 영적인 모든 세상권세를 용이 잡고 있기 때문이다. 그래서 용을 숭배하고 신성시하고 있다.

동양 예언서인 『격암유록』에 나오는 내용이 바로 "救世眞人 辰巳聖君 正道令[세상을 구원할 성군이 진사(辰巳)에 하늘의 바른 말씀을 가지고 오신다]"는 말이다. 그 진(辰) 자가 들어간 용의 해가 2000년, 2012년, 2024년, 2036년이다. 그래서 서양 예언가들이 연구한 2012년하고 동양 예언서에서 나온 용띠의 해 2012년(壬辰年)이 맞아떨어진 것이다. 결과로 2012년이 세상의 종말이요, 새로운 영웅(용)이 나타나서 세상을 개벽한다는 설이다.

지금도 도를 닦는다는 사람들은 계룡산이니 태백산이니 곤륜산이니 해서 도를 닦으러 다닌다. 그곳에서 도가 나오고 진인이 나오고 정도령이 나오기 때문이고 말세의 피난처로 산으로 도망치라 했으니 맞는 말이다. 그러나 세상에 무지하면 용감하다고 하지만 그 용감함은 쓸데없는 용감함이다. 매사에 알고 믿고 맞으면 행하는 것이다. 신앙도 마찬가지로 먼저 성경적으로 알고 그 다음 믿고 그 다음 행동으로 옮긴 것이지 알지도 알아보지도 않고 산에 가면 도(道)가 있고 도를 닦으려면 산으로 간다는 식으로 신앙을 해서는 안 되겠다.

이 종말론을 연구하느라 얼마나 많은 사람들이 얼마나 많은 노력과 시간과 돈을 허비했겠는가? 저마다 고급 교육을 받고 예지력이 있다고 자부하는 사람들이 아니겠는가?

그러나 여러분이 분명히 알 것은 동양 예언서나 성경의 예언서나 기타 어떠한 예언서라 할지라도 신(神)이 개입되지 않은 예언서는 예언서가 아니다. 그래서 이 예언서는 신(神)이 풀어주지 않으면 풀리지 않는다.

앞에서 말한 "진사성군 정도령"이란 뜻은 진사년에 영웅이 나타나 하늘의 바른 말씀으로 가르친다는 것이 아니라, <u>진(용)사(뱀)가 나타난 곳에서 영웅이 출현한다</u>는 뜻임을 알아야 한다. 다시 말하면 용과 뱀이 하늘장막을 침범하는 사건이 있는데(계 13장), 그곳에서 영웅(세상을 구원할 구원자)이 출현(계 12장)한다는 것이다. 전술한 바와 같이 예언서는 세상 육적인 흥망성쇠를 예언해 놓은 것이 아니다. 하나님의 섭리 가운데 영적인 문제를 다룬 것이라는 것을 꼭 기억하기 바란다.

서기 2012년에 예언가들이 예언해 놓은 대로 정도령이 나타난다면 거짓 정도령이 세상 곳곳에서 일어난다는 『격암유록』의 예언이 이루어지는 것이다. 이 책을 읽는 분들은 육적인 종말론은 거짓이니 속지 마시고 생활에 지장을 받거나 기우(杞憂)가 없기를 바란다.

그러면 영적으로 종말이 도래하고 있거나 이미 종말이 와서 영웅이 나타났다면 어떻게 알 수 있는가? 나 자신이 신(神)이 되거나 하늘에서 오신 자에게 가르침을 받은 자 외에는 알 자가 없다. 그런데 사람이 죽지 않고 어떻게 신(神)이 될 수 있을까? 될 수 있다. 그리고 하늘의 가르치심은 어떻게 받을 수 있단 말인가? 받을 수 있다. 하늘에서 세우신 자를 이 땅에서 만나 그분의 가르침을 받아 도통한 자라면 가능하다.

요한복음 10장 35절과 마태복음 11장 27절을 참고하시기 바란다.

천택지인 삼풍지곡 식자영생 화우로
天擇之人 三豊之穀 食者永生 火雨露
하늘천가릴택갈지사람인 석삼풍성풍갈지곡식곡 먹을식사람자길영날생 불화비우이슬로

- 天擇之人(천택지인) ▷ 하늘이 택한 사람
- 三豊之穀(삼풍지곡) ▷ 풍성한 세 가지 곡식
- 食者永生(식자영생) ▷ 먹는 자는 영원히 죽지 않고 사네
- 火雨露(화우로) ▷ 불, 비, 이슬=하나님의 말씀(신 32:2)

釋 하늘이 택하신 분이 주시는 풍성한 세 가지 곡식(화우로=하나님 말씀)을 먹는 자는 영원히 죽지 않고 사네.

세인하지 삼풍묘리 유지자포 무지기
世人何知 三豊妙理 有知者飽 無知飢
세상세사람인어찌하알지 석삼풍성풍묘할묘이치리 있을유알지사람자배부를포 없을무알지주릴기

- 世人何知(세인하지) ▷ 세상 사람들이 어찌 알겠는가?
- 三豊妙理(삼풍묘리) ▷ 세 가지 곡식의 묘한 이치를
- 有知者飽(유지자포) ▷ 그 이치를 아는 자는 배부를 것이며

- 無知飢(무지기) ⇨ 그 이치를 모르는 자는 주릴 것이라

釋 하늘에서 내려주신 세 가지 풍성한 곡식(말씀)의 묘한 이치를 아는 자는 배부를 것이며, 그 이치를 모르는 자는 주릴 것이네.

천도경전	무릉도원	차거인민	무수려
天道耕田	武陵桃源	此居人民	無愁慮
하늘천길도밭갈경밭전	굳셀무언덕릉복숭아도근원원	이차살거사람인백성민	없을무근심수근심려

- 天道耕田(천도경전) ⇨ 하늘의 말씀으로 사람의 마음 밭을 가는
- 武陵桃源(무릉도원) ⇨ 사람들이 바라는 이상향, 별천지, 새 하늘, 새 땅
- 此居人民(차거인민) ⇨ 이곳에 사는 백성들은
- 無愁慮(무수려) ⇨ 아무 근심 걱정이 없네

釋 하늘 말씀으로 마음의 밭을 갈아 변화 받아 거듭난 사람들이 사는 무릉도원, 곧 별천지에서 사는 사람들은 아무 근심 걱정이 없네.

■ 무릉도원(武陵桃源)의 유래(譯者註)

무릉도원, 곧 별천지란 중국 동진(東晉)의 시인 도연명의 『도원원기(桃花源記)』에 나오는 말로 太元年代(376~396년)에 무릉(武陵)이라고 하는 한 고을이 있었는데, 그 고을에 한 어부가 살았다. 그 마을 앞에 깊고 넓은 수원지(水源也)가 있었는데 그 어부가 그 수원지를 거슬러 올라가며 고기를 잡다가 물 위에 복숭아 꽃잎이 잔뜩 떠내려오는 것을 보고 그 복숭아 꽃잎을 따라 정신없이 거슬러 올라가는데 갑자기 큰 산이 앞을 가로막았다. 앞과 양 옆의 온 산이 복숭아 꽃이 만발하였는지라 산에 올라 복숭아꽃에 취해 가다보니 눈앞에 사람 하나가 겨우 들어갈만한 작은 동굴이 보인지라 들어가 보니 앞으로 나아갈수록 넓어지더니 별안간 광명한 세상이 나타났다.

그곳에는 이 세상에선 볼 수없는 아름다운 풍경이 펼쳐져 있었다. 사람들이 살고 있었는데 그들은 특별한 옷을 입고 있었으며 안면엔 미소가 가득하고 너무나 평온하고 아름다웠다. 어부가 왜 이곳에 사느냐고 묻자 그들의 대답이 조상들이 진(秦)나라 난리를 피해 이곳으로 피난 온 후 세상과는 단절된 채 세상의 변화와 세월의 흐름을 모르고 지금까지 아무 걱정 없이 대대로 살고 있노라고 대답했다. 어부는 그곳에서 융숭한 대접을 받고 떠나올 때 그들로부터 부탁을 받았다. "우리가 이곳에서 살고 있다는 말을 세상에 나가서 아무에게도 말하지 말라"는 부탁이었다. 그러나 어부는 너무나 아름답고 평화로움에 감탄하여 오는 길목마다 표식을 해 놓고 내려와서 고을 태수에게 아뢰었다. 고을 태수가 사람들을 시켜 찾아 나섰으나 길목마다 표시해 놓은 표식이 모두 없어졌다. 며칠을 찾았으나 찾지 못하고 말았다. 그 후 유기자라는 고사(高士)가 이 말을 듣고 온갖 노력을 다해 찾으려고 했으나 찾지 못했고 지금까지 이야기로만 전해 내려오고 있다.

시인 도연명도 이상향(理想鄕)으로 도원경(桃源境)을 그리며 인간으로서는 찾을 수 없는 곳이라고 말하고 있다. 이를 무릉도원(武陵桃源) 또는 이 세상과는 다른 특별한 하늘과 땅에서 살고 있다 하여 별천지(別天地)라 한다.

註) **무릉도원**=별천지는 여러 종교에서 말한 극락, 낙원, 천국을 상징하고 있고 새 하늘, 새 땅을 말하고 있다.

註) 이런 것들은 모두 오늘날에 나타날 그림자요 예표였다. 복숭아 꽃과 살구꽃, 수원지와 바다(유리바다), 별천지와 새 하늘과 새 땅

을 영적으로 생각해 보면 이해가 될 줄로 안다. 그리고 오늘날에 나타날 그림자요 예표가 현실로 나타나 이루어지고 있다는 사실을 아는 자는 그리 많지 않다. 실제 실상이 나타나고 있음을 이 지상을 통해서 알려주는 바이며 애타게 찾고 있는 자에게는 찾을 길이 곳곳에 있다는 것을 말해 둔다. 예수님은 밤에 도적같이 오시겠다고 예언하셨고 오셔서 이미 한 사람, 두 사람씩을 몰래 추수하여 곳간(천국)에 모으고 계심을 성경을 깨달은 자들은 알 것이다. 종교적 시대가 어느 때인가 아는 귀를 가진 자들은 성령이 교회(성도)들에게 하시는 말씀을 듣고 깨달아 행동으로 옮길지어다. 지금도 어느 한 곳에서는 성경 예언대로 실상이 이루어져 가는 곳이 있다는 것을 알아야 할 것이다(요 14:29).

(이곳에는 중국 곤륜산에서 나온다는 먹으면 영원히 죽지 않는 불사약이 나오는 곳이다.)

13

성경으로 푸는
『격암유록(格菴遺錄)』일부

　격암(格菴) 남사고(南師古) 선생은 지금으로부터 약 480년 전 소시(少時) 때에 신(神)의 글을 받아 적어 유록(遺錄)으로 남겼다. 그는 중종 4년(기사년)에 영양에서 태어나 선조 4년(신미년)에 63세(1509~1571년)로 세상을 떠났다.

　사직서 참봉, 천문학과 풍수지리학에도 조예(造詣)가 깊었다. 지금으로부터 501년 전에 탄생하였다.

　선생은 신(神)으로부터 이 비결(秘訣)을 받아쓰셨지만 받아 쓴 본인은 물론 오늘날까지 이 비결서(예언서)인 신(神)의 뜻을 알아 정확하게 풀어 해설한 사람은 매우 드물다. 비결서(秘訣書)를 푸는 해석자들이 지식이 없거나 학문이 모자라서가 아니라 신(神)이 감춰 놓은 것은 신(神)이 풀어주시기 전에는 풀리지 않기 때문이다. 오직 신(神)의 계시(啓示)를 받아 도통(道通)한 사람만이 풀 수 있는 것이다.

　필자가 해설하고자 하는 것은 국한적인 것, 곧 기독교에 관한 것들 중에 선별하여 풀고자 하는 것이다. 전문(全文)을 다 풀자면 양이 너무 많고 또 기독교인들에게는 필요치 않은 내용도 많이 포함되어 있다. 분명히 밝혀두고자 하는 것은 이 비결서는 어느 나라의 흥망성쇠나 개인의 운명을 점쳐 놓은 것이 아니다. 종말을 살아가는 하나님의 백성들에게 주는 하나님의 메시지다. 곧 육적인 것이 아니라 영적인 문제를 다루고 있다. 육적으로 풀려다 보니까 비결서는 '허위다, 엉터리다'라는 말이 나온다. 사람이 연구하여 사람의 지식으로 이해하고 사람의 연구로 해석되는 것이 아니다. 우리나라 민족은 천손이다. 우리의 역사, 언어, 문화, 풍속그 어느 것 하나 하나님의 계획 안에 들지 않은 것이 없다. 우리나라의 모든 것이 하나님의 비밀이다. 그림자다. 모형이다. 하나님이 이루실 천군들의 예행연습이다.

성경을 주어도 믿지 않으니 이런 방법이라도 써서 한 사람이라도 더 구원하시려는 하나님의 섭리가 이 비결서에도 함께하신다는 것을 믿으시고 믿는 자들은 이 비결서를 읽음으로 믿음이 더 돈독해지시기를 기원하는 바이다.

1) 십승지(十勝地)

정	탈	기	우	미	반	자
精	脫	其	右	米	盤	字
정미정,정신정	벗을탈	그기	오른우	쌀미	소반반(밥상)	글자자

釋 精 자는 그 우측 靑이 벗어나면(脫) 米 자만 남는데 그 米 자는 밥상 위의 무늬(✳)와 같네.

낙	반	사	유	십	중	산
落	盤	四	乳	十	重	山
떨어질락	소반반(밥상)	넉사,넷사	젖유	열십	거듭중,무거울중	뫼산,산산

釋 밥상(盤) 무늬(✳)에서 젖(乳)꼭지 4개(四)가 떨어져 나가면 십(十) 자가 남는데 그 十이 ▲(山) 위에 우뚝 설=하나님의 山(殿)▲▲▲이 된다 (사 2:2). ☼=해=하나님(시 84:11)

오늘날 세계 교회마다 세워 놓은 십자가 탑(人)이 있다. 이 탑은 주 재림 때 세워질 하나님의 산, 곧 하나님의 전(殿)을 상징한 것이다(사 2:2, 미 4:1~2). 그 이치를 알고 십자가 탑을 세우는지 모르겠다. 또 다른 말로 天國(천국) 또는 시온 산(▲▲▲)이라고도 한다.

팔	력	십	월	이	인	심
八	力	十	月	二	人	尋
여덟팔	힘력	열십	달월	둘이	사람인	찾을심

釋 十 자. 다음 月 자 옆에 八, 二, 人, 力을 차례로 내려 쓰면 券 자가 된다. 그 月 자에 券 자를 더하면 勝 자가 되어서 十勝(십승), 곧 十勝地(십승지)가 된다. 이 십승지를 찾아야(尋: 찾을 심) 산다.

註 券(책 권) 자 맨 아래 한자가 힘 력(力)인데 칼 도(刀)로 나온 것은 책 권(券) 자 아래 문자가 력(力) 자가 아닌 칼 도(刀)로 되어 있기 때문임.

인	언	일	대	십	팔	촌
人	言	一	大	十	八	寸
사람인	말씀언	한일	큰대	열십	여덟팔	마디촌,치촌

釋 人+(더하기) 言=信(믿을 신) 一 + 大 = 天(하늘 천)
十 + 八 + 寸 = 村(마을 촌): 信 天 村 (신 천 촌)⇨
이곳이 하나님을 믿는 백성들이 사는 마을이다.

- " (▲▲▲)=하나님의 山(殿)" ⇨ 말일에 하나님이 계신 천국(사 2:2, 미 4:1~2)
- 十勝地(십승지)⇨말일에 십 자(十: 그리스도)의 도(道=말씀)로 이기고 벗어난 자들이 모인 곳(계 15:2~4)
- 信天村(신천촌)⇨하나님을 믿는 백성들이 사는 곳

註 하나님의 山(殿)이나 십승지나 신천촌은 같은 곳이다. 그러나 이렇게 동양 예언서 속에 여러 가지 방법으로 감추어 두셨다. 성경 예언서도 여러 가지 방법으로 감추어 두셨기에 이해가 안 된 부분이 많을 수밖에 없다(남사고 비결).

2) 극락(極樂)

궁	궁	시	구	입	어	극	락
弓	弓	矢	口	入	於	極	樂
활궁	활궁	화살시	입구	들입	어조사어	지극할극,다할극	즐거울락

- 弓+弓=亞 ⇨ 弓이 서로 등을 돌리면 亞 자. 그 사이에 十 자 뜻을 알라.
- 矢+口=知 ⇨ 矢와 口를 합하면 알 지(知)가 되므로 알라는 뜻
- 入於極樂(입어극락) ⇨ 극락(천국)에 들어갈 수 있다.

釋 弓弓이 등을 대고 있는 사이에서 백십 자가 나온다. 그 이치를 알아야 극락(천국)에 들어갈 수 있다.

을	을	시	구	무	문	도	통
乙	乙	矢	口	無	文	道	通
새을	새을	화살시	입구	없을무	글월문	길도	통할통

- 乙+乙=卍 ⇨ 乙이 겹치면 卍(만) 자. 그 사이에 十 자의 뜻을 알라.
  - 矢+口=知 ⇨ 矢와 口를 합하면 알 지(知)가 되므로 알라는 뜻
- 無文道通(무문도통) ⇨ 無文: 글(학문)을 배우지 않았어도
  - 道通: 도(말씀)를 통달할 수 있다.

釋 弓弓 사이나 乙乙 사이에 나오는 十字의 이치를 제대로 깨달으면 세상 학문을 배우지 않아도 도(말씀)를 통달할 수 있다.

인	인	득	지	근	수	불	참
仁	人	得	地	近	獸	不	參
어질인	사람인	얻을득	땅지	가까울근	짐승수	아니불	참여할참

- 인인득지(仁人得地) ⇨ 어진 사람은 그 땅(십승지)을 얻을 수 있지만
- 근수불참(近獸不參) ⇨ 짐승에 가까운 자는 참여할 수 없다.

釋 하나님 말씀을 배워서 변화 받아 성품이 어진 사람은 십승지에 들어갈 수 있지만 말씀을 깨닫지 못해 짐승과 같은 사람은 하나님 백성으로 참여할 수 없다.

기	고	하	처	자	하	남	지
其	庫	何	處	紫	霞	南	之
그기	창고,곳간고	어찌하	곳처	자주빛자	놀하	남녘남	갈지

조	선	출	어	정	씨
朝	鮮	出	於	鄭	氏
아침조	고울선	날출	어조사어	나라정	씨씨, 성씨씨

- 기고하처(其庫 何處) ⇨ 그 곳간(천국)은 어느 곳에 있는지?
- 자하남지조선(紫霞南之▶朝鮮) ⇨ 자하문 남쪽 조선(한국) 땅에서
- 출어정씨(出於鄭氏) ⇨ 정씨가 출현하네

釋 성경이나 『격암유록』에서 예언한 그 곳간(극락, 천국)이 어디인가 했더니 자하문 남쪽 조선(한국) 땅이네. 그곳에서 정도령이 출현하네.

註 **자하문**(紫霞門): 자하문은 서울 서북쪽에 있는 성문. 일명 창의문이라고도 함

우리나라에서 정도령이 출현한다는데 그 정(鄭) 씨를 파자해 보자.
鄭 道 令 에서 정(鄭) 자를 파자해보면
나라정 말씀도,길도 명령할령

$$\underset{\text{나라정}}{鄭} = \underset{\text{사람인}}{人} + \underset{\text{닭유}}{酉} + \underset{\text{큰대}}{大} + \underset{\text{고을읍}}{阝} = \underset{\text{고을읍}}{邑}$$

註 고을 읍(邑)이 방(傍)으로 가면 우부방(阝)으로 변형된다는 것을 앞에서 이미 배웠다. 그래서 나라 정(鄭) 자에서 우부방(阝)은 고을 읍(邑)이 변해서 된 것이다.

• $\underset{\text{유}}{酉} \underset{\text{대}}{大} \underset{\text{고을}}{邑} \underset{\text{사람}}{人} = \underset{\text{나라정}}{鄭}$ 씨

釋 정도령의 정 씨는 유대 고을사람이다.

유대고을은 예수님이 나신 곳이요, 유대교는 하나님을 믿는 종교요, 유대교인들은 구약 때 하나님의 선민이다. 오늘날의 하나님의 선민은 누구인가? 바로 기독교인들이다. 그래서 정도령의 정 씨는 기독교인 중에서 나온다는 것을 나라 정(鄭) 자 속에 숨겨 놓았다.

우연의 일치라고 생각하기에는 너무 신기하지 않은가?

註 정도령(鄭道令)은 『격암유록』에서 나오는 한자(漢字)이고 다른 선지서에서는 正道令으로 나온다.

註 정도(正道)란 바른 말씀, 진리의 말씀, 하나님 말씀
령(令)은 명령 령, 시킬 령, 전할 령, 우두머리 령

釋 正道令이란 진리의 말씀(하나님의 말씀)을 하늘에서 받아 전하는 우두

머리란 뜻이다.

註 정도령이라는 한자(漢字)를 파자해서 그 안에 있는 뜻을 해설한 것이지 정도령의 사상이나 그 교리를 논한 것이 아님을 밝혀둠

3) 세상 종말과 계룡산(鷄龍山)

천	하	열	방	회	운
天	下	列	邦	回	運
하늘천	아래하	벌릴렬	나라방	돌아올회	운수운

근	화	조	선	계	룡	지
槿	花	朝	鮮	鷄	龍	地
무궁화근	꽃화	아침조	고울선	닭계	용룡	땅지

- 천하열방회운(天下列邦回運) ⇨ 하늘 아래 모든 나라(세계)의 운세가 돌아온다.
- 근화조선(槿花 朝鮮) ⇨ 무궁화 꽃이 피는 조선(한국)의
- 계룡지(鷄龍地) ⇨ 계룡이 함께 역사하는 곳

釋 세계만방의 모든 나라가 무궁화 꽃이 피는 조선 땅 계룡지로 돌아오네.

註 여기서 말한 운세(運勢)는 종교(宗敎)적인 것, 영적(靈的)인 것이 돌아오는 것이다. 오는 것과 돌아오는 것은 그 뜻이 다르다. 돌아온다는 것은 이전에 있었던 곳에서 옛날 있었던 곳으로 다시 온다는 말이다.

例 서기회동래(西氣回東來) ⇨ 서쪽의 기운이 동쪽으로 돌아온다

註 여기에 나온 계룡지(鷄龍地)나 동양 예언서에 나온 계룡산은 충남 공주에 있는 계룡산이 아니라는 것을 밝혀둔다. 계룡산에 대해서는 이미 앞의 계룡산에서 자세히 설명했다.

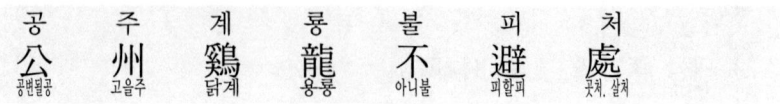
公(공변될공) 州(고을주) 鷄(닭계) 龍(용룡) 不(아니불) 避(피할피) 處(곳처, 살처)

釋 충남 공주에 있는 계룡산은 피난처가 아니네.

此(이차) 時(때시) 何(어찌하) 時(때시)

釋 이때가 어느 때인가?

入(들입) 山(뫼산) 修(닦을수) 道(길도, 말씀도) 下(아래하) 山(뫼산) 時(때시)

釋 산에 들어가 도를 닦는 사람은 산에서 내려올 때네(계룡가에서).

동양 예언서에는 『격암유록』뿐만 아니라 다른 예언서에도 계룡이 구원(救援)처라고 나온 비결(秘訣)서들이 있다. 그래서 도(道)를 닦는 도인(道人)들이 예부터 계룡산으로 그렇게 많이 모여들었다. 그러나 그곳에서 진정 득도(得道)한 사람은 없다. 육적인 계룡산을 들어 영적인 비밀을 숨겨 두었기 때문이다. 영적으로 산(山)이 무엇이고 도(道)가 무엇이고 계룡(鷄龍)이 무엇인가를 안다면 지금 육적인 산에 올라가 도를 닦고 있는 자들은 산에서 내려와 도가 나온 영적인 산이 어디인가를 알아봐야 할 것이다. -「계룡론」에서-

■ 정 씨가 왕이 된다는 문자적인 해석

정   인   유   대   읍   읍
鄭 = 人 + 酉 + 大 + 阝 = 邑
나라정 사람인 닭유 큰대 고을읍 고을읍

• 酉 大 阝 = 邑 人
　유 대 고 을 사람 이 鄭도령이다.

釋 유대는 이스라엘을 말한 것이요, 유대교는 오늘날 기독교를 말한 것이다. 그래서 기독교에서 정도령 격인 사람이 왕이 된다는 것이다.

■ 조 씨가 왕이 된다는 문자적인 해석. 趙 자를 파자하면

조   주   초
趙 = 走 + 肖 ⇨ 走 자와 肖 자를 다시 파자하면
나라조 달아날주 닮을초

4) 천 년 왕(王)이 될 정(鄭) · 조(趙) 씨

정   조   천   년   정   감   설
鄭　趙　千　年　鄭　鑑　說
나라정　나라조　일천천　해년　나라정　거울감　말씀설

釋 정 씨와 조 씨가 천 년 동안(鄭趙千年) 왕 노릇한다고 『정감록(鄭鑑錄)』에서 말하고 있다.

註 위 문장은 『성서와 한자의 비밀』에서 설명했던 것인데 일부 미흡한 점이 있어서 다시 설명하도록 하겠다. 『정감록』에서는 정 씨와 조 씨가 천 년 동안 왕 노릇 한다고 했는데 그때 책을 집필할 당시에는 천 년 동안 왕 노릇 한다는 사람이 왜 두 사람일까 고민이 있었고 정 씨의 鄭 자는 이해가 되어서 설명을 했는

데 趙 자는 그때 당시에는 정리가 되지 않았다. 이제 성령께서 은혜를 주셔서 풀도록 하는 바이다.

■ 조 씨가 왕이 된다는 문자적인 해석. 趙 자를 파자하면

조　　　주　　　초
趙 ＝ 走 ＋ 肖　⇨　走 자와 肖 자를 다시 파자하면
나라조　달아날주　닮을초

- 走＝ 十: 下: 人 ⇨ 十 자 밑에(下) 人을 하면 ✞
- 하나님의 산은 성부, 성자, 진리의 성령이 임해 오실 곳
- 肖＝ 小⇢세 분의 영. 月⇢세 분의 영이 임해 오실 육체(肉)
  月＝肉⇢고기 육(肉) 부수가 변해서 달 월(月)이 됨(부록: 부수 변형 참조)
  하나님, 예수님, 진리의 성령께서 임해 오실 사람(肖)

釋 하늘에 계신 성부, 성자, 진리의 성령이 육을 입고 시온 산에 임해 오실 사람이 문자 해석으로 조(趙) 씨다. 이 사람이 『정감록』에서 말한 천년 동안 왕 노릇 할 사람이다.

註 鄭(정) 씨는 기독교인을 가리킨 것이요, 趙(조) 씨는 기독교인 중에서 성부, 성자, 진리의 성령께서 임해 오실 분을 한자 안에 감춰 놓은 것이다.

註 하나님의 산에 서 있는 '육체(月=肉)가 작은(小) 사람(肖)'으로 해석할 수도 있다.

註 필자가 말한 것은 한자의 파자(破字), 합자(合字)를 통해 한자 속에 감춰진 비밀을 밝히고자 하는 것이지 정답이냐 아니냐는 세월이 지난 후에 밝혀지리라 본다.

세	부	지	이	신	인	지
世	不	知	而	神	人	知
세상세,인간세	아니부	알지	말이을이	신령신	사람인	알지

- 世不知 ▷ 세상 사람들은 알지 못하고

釋 세상 사람들은 알지 못하고 신인이라야 알 수 있네.

여기서 말하고자 하는 것은 신(神)이 된 사람만이 알 수 있다고 하는데 사람이 죽지 않고 어찌 신(神)이 될 수 있느냐 하는 문제다. 사람이 신(神)이 된 자를 도통신인(道通神人)이라 한다. 도(道=말씀)를 통달한 사람을 신인(神人)이라 한다. 그래서 살아서 신(神)이 되는 방법이 있다.

요한복음 10장 35절에 보면 "성경은 폐하지 못하나니 하나님의 말씀을 받은 사람들을 신(神)이라 하셨거든"이라고 나와 있다. 이것이 사람이 신이 되는 방법이다. 하나님 말씀을 통달한 사람을 신인이라 한다. 내가 기독교인이라면 하나님의 어떤 말씀을 받아야 신이 되는 것인지 좀 고민 해 봐야 되지 않을까 생각해 본다. -「계룡론」에서-

5) 성산, 성지, 우리나라

제	방	도	여	굴	복	선
諸	邦	島	歟	屈	伏	鮮
모든제	나라방	섬도	어조사여	굽힐굴	엎드릴복	고울선,깨끗할선

- 諸邦島(제방도) ▷ 모든 나라와 섬들이
- 屈伏鮮(굴복선) ▷ 조선에 굴복하네
- 모든 나라: 육적인 국가들을 말함이 아닌 영적인 교단이나 교회.

- 조선에 굴복: 조선(한국)에 나타나서 천 년 동안 왕이 되어 다스릴 정도령 격인 종교적인 지도자에게 굴복함

釋 세계의 모든 종교의 교단과 교회들이 말일에 하나님이 조선 땅에 세우실 한 목자에게 굴복함

무	론	대	소	방	선	함
無	論	大	小	邦	船	艦
없을무	의논할논	큰대	작을소	나라방	배선	싸움배함, 군함

釋 무론 대소하고 크고 작은 나라들이 배와 군함을 동원하여

성	산	성	지	망	원	래
聖	山	聖	地	望	遠	來
거룩할성	뫼산	거룩할성	땅지	바랄망	멀원	올래

釋 성산(聖山) 성지(聖地)를 바라보며 먼 곳에서 찾아오네.
註 성산(聖山) ▷ 하나님의 산. 성지(聖地) ▷ 십승지(十勝地)

부	지	세	월	하	갑	자
不	知	歲	月	何	甲	子
아니부	알지	해세	달월	어찌하	갑옷갑, 천간갑	아들자, 씨자

- 不知歲月(부지세월) ▷ 세월을 알지 못함, 시대분별을 못함
- 何甲子(하갑자) ▷ 갑자년을 어찌 알겠는가?

釋 갑자년의 좋은 세월이 언제 올지 알지 못하네.

註 갑자년(甲子年)이란 십간(十干)과 12지지(地支)가 돌아가며 일 년에 한 번씩 만나면 60년이 된다. 이를 60갑자라 한다. 이 60갑자가 60번을 돌면 우주가 한 번 순환한다는 3,600년이다. 3,600

년 만에 오는 갑자년에 천지가 개벽(開闢)한다는 것이다. 그래서 천지개벽(天地開闢)설이 세상에 떠돌고 있는 것이다. 다시 말하면 현시대가 완전히 가고 새 시대가 열린다는 것이다.

　서기 2000년을 전후해서 천지개벽설이 난무했고 지금도 동양 선지자나 일부 종교단체에서 천지개벽설을 주장하고 있다. 갑자년에 천지가 개벽한다는 예언이 있다. 그렇다면 그 3,600년 만에 한 번씩 찾아온다는 천지개벽의 해는 언제인가? 서기 2000년을 전후에서 오는 갑자년(甲子年)은 1984년이 갑자년이고 또 2044년이 갑자년이다. 그러면 이미 천지개벽이 되었다는 말인가? 앞으로 34년 후에 된다는 말인가?

　이 문제는 하늘의 도(道)를 통달(通達)한 신인만이 알 수 있다. 한 가지 참고할 것은 데살로니가전서 5장에 재림 예수는 밤에 도적같이 모르게 오신다고 하셨다. 그 의미를 잘 깨달으면 천지개벽설도 깨달으리라 본다.

연	월	일	시	갑	자	운
年	月	日	時	甲	子	運
해년	달월	날일	때시	갑옷갑, 천간갑	아들자, 째자	운수운

- 年月日時(연월일시) ⇨ 몇 년도, 몇 월, 며칠, 몇 시
- 甲子運(갑자운) ⇨ 날짜가 다시 시작되는 갑자년의 운세네.

釋　갑자년에 새로운 연월일시가 시작되는 운세일세.

註　한 시대가 가고 다시 새로운 시대가 올 때나 한 나라가 망하고 새로운 나라가 건국되거나 천지가 개벽되어 새로운 천지가 열

릴 때는 지금까지 쓴 연월일시는 폐하고 새로운 연월일시가 시작되는 것이다. 새로운 연월일시를 사용하고 있는 곳이 있다면 눈여겨볼 일이다.

-내패예언육십재(來貝豫言六十才)-

6) 봄 춘(春) 자를 알라

천	강	재	인	차	시	대
天	降	在	人	此	時	代
하늘천,하나님천	내릴강	있을재	사람인	이차	때시	대신대

釋 하나님께서 강림하사 인간의 몸을 입고 계신 시대인데.

기	하	부	지	삼	인	일
豈	何	不	知	三	人	日
어찌기	어찌하	아니부	알지	석삼	사람인	날일

釋 어찌 봄 춘(春) 자의 뜻을 알지 못하는가?

註 三 人 日을 합치면 봄 춘(春) 자가 된다. 봄 춘 자를 파자하면 一+一+一+人+日=春. 처음 일(一)은 <u>하나님</u>, 가운데 一은 <u>예수님</u>, 아래 一은 진리의 성령(요 14:26, 요 15:26). 이렇게 영이신 세 분께서 사람(人)의 몸을 입고 오시는 날(日)이 이 세상에서 가장 기쁜 날인데 어찌 그날을 모르는가? 이 영이신 세 분께서 오시는 날(日)은 특별한 날, 하나님께서 오랜 후에 어느 날을 정하여 오늘날이라고 하는 그 날이다(히 4:7).

우리 조상들은 예부터 봄이 오면 대문에 '입춘대길(立春大吉)', '건양다경(建陽多慶)'이라는 글귀를 산(∧) 모양으로 붙인다. 우리의 설

날을 중국에서는 '춘절(春節)'이라고 해서 일 년 중 가장 큰 명절로 즐기고 있다.

이것은 고대 우리나라 배달국 시대는 중국이 우리나라와 한 민족이었음을 단적으로 말해주고 있는 것이며 입춘대길을 대문에 대대로 써 붙이고 내려온 우리 조상이나 중국이 춘절이 가장 기쁜 날인 줄 알고 민족의 대명절로 즐기고 있는 것이나 봄 춘(春) 자의 영적인 숨은 참뜻을 알고 지켜왔겠는가? 그리고 입춘대길, 건양다경을 대문에 붙일 때 산(∧) 모양으로 붙이는 이유를 알고 붙였겠는가? 이 모든 것은 말일에 이 땅에 이루실 하나님의 계획이 들어 있음을 암시하고 있는 것이요, 우리 민족이 하나님의 백성들, 곧 천민(天民)임을 말하고 있는 것이다. 산 모양으로 붙인 것은 말일에 하나님의 산(∧)(사 2:2)인 시온 산(∧)에서 이런 일이 있으니 시온 산(∧)을 찾아오라는 뜻을 담고 있는 것이다. -「말운론(末運論)」에서-

7) 하늘 농사

사	답	칠	두	두	중	지	성
寺	畓	七	斗	斗	中	之	星
절사	논답	일곱칠	말두	말두	가운데중	갈지	별성

- 寺畓七斗(사답칠두) ⇨ 사답(寺畓): 절 농사, 칠두(七斗): 일곱 사람
- 斗中之星(두중지성) ⇨ 일곱 사람에 속해 교육받은 성도(별)들

釋 하늘 농사, 곧 하나님의 말씀을 가르쳐 하나님 백성으로 양육하는 일곱 사자를 사답칠두로 감춰 놓은 것이다.

註 절(寺) ▷ 도인(道人)들은 도(道)를 닦으려면 산으로 갔고 산에 가면 절이 있다. 그래서 대개가 절에 묵으면서 과거시험이나 고시공부를 했다. 그리고 자기의 정신수양으로 도를 닦고 깊은 도의 경지에 도달하기도 했다. 그리고 절에 있는 스님들도 상당한 도의 경지에 있다. 그래서 절은 공부하는 곳 또는 도가 나오는 곳으로 인식되고 있다. 절에서 배우고 가르치는 일을 곧 절에서 인재를 양성하는 농사를 짓는다고 해서 '사답(寺畓)'이라 한다. 두(斗)는 곡식을 담아 용량을 세는 그릇이다. 성경에서는 그릇을 하나님의 일꾼, 곧 사명자로 기록하고 있다(행 9:15).

그래서 7斗는 일곱 사람인데 하나님이 부리는 일곱 사자가 되는 것이다. 그리고 斗內之星이란 말(그릇) 가운데 별이 있다는 말인데 일곱 사자에게 속해 가르침을 받은 백성(성도)들을 7말 가운데 별들로 감춰 놓은 것이다.

곡	토	진	촌	진	실	지	농
曲	土	辰	寸	眞	實	之	農
굽을곡	흙토	별진	마디촌	참진	열매실	갈지	농사농

- 曲土辰寸(곡토진촌) ▷ 농사 農 자를 파자해 놓은 것이다.
- 眞實之農(진실지농) ▷ 참된 농사이네.

釋 曲土辰寸(곡토진촌)은 寺農(절에서 짓는 농사)을 파자 해 놓은 글자인데 그 뜻은 절 농사, 곧 하늘 농사가 참된 농사라는 말이다.

■ 寺畓(사답)과 寺農(사농)

註 ① 寺畓 : '절에 있는 논'이라는 뜻인데 쌀(알곡)은 밭에서는 생산할 수 없다. 쌀을 생산하기 위해서는 논이 되어야 하고,

물이 채워져야 논이 되는 것이다. 성경에서 말하는 알곡 신앙인은 하나님의 말씀으로 깨끗이 씻음 받은 참된 성도를 말한다. 그래서 내가 알곡 신앙인이 되고 또 알곡 신앙인을 낳기 위해서는 나 자신이 물이 채워진 논이 되는 것이 우선 되어야 한다. 예언서에서 물은 하나님의 말씀임을 모르는 신앙인은 없을 것이다.

그래서 우리는 하나님의 밭이라 하였으니(고전 3:9) 밭인 우리의 마음에 물인 하나님의 말씀이 채워져야 논이 되어서 쌀(알곡 성도)을 생산할 수 있는 것이다.

註 ② **寺農** : '절에서 짓는 농사'를 말하는 것인데 여기서 말하는 것은 하나님 백성을 양육하는 하늘 농사를 절 농사로 감춰 놓은 것이다. 그래서 하나님 백성을 양육하는 교육을 벼를 기르는 농사로 비유해 놓은 것이다

인	생	추	수	심	판	일
人	生	秋	收	審	判	日
사람인	날생	가을추	거둘수	살필심	판단할판	날일

釋 사람을 추수하는 세상 끝 심판 날이 닥쳐왔는데

해	인	역	사	능	불	무
海	印	役	事	能	不	無
바다해	도장인	부릴역	일사	능할능	아니불	없을무

釋 해인의 역사는 능치 못할 일이 없고 역사하지 않은 곳이 없네.

註 ① **인생**(人生) **추수**(秋收) **때** : 모든 식물이 씨를 뿌릴 때가 있고 자랄 때가 있고 거둘 때가 있듯이 사람도 씨를 뿌릴 때가 있고

(마 13:24) 자라게 할 때가 있고(고전 3:6) 거둘 때가 있다(마 13:30, 계 14:14~16). 이 거둘 때가 성경에서 말하는 마지막 때 심판날이다.

註 ② **해인(海印)의 역사(役事)** : 해인(海印)이란 바다 도장이란 말인데, 성경을 통달한 사람이 아니고서는 이해하기 어렵다. 성경에서는 세상을 바다로 말하고 있다(단 7:3, 17). 그리고 성경 예언서에 나온 인(印)은 하나님의 말씀을 말하는 것이고, 인(印) 맞았다는 말은 하나님의 말씀을 마음으로 받아 새겼다는 말이다. 그래서 해인(海印)의 역사(役事)란 비진리(거짓말)로 오염된 세상을 하나님의 진리의 말씀으로 소성(蘇醒)시켜가는 일을 말하는 것이다. 이것이 곧 하늘 농사(農事)다. -「사답칠두(寺畓七斗)」에서-

8) 사람이 하늘과 땅이다

천	야	인	야	부	지	신
天	耶	人	耶	不	知	神
하늘천	어조사야	사람인	어조사야	아니부	알지	신령할신

釋 하늘과 사람을 알지 못하면 신(神)을 알지 못하고

신	야	인	야	부	지	천
神	耶	人	耶	不	知	天
신령할신	어조사야	사람인	어조사야	아니부	알지	하늘천

釋 신(神)과 사람을 알지 못하면 하늘을 알지 못한다.

신 역 인 야 천 역 인
神 亦 人 耶 天 亦 人
신령할신 또역 사람인 어조사야 하늘천 또역 사람인

🈯 신(神) 또한 사람이며 하늘 역시 사람이 된다.

인 역 신 야 인 역 천
人 亦 神 耶 人 亦 天
사람인 또역 신령할신 어조사야 사람인 또역 하늘천

🈯 사람이 신(神)이고 또한 사람이 하늘이다.

인 지 신 혜 지 기 천
人 之 神 兮 知 其 天
사람인 갈지 신령할신 어조사혜 알지 그기 하늘천

🈯 사람이 신(神)이 되면 그 하늘을 알 수 있고

신 지 인 혜 지 기 지
神 知 人 兮 知 其 地
신령할신 알지 사람인 어조사혜 알지 그기 땅지

🈯 신(神)이 사람을 알면 그 땅을 알 수 있다.

우리는 하늘 하면 저 창공의 하늘만을 생각한다. 그러나 동양 예언서나 성경에서 말하는 영적 하늘은 하나님이 계신 곳이다.

초림 때, 하나님이 예수님께 오실 때 예수님이 곧 하늘이요, 천국이다(마 4:17, 요 10:30). 그리고 안 보이는 영(靈)만 신이 아니고 영[요 6:63 영(靈)=말씀]이 함께하는 사람이 신(神)이 되는 것이다(요 10:35). 재림 때도 하나님의 영과 예수님의 영이 함께하시는 사람이 곧 하늘이 되는 것이다(계 3:12).

그리고 저 누런 대지(흙)를 땅이라고 하는 것이 아니고 하나님의 백성들, 곧 사람을 땅이요 흙이라고 하신 것이다(사 64:8, 고전 3:9, 눅 8:15).

하나님의 관점에서 보시는 사람과 짐승은 다르다. 하나님께서는 사람을 지으실 때 존귀하게 창조했지만 하나님의 말씀을 배반하고 깨닫지 못한 사람을 짐승이라 한다(시 49:20). 그래서 앞에 말한 사람은 온 인류를 말함이 아니요, 하나님 말씀을 깨달은 자를 사람이라 칭하는 것이다. -「생초지락」에서-

9) 성전(聖殿)과 절(寺)

가	야	가	야	조	씨	가	야
伽	倻	伽	倻	趙	氏	伽	倻
절가	땅이름야	절가	땅이름야	나라조	성씨씨, 씨씨	절가	땅이름야

釋 가야가야(伽倻伽倻) ⇨ 성전(聖殿)성전(聖殿)하는데 어디가 진짜 하나님이 거하시는 성전(聖殿)인가?

釋 조 씨(趙氏) 가야⇨조 씨가 있는 성전이 진짜 성전이네.

註 가야=절(寺)은 도를 닦고 깊은 도의 경지에 도달하는 곳으로 인식되어 있다. 그래서 절은 공부하는 곳 또는 도(말씀)가 나오는 곳으로 상징성을 갖고 있다.

도(道)가 하나님 말씀이라 했다면 오늘날 도(하나님 말씀)가 나오는 곳은 어디인가? 하나님이 계신 곳에서 하나님의 말씀이 나온다. 그럼 하나님은 어디에 계실까? 바로 거룩한 성전에 계신다. 오늘날 각 교회마다 자기네 교회가 거룩한 성전이라 말하고 또 믿고 있다. 그랬으면 걱정이 없겠다. 허나 성경은 하나님과 예수님이 약속한 목자, 예수님이 보내신 자(요 14:15~17, 26, 15:26~27, 16:7, 13) 그분에게만 하나님과 예수님이 함께하시며(계 3:12, 3:21), 그분에게만 말씀을 주신다(계 10:8~11). 오늘날 그분에게서 말씀을 배운 자 외에는 하나님과 예수님을 알 수 없다(마 11:27).

그럼 조 씨 거하는 거룩한 성전은 어디인가? 그리고 조 씨가 예수님이 보내신 보혜사인가? 그렇다. 조 씨가 예수님이 보내신 보혜사 성령이 함께한 사람이며 예수님의 대언자다. 그 비밀이 조 씨라는 한자 속에 감춰진 것이다. 초림 때는 예수님 몸이 거룩한 성전이었다(요 2:19~21). 재림 때는 『격암유록』에 감춰 놓은 조 씨(趙氏)나 정 씨(鄭氏), 박 씨(朴氏), 이 씨(李氏)가 거룩한 성전이다. 그분의 입에서만 하나님의 말씀이 나와서 온 세상에 전파되는 것이다. 그럼 조 씨의 조(趙) 자 안에는 어떤 비밀이 숨어 있을까? (앞에서 설명한 바 있지만 이해를 돕기 위해 다시 설명하기로 한다.)

조
趙 ⇨ 走 + 肖 ⇨ 走 자와 肖 자를 다시 파자하면
나라조   달아날주 달을초

- 走 = 十 : 下 : 人 ⇨ 十 자 밑에 人을 하면(入) 시온 산은 세 분의 영이 임해 오실 곳(하나님, 예수님, 진리의 성령)
- 肖 = Ⅲ → 세 분의 영. 月 → 세 분의 영이 임해 오실 몸(肉)
  月 = 肉 → 몸 육(肉) 부수가 변해서 달 월(月)이 됨(부록: 부수 변형 참조)

釋 하나님의 이름과 새 예루살렘의 이름과 예수님의 새 이름이 그 위에 기록되는 분, 곧 예수님이 보내신 다른 보혜사가 영적 조 씨가 되는 것이다(계 3:12).

註 ① 하나님은 영(靈)이시기에 초림 때 예수님께 임하시어 역사하셨다(마 4:17, 요 5:17, 요 10:30). 재림 때 예수님도 영(靈)이시기에 사람에게 오시어 역사하신다(요 16:7, 13~14). 예수님이 영으로 임하실 분을 조 씨(趙氏)라는 문자 속에 감추어 두신 것이다.

註 ② 하나님의 성읍(▲), 곧 시온 산에 어린 양의 영이 함께하실 분이 있는데 그 사람이 조 씨다. 세상에서 쓰는 성씨의 조 씨가 아니다.

계	롱	가	야	성	실	가	야
鷄	龍	伽	倻	聖	室	伽	倻
닭계	용룡	절가	땅이름야	거룩할성	집실	절가	땅이름야

釋1 계룡가야(鷄龍伽倻) ⇨ 성령(鷄)과 악령(龍)이 같이 역사했던 하늘 장막(伽倻)이 가고

釋2 성실가야(聖室伽倻) ⇨ 거룩한 집(성전)으로 다시 세워 지나니

영	실	가	야	곤	곤	립	
靈	室	伽	倻	困	困	立	에
신령령	집실	절가	땅이름야	괴로울곤	괴로울곤	설립,이룰립	

釋1 영실가야(靈室伽倻) ⇨ 영(靈)이 거하는 신령(神靈)한 집(성전)

釋2 곤곤 립(困困 立)에: 거듭나서 거룩한 성전(신령한 마음의 집)으로 지어져 가는 일이 너무나 힘들고 괴롭도다.

곤	이	지	지	여	자	운
困 괴로울곤	而 말이을이	知 알지	之 갈지	女 여자여	子 아들자	運일세 운수운

釋1 곤이지지(困而知之) ⇨ 힘든 길이지만 그 뜻을 알고 가니
釋2 여자 운(女子運)일세 ⇨ 참으로 좋은 운세일세(好運)

예레미야 31장 22절에는 "하나님께서 새 일을 세상에 창조하시는데 그 일은 여자가 남자를 안으리라(好)"고 하신다. 이 일은 초림 때도 이루어졌지만 재림 때도 이루어진 일이기에 우리에게는 너무나 귀한 일이고 또 반드시 알아야 할 일인 것이다. -「갑을가」에서-

10) 반도 땅 모퉁이

열	방	제	인	함	구	무	언
列 벌릴열	邦 나라방	諸 모두제	人 사람인	緘 봉할함	口 입구	無 없을무	言 말씀,말씀언

釋 모든 나라 사람들아, 내(하나님) 앞에서 잠잠하라(사 41:1).

화	룡	적	사
火 불화	龍 용룡	赤 붉을적	蛇 뱀사

釋 火 龍 赤 蛇 ⇨ 불(마귀의 말)을 뿜는 붉은 용(=뱀)이

註 성경에서는 불(火)=말, 말씀(렘 5:14), 붉은 용(계 12:3, 용=뱀 계 20:2)

대 륙 동 방 해
大 陸 東 邦 海
큰대 육지육 동녘동 나라방 바다해

釋 大 陸 東 邦 海 ▷ 대륙(중국) 바다 건너 동방(동쪽에 있는 나라)
　　큰대 육지육 동녘동 나라방 바다해

우 반 도
隅 半 島
모퉁이우 반반 섬도

釋 隅 半 島 ▷ 한반도 땅 모퉁이에
　　모퉁이우 반반 섬도

註 대륙(중국) 바다 건너 동방 한반도 땅 모퉁이에 붉은 용(=뱀)이 자기의 비진리(불)를 가지고 나타났으니

천 하 일 기 재 생 신
天 下 一 氣 再 生 身
하늘천 아래하 한일 기운기 다시재 날생 몸신

釋 천하제일의 기(氣)를 그의 몸에 불어넣어 죽었던 몸을 다시 살리리니

이 견 기 타 파 멸 마
利 見 機 打 破 滅 魔
날카로울리 볼견 기계기 칠타 깨뜨릴파 멸할멸 마귀마

釋 보라 내(하나님)가 너(다시 살린 자)로 날카로운 타작 기계로 삼아 마귀(용=뱀)를 파멸시킬 것이다(사 41:15).

인 생 추 수 조 미 단 풍
人 生 秋 收 糟 米 端 風
사람인 날생 가을추 거둘수 지게미조 쌀미 바를단,끝단 바람풍

釋1 人 生 秋 收 ▷ 세상 끝에 사람들을 추수할 때
　　　사람인 날생 가을추 거둘수

釋2 糟 米 ⇨술지게미, 쌀겨, 쭉정이, 가라지, 거짓 신앙인
　　　지게미조 쌀미

釋3 端 風 ⇨바른 바람, 말일에 심판하실 것을 말함
　　　바를단 실별단 바람풍

註 말일에 대륙(중국) 동쪽 바다 건너 한반도 땅 모퉁이에 붉은 용이 나타나 많은 신앙인들을 미혹하여 마귀의 말(비 진리)을 먹여 많은 영혼을 죽이는 일이 있을 터인데, 그때 하나님께서 세운 종이 잠시 동안 활동을 못할 때가 있는데 하나님이 그에게 다시 생기를 불어넣어서 그로 날카로운 타작기계로 삼아 심판을 베풀 것인데 알곡은 곳간으로 들이고 쭉정이는 심판하여 바람에 날려 버리겠다. -『격암유록』새 사십일-

11) 박 씨는 말세성군인가?

　　　자　　고　　유　　래　　예　　언　　중
(1) 自　　古　　由　　來　　豫　　言　　中
　　스스로자,바야으로자 예고 말미암을유 올래 미리예 말씀언 가운데중

● 자고(自古)유래(由來)⇨옛날부터 전해 내려오는

釋 옛날부터 전해 내려오는 예언서 가운데 말씀하시기를

　　　혁　　구　　종　　신　　방　　도　　각
(2) 革　　旧　　從　　新　　訪　　道　　覺
　　고칠혁,가죽혁 옛구 좇을종 새신 찾을방 길도 깨달을각

● 혁구(革旧)⇨여기서 革은 고칠 혁으로 해석함. 旧는 舊 자의 俗字

釋 옛것을 고치고 새 것을 좇아 도(말씀)를 찾아 깨달으라 했네.

(3) **末세 世세 聖성 君군 容용 天천 朴박**
　　끝말　세상세,때세　거룩할성　임금군　얼굴용,쓸용　하늘천　수박할박

- 容天朴(용천박) ⇨ 容: 여기에서는 쓸용, 용납할 용으로 사용됨

釋 세상 끝에 나타날 성군은 하늘에서 쓰신(세운) 박(朴) 씨이네.

註 말세에 나타날 성군(聖君)이 정(鄭) 씨였다가 또 조(趙) 씨였다가 여기서는 다시 박(朴) 씨로 나온다. 세 사람이란 말인가? 사람은 한 사람인데 하늘의 비밀을 아무나 알 수 없도록 여러 가지 방법으로 감추어 놓은 것이다(마 13:11~). 鄭 씨, 趙 씨, 朴 씨, 松 씨의 한자(漢字) 안에 감춰 놓은 뜻을 해석하면 비슷하게 나온다.

■ 순박할 박(朴) 자를 파자(破字)해 보면–

朴(수박할박) = 十(십)　八(팔)　卜(점 복)

- 十 + 八 = 人(†) = 시온성(하나님 성읍) = 성전 = 교회
- 卜 = 점칠 복

註 점치는 자는 귀신(鬼神)이 들려서 귀신이 시키는 대로 귀신의 말을 한다. 하나님이 쓰시는 점쟁이(택한 목자)는 하나님의 신(神)이 들려 하나님이 시키신 대로 하나님의 말씀을 한다. 점친다는 것은 곧 하나님의 말씀을 가르치고 예언(점)하는 것을 말하는 자는 교회의 목자다.

釋 말일에 하나님의 성전(⇞)에서 하나님의 신(神)이 들려 하나님이 시키신 대로 하나님의 진리의 말씀을 전한 자가 하나님이 세운 참 목자이다. 이를 박 씨라는 문자에 감춰두었다(세상에서는 이를 성경 점쟁이라 한다).

註 필자는 한자를 만든 사람도 아니요, 개정한 사람도 아니다. 예전부터 쓰고 있는 한자를 놓고 그대로 풀어가는 것이다. 정(鄭) 씨나 조(趙) 씨, 박(朴) 씨가 같은 뜻으로 말일에 나타날 정도령이요, 진인이요, 미륵이요, 천년왕국의 왕으로 예언된 것은 사람의 지혜로는 그렇게 문자를 만들 수가 없다. 성령의 감동함으로만 가능한 것이다.

(4) 弓(궁/활궁) 乙(을/새을) 之(지/갈지) 外(외/바깥외) 誰(수/누구수) 知(지/알지) 人(인/사람인)

● 弓乙⇨십자(十)의 도(道)로 이긴 자들, 하나님의 성읍에서 하나님이 택하신 목자의 가르침을 받은 자들

釋 십승인(十勝人), 곧 하나님의 백성들 외에는 누가 이 사람을 알겠는가?

補 예부터 전해 내려온 예언서 가운데 옛것은 고치고 새 것을 좇아 도(道)를 찾아 깨달으라 했는데 그 도를 깨달아 가르칠 말세에 나타날 성군은 성씨가 박(朴) 씨이네.

■ 말세에 나를 죽이는 자는 누구며 살리자는 누구인가?

살	아	자	수	소	두	무	족
殺	我	者	誰	小	頭	無	足
죽일살	나아	사람자,놈자	누구수	작을소	머리두	없을무	발족

- 殺 我 者 誰 ⇨ 나를 죽이는 자는 누구인가?
- 小 頭 無 足 ⇨ 머리가 작고 발이 없는 짐승=뱀(용이요 마귀)

귀	부	지	화	재	기	중
鬼	不	知	化	在	其	中
귀신귀	아니부	알지	변할화,마술화	있을재	그기	가운데중

- 鬼 不 知 ⇨ 그 뱀이 마귀인지 알지 못하느냐?
- 化 在 其 中 ⇨ 그중에 마귀의 변장술이 있네.

釋 말일에 나를 죽이는 자가 누구인가? 머리가 작고 발이 없는 짐승 뱀이 귀신 마귀인지 알지 못하는가? 그 가운데 변장한 마귀가 있네.

활	아	자	수	십	팔	가	공
活	我	者	誰	十	八	加	公
살활,살릴활	나아	사람자,놈자	누구수	열십	여덟팔	더할가	공변될공,우두머리공

- 活 我 者 誰 ⇨ 나를 살리는 자는 누구인가?
- 十 八 加 公 ⇨ 十에다 八을 더하면 木이 되고 木에다 公을 더하면 소나무 송(松) 자가 됨

12) 말일에 나를 살리는 자는 소나무 송(松)인가?

송	하	지	심	곡
宋	下	止	深	谷
송나라송	아래하	머무를지	깊을심	골곡,골짜기곡

- 宋 下 止 ▷ 하늘 아래 시온 성 산(宋) 아래 머물러라.
- 宋(송) ▷ 宀(집, 하늘) 十+八= (시온 산 十)
  人
- 十 + 八 =人 성읍 ▷ 宀 : 하늘 아래 시온성읍
- 深 谷 ▷ 계곡은 깊은 골짜기, 계곡에서 흘러나온 물=목자의 입에서 나온 하나님 말씀

釋 하나님의 성읍에서 나온 말씀으로 나를 살리는 자는 송(松) 씨이네.

註 산골짜기에서는 맑은 물이 흐르는 것이 통례다. 물이 하나님 말씀이라면(신 32:2) 하나님 말씀은 하나님이 세운 목자의 입에서 나온다.

송하지(松下止)에서 소나무 송(松) 자의 비밀을 알아보자.
소나무 송(松) 자를 파자해 보면

松 ▷ 木(나무 목: 하나님의 백성들) 公(우두머리 공)

- 나무 木을 다시 파자(破字)十+八, 합자(合字)하면 人

木 ▷ 十 . 人= 하나님의 성읍 人 시온 산)

公 ▷ 우두머리, 머리, 두목, 지도자란 뜻

釋 하나님의 성읍(성전)에서 우두머리(公) 되시는 분이 소나무 송(松)이다.

全釋 말일에 나를 살리는 이는 소나무 송(松)이니 송(松) 씨 아래 머물러라. 그 송(松) 씨로부터 깨끗한 하나님 말씀이 나오니 그 말씀이 나오는 그

분 아래 머물러라. 그곳이 네가 살 곳이요, 그분이 너를 살릴 분이다.

註 우리는 어렸을 때부터 <송아지>라는 동요를 수천 년동안 불러 왔다. 그것이 이제『격암유록』에서 밝혀진바 원음은 松下止(송하지)였고 원뜻은 말일에 소나무 송(松) 씨 아래 머물러야 산다는 비밀이 거기 숨어 있었다. 송아지와 도라지는 앞서 쓴 책의 내용에 잘 나와 있다.

13) 종말(終末)에 나를 살리는 자는 李 씨인가?

=오얏 李 씨를 파자하면

- 十+人+子 시온 산에 人어린 양(예수)과 144,000인이 섰는데 그 이마에 어린 양의 이름과 그 아버지의 이름을 쓴 것이 있더라(계 14:1).

- 十八抱子: 십팔이 아들(子)을 싸고(抱) 있는 자가 李씨이고 人이 그림 이 시온 산에 人 어린 양(子)이 서 있는 모양이다. 초림 때는 예수님만 이 하늘에 올라갔다 온 분이요, 오늘날도 사도요한 격인 목자만이 하늘에 올라갔다 온 분이다(계 4:1). 이분이 곧 하나님이 세우신 목자가 되는 것이다.

釋 격암유록은 말일에 나타나실 한 진인(眞人)을 나타내기 위해 여러 성씨의 한자를 들어 이 모양 저 모양으로 감추어 놓았다. 성경 역시 한 비밀을 비유와 비사로 감추어 놓았다. 이것은 원수마귀들이 쉽게 찾아내지 못하도록 하시기 위한 하나님의 비밀이다.

註 성경은 구약과 신약으로 되어 있다. 성경 속의 언약은 하나님이 택한 선민과의 약속이다(시 89:3). 약속은 쌍방 간에 지켜져야 효

력이 발생하는 것이다. 구약은 초림 예수님이 오셔서 다 이루셨다(요 19:30). 신약은 재림 예수님이 오셔서 다 이루실 것이다(계 21:6). 그리고 하나님은 하나님의 비밀을 그 종 선지자들에게 미리 보여주시고 또 미리 말씀하시고 그대로 이루신다(암 3:7, 요 14:29). 이루어질 때 맞으면 보고 믿으라는 것이다. 한 예를 든다면 구약 이사야 7장 14절에서 "처녀가 잉태하여 아들을 낳을 것이요 그 이름을 임마누엘이라(하나님이 함께 계심이라)" 하리라고 예언하시고 때가 되매 마태복음 1장 18~23절에 처녀 마리아가 임마누엘 예수를 낳았다. 그러나 유대교인들은 그 약속(출 19:5~6)을 잊은 채 하나님께서 약속대로 보내신 메시야를 욕하고 능멸하고 이단 취급하여 십자가에 못 박아 죽였다.

재림은 초림과 같은 형태로 임해 온다고 하였다. 신약도 하나님께서 오늘날 하나님을 믿고 예수를 믿는 택한 선민들과 맺은 약속이다. 오늘날 재림을 맞아 신앙생활을 하는 신앙인들은 신약의 약속을 지켜야 구원이 가능하다.

그 신약을 지키려면 그 약속이 무엇인지를 먼저 알아야 하지만 태반의 신앙인들은 그 약속을 모른 채 때가 되면 예수님이 구름을 타고 저 하늘에서 나팔을 불며 오실 것이라는 막연한 기대에 평안한 신앙생활을 하고 있다.

재림 예수가 온다고 했으니 예수의 육체가 그대로 오시겠는가? 예수님은 성경 여러 곳에다 재림 때의 상황을 예언해 놓으셨다. 아버지께서 예수(대언자=보혜사 요일 2:1) 대신 다른 보혜사를 보내시겠다고 여러 곳에다 말씀하시고(요 14:16~17, 26~, 요 15:26, 요 16:13~14) 다시는 예수를 보지 못한 것이 의(옳은 것)라 말씀하셨다(요 16:9). 그럼 지금 이 시점에서 재림 예수, 곧 예수님이 보내신 다른 보혜사가 오셔서 신약에 약속된 예언대로 하늘에서 이룬 것 같이 이 땅에 예언된 실상들을 이루고(주기도문 참조) 계신다면 여러분은 어떻겠는가? 성경대로 이루어진 것인가를 알아보기 전, 또 이단이 나타났다고 하면서 핍박하고 초림 때 예수님같이 죽이려고 할 것이다. 이것이 오늘날의 기독교계의 현실이라면 대단히 큰 문제가 아닐 수 없다.

지금도 예수님 이름으로 보내신 다른 보혜사 진리의 성령이 자기의 지식을 가지고 자의로 말하지 않고 예수님에게서 듣고 예수님이 보여주신 장래 일을(요 16:13~16, 계 1:2) 이 땅의 신앙인들에게 여러 방법을 통해서 알리시고 계신다는 것을 명심하시고 길거리에서나 집회장소나 전파나 인터넷을 통해서 그리고 기타 방법으로 하늘의 진리의 말씀을 선포하고 계시니 이 글을 읽는 신앙인들은 하늘의 진리의 말씀을 들을 수 있는 기회와 귀를 열어달라고 하나님께 통회하며 기도하시기 바라는 바이다. 그는 오늘도 초림 예수님이 오셔서 새 언약을 세우신 것(눅 22:14~20)과 다시 또 볼지어다 어느 날이 이르니 그날 후에 내가 이스라엘(선민) 집으로 세울 언약이 이것이니 "<u>내 법(말씀)을 저희 생각에 두고 저희 마음에 이것을 기록하리라</u>"는 말씀이다 (히 8:10).

이것이 오늘날 성도들이 지킬 새 언약이다. 오늘을 사는 기독교인들은 반드시 이 언약을 지켜야 의인이 되고 구원이 이루어진다는 것을 명심해야 할 것이다(히 8:8~12).

◉보혜사 예수님이 보내신 또 다른 보혜사
註: 그럼 종말로 이 땅에 오셔서 신약예언을 이루시고 계신 재림 예

수님은 영(靈)이신가? 육(肉)이신가? 예수님이 가실 때 다시는 나를 보지 못한 것이 의(義)라 했다면(요16:10) 우리가 예수님을 다시 보지 못한 것이 옳은 일이다. 그럼 재림 예수님은 어떻게 오시는가? 영으로 오시는 것이다. 영은 우리의 육안으로 보지 못할 뿐 아니라 영이 하시는 일도 볼 수가 없다. 그럼 영으로 오신 예수님은 어떻게 일 하실까? 그래서 예수님께서 말씀하시기를 아버지께 구하여서 다른 보혜사(육)을 너희에 주사 너희와 영원히 함께 있게 하시겠다고 하신 것이다(요14:16). 그럼 예수님과 다른 보혜사는 어떻게 다른가?

우리는 귀신들린 점쟁이 굿을 본 경험이 있을 것이다. 그 점쟁이는 사람이 할 수 없는 초능력적인 행위를 한다. 예를 들자면 날선 작두에서 맨발로 뛴다든가 본인과는 상관없는 남의 일을 알고 말과 행위로 그 사람의 과거사를 맞추어낸다. 이것이 바로 영(귀신)이 점쟁이에게 들어가서 자기의 말과 행위를 점쟁이를 통해서 나타내는 것이다. 그래 영은 항상 사람 속에 들어가 사람으로 하여금 자기의 하고자 하는 말과 행위를 이루는 것이다. 이것이 그 점쟁이의 육과 귀신의 영이 하나가 되어 일 하는 것이다.

재림예수님도 영으로 오셔서 예수님이 예수님을 대언할 진리의 성령을 다른 보혜사(육)를 택하여 그 속에 들어가 그 다른 보혜사를 통해서 예수님이 하시고자 하시는 일을 이루시는 것이다. 우리가 알 것은 그 점쟁이나 예수님이 보내신 다른 보혜사(사람)는 자기의 생각이나 뜻을 말 하거나 일 하는 것이 아니라 자기들의 뜻과는 전혀 상관이 없는 귀신은 귀신의 뜻을 나타내고 예수님은 예수님의 뜻을 이루시는 것이다.(요16:13). 그리고 예수님이 우리에게 예언하신 것을 생각나게 하신다고 하셨다(요14:26).

그래서 예수님도 초림 때 말씀하시기를 아버지와 나는 하나나라고 하신 것(요10:30)은 하나님의 영이 예수님의 육신에 들어와 계심을 말함이요. 내가 너희에게 이르는 말이 내 스스로 하는 것이 아니라 아버지께서 내안에 계셔 그의(아버지) 일을 하시는 것이라(요14:10)고 말씀하신 것이다. 그래서 재림 때도 예수님이 보내신 진리의 성령이 다른 보혜사와 같이 다른 보혜사의 일을 하는 것이 아니라 예수님이 하시고자 하는 일을 하시는 것이다(요16:14).

재림 예수님이 초림 때 승천하신 모습으로 재림하셔서 육적 무기를 가지고 전쟁을 하실 것이란 성경을 잘 못 알고 있는 신앙인이 돼서는 안 되겠기에 이 말씀을 드린 바이다. 성경에서의 말세에 있어질 전쟁은 육적인 총칼이나 핵무기를 가지고 싸우는 싸움이 아니라 영적인 교리 싸움임을 다시 한 번 강조하는 바이다(엡6:12) 그리고 우리가 거할 천국은 저 육적 하늘로 올라가는 것이 아니라 예수님이 보내신 진리의 성령이 함께한 약속의 목자에게 오셔서 그 분을 통해서 "하늘에서 이룬 것 같이 땅에서 이루어진다"는 우리가 매일 드리는 주기도문과 같이 이 땅에서 완성되어가고 있다는 것을 몇 번이고 강조하는 바이다. 이곳이 우리가 하나님 모시고 영원히 살아갈 새 하늘, 새 땅이요, 별천지다.

맺음말

　인간에게는 두 가지 괴로움(아픔)이 있다. 하나는 육이 아프거나 괴로움 속에서 시달리다가 고통 중에 죽는 것이고 또 하나는 영의 죽음이다. 육은 죽어 흙으로 돌아가면 끝이지만 영은 죽지 않는다. 영원한 생명 아니면 영원한 지옥불의 고통이다. 종교 종말의 징조와 실체로 이루어져가는 현실을 내 눈으로 보는 앞에서 몸서리가 쳐진다. 저 많은 영혼들이 비진리라는 영적 대홍수 앞에 죽어가는 것을 보며 몸서리가 쳐진다. 사람들은 종교 종말에서도, 롯 때에 불바다를 만들겠다고 소리쳐도, 또 노아 백성들에게 홍수로 쓸어버리겠다고 외쳐도 들은 척도 하지 않았다. 계시록에 해, 달, 별이 떨어지고 재앙이 온다 해도 무슨 말인지 알 수 없다. 육적인 현실로만 알고 영적인 문제들을 모르니 귀머거리요, 장님이다. 그렇게도 알고자 했던 계룡산의 실체가 밝혀져도 무슨 말인지 이해하지 못한다. 성경 예언대로 캄캄한 밤(영적)에 예수님이 도둑같이 알곡들을 추수해가도 캄캄한 육적 밤에만 올 줄 알고 깨닫지 못한다. 이 땅에 세우시겠다고 예언된 12지파를 창설해도 불구경이요, 성경의 수 144,000명의 수가 다 차 가는 것을 보고도 그것은 상징수이지 실제 수가 아니라고 자기 지식으로 덮어버린다. 구약 때 야곱은 열두 아들로 12지파를 만들었고 초림 때 예수님도 열두 제자로 12지파를 창설하셨다. 오늘날도 예수님의 대언자 진리의 성령 보혜사도 열두 제자로 12파를 창설하셨다. 이 숫자들은 실제 수이지 상징수가 아님을 구약 때나 예수님 때의 숫자를 보면 알 수 있다. 여기에 기록된 신약성경의 예언말씀은 성경대로 성취된 실상을 보고 배운 대로 기록하였고 계속 이루어가는 실체도 눈으로 보고 손으로 만진바 된 것들이다. 성경말씀에 없는 민속적인 이야기 중 자료를 구할 수 없는 것도 많다. 모든 성경을 하나님의 감동하심을 받은 사람이 가르쳐 주심으로 그걸 받아 적은 것 같이 그때 그때 감동하심을 주심으로 적은 것이다. 다만 안타까운 것은 때가 되어 하나님의 종말의 역사가 이루어져가고 있는데 비웃고 하나님의 대변혁의 종말사건이 이렇게 초라하게 이루어질 리가 없다고 무시해 버리니 안타까울 따름이다.

"작은 날의 일이라고 멸시하는 자가 누구냐?"(슥 4:10) 그러나 베들레헴이란 작은 유대 땅에서 예수는 태어났고 재림은 만인이 상상치도 못할 작은 땅에서 이루어져 가고 있다. 캄캄한 종교의 밤중에서 깨어나질 못하고 있는 종교인들이여! 깊은 잠에서 깰지어다. 천국문은 언제까지나 당신을 기다리며 열려 있지 않다는 것을 알라. 재림 예수님은 당신이 오건 오지 않건 약속대로 영적인 밤에 오셔서 이루어 가신다. 다 이루었다(계 21:6)는 말씀을 하실 때가 얼마 남지 않았다는 것을 명심하기 바라며 부디 하나님의 은혜가 독자들의 가정 위에 임하시기를 기원하는 바이다.

서기 2011년 10월
아리수 정(亭)에서 필자

부록

부수(部首)의 명칭(名稱)

변⇨印 部⇨방 宜⇧머리 忠⇩발 虎⇖엄 道⇙받침 國⇨몸

1) 다음은 부수의 명칭에 대해서 알아보자.

부수가 그 문자의 어느 쪽을 차지하느냐에 따라 그 명칭이 달라진다.

그리고 다른 부수와 결합하지 않고 단독으로 쓰이는 부수를 <u>제부수</u>(부수자 214자가 여기에 속함)라 한다. 그런데 무엇보다도 중요한 것은 일부 부수는 다른 부수와 결합할 때 부수 모양이 변형된다는 것이다. 몇 자 안 되지만 알아두면 유익하다.

■ 부수(部首)의 변형(變形)

人(사람인)이 변(邊)으로 가면 亻(인)으로 바뀜. 예 仁(어질인)

水(물수)가 변으로 가면 氵(삼수)(삼수변)으로 바뀜. 예 法(법법)

示(보일시·제신기)가 변으로 가면 礻(보일시) 모양이 바뀜.

手가 변으로 扌(재방변)으로 바뀜. 예) 投
손수   재방변   던질투

牛가 변으로 가면 牛 모양이 바뀜. 예) 特
소우   우   특별할특

犬이 변으로 가면 犭(개사슴록)으로 바뀜. 예) 狐
개견   큰개견/개사슴록   여우호

玉이 변으로 가면 王(임금 왕)으로 바뀜. 예) 理
구슬옥   임금왕   다스릴리

衣가 변으로 가면 衤 모양이 바뀜. 예) 初
옷의   의   처음초

巛이 방으로 가면 川 모양이 바뀜. 예) 訓
내천   내천   가르칠훈

刀가 방으로 가면 刂(선칼 도)로 바뀜. 예) 則
칼도   선칼도   곧즉,법칙칙

攴이 방으로 가면 攵 모양이 바뀜. 예) 收
칠복   두드릴복   거둘수

火가 발로 가면 灬 점이 4개로 바뀜. 예) 無
불화   불활발   없을무

心이 忄변으로 가면 예) 情, 발로 가면 小 예) 慕
마음심 마음심변   뜻정   마음심변   사모할모

肉은 月로 부수가 바뀜. 예) 豚(사람이나 짐승의 육체나 뼈를 나타내는 한자는
고기육   달월   돼지돈
고기 육[肉]이 들어가 있다. 그러나 달월로 바뀌어 있으니 고기 육 부수에 가서 찾아야 한
        육
다.)

邑이 방으로 가면 阝(우부방)으로 바뀜. 예) 部
고을읍   우부방   나눌부

阜가 변으로 가면 阝(좌부변)으로 바뀜. 예) 防
언덕부   좌부변   막을방

网이 머리로 가면 罒 罓 모양이 바뀜. 예) 羅
그물망   망 망   그물라

辵이 받침으로 가면 辶(책받침)으로 바뀜. 예) 道
쉬엄쉬엄갈착   책받침   길도,말씀도

爪가 머리로 가면 爫 모양이 바뀜. 예) 愛
손톱조   조   사랑애,아낄애

262 비밀(秘密)이 열리다

2) 한자 부수의 전체 숫자는 214자이다.

알고 싶은 분은 각 집마다 한자사전(한자옥편) 1권씩은 가지고 있을 것이다.

어느 한자사전이나 맨 앞에 부수한자가 나와 있다. 그걸 보시고 참고하시면 되리라 생각한다.